工作过程为导向的职业教育理论与实证研究

徐涵　著

商務印書館
創于1897 The Commercial Press
2013年·北京

图书在版编目（CIP）数据

工作过程为导向的职业教育理论与实证研究/徐涵著. —北京：商务印书馆，2013
ISBN 978-7-100-09321-7

Ⅰ. ①工…　Ⅱ. ①徐…　Ⅲ. ①职业教育—研究
Ⅳ. ①G71

中国版本图书馆CIP数据核字（2012）第168175号

工作过程为导向的职业教育理论与实证研究
徐涵 著

商 务 印 书 馆 出 版
（北京王府井大街36号　邮政编码 100710）
商 务 印 书 馆 发 行
北京瑞古冠中印刷厂印刷
ISBN 978-7-100-09321-7

2013年7月第1版　　开本 787×960　1/16
2013年7月北京第1次印刷　　印张 20½
定价：44.00元

前　言

职业教育的培养目标是为经济界培养高素质的具有综合职业能力的技术、技能型人才。然而长期以来，职业教育中存在的理论与实践相脱离，远离工作世界的问题使得这一目标难以实现，致使经济界抱怨职业教育培养的人才不能满足企业的发展需要。尽管20世纪80年代以来我国一直致力于通过改革来解决这一问题，如加强实践教学，提高学生的动手能力；借鉴国外先进的职业教育模式如双元制、CBE、MES等，改革我国的职业教育；倡导就业导向，加强产学合作等等，这些改革措施尽管在一定程度上缩小了职业教育的内容与真实工作世界的距离，但是没有从根本上解决传统职业教育中理论与实践二元分离的状态，没有突破以学科体系为主导的职业教育课程模式。究其原因主要是缺乏相应的理论支撑，没有在理论建构上解决理论与实践一体化的问题，改革实践中缺乏相应的理论指导。而工作过程导向的职业教育为这一问题的解决提供了理论支撑。

工作过程为导向的职业教育是德国20世纪90年代以来针对传统的职业教育与真实的工作世界相脱离的弊端，以及企业对生产一线技术、技能型人才提出的新的素质要求，即“不仅要具有适应工作世界的能力，而且要具有从经济的、社会的和生态的负责的角度建构或参与建构工作世界的能力”，在一系列的研究成果的基础上形成的职业教育理论。该理论的提出引起了德国政府和职教界的广泛关注，并成为德国职业教育改革的理论指导，20 世纪 90 年后期开始在德国推行的“学习领域课程方案”就是该理论在实践中的应用。

1996 年 5 月德国各州文教部长联席会议修订、颁布了职业学校的框架教学计划编制指南，建议以“学习领域”课程取代沿用多年的以分科课程为基础的综合课程，其目的是使“双元制”的一元——职业学校的教学与“双元制”的另一元——企业的职业培训更好地协调合作，使德国职业教育再次成为经济发展的助推器。

学习领域课程方案的提出，受到德国职业教育界的广泛关注与探索，并且在政府的倡导和科研机构的指导下，很快开始在部分“培训职业”进行学习领域课程方案的改革试点。在几年试点的基础上，于 2003 年开始把学习领域课程方案在全德国推广，使其成为德国职业教育课程改革的新范式。

工作过程为导向的职业教育于 21 世纪初，被我国学者零星地介绍到我国，尽管并不系统，但它的一些核心思想被我国职业教育界所接受，并对我国近年来职业教育的课程改革产生了深远的影响，如任务引领型课程、项目课程等都吸纳了工作过程导向的职业教育理论的核心思想。而且，新世纪以来，许多中高职院校都在工作过程导向的职业教育理论指导下，进行职业教育的课程改革。

本书一方面对工作过程导向的职业教育理论，从其产生的历史背景、理论基础、课程开发、课程结构、课程内容、课程实施及评价进行全面系统的研究，使这一职业教育理论更为系统化，另一方面对该理论在中德两国的实践进行实证研究，以期为深化我国职业教育改革提供可资借鉴的经验。

本书的基本观点主要有：

1. 工作过程导向的职业教育理论在设计上解决了职业教育中长期以来存在的理论与实践二元分离的状态，通过典型的职业工作任务实现了理论与实践的整合。

工作过程导向的职业教育强调从培养学生的适应能力转向培养学生参与建构工作世界的能力，着眼于学生创新能力的培养；职业科学导向的典型的职业工作任务分析是工作过程导向的职业教育的课程开发方法，它使研究隐含在实际的职业工作中的知识——工作过程知识成为可能；工作过程导向的职业教育不仅以工作过程知识为主要教学内容，而且知识的建构方式发生了根本的改变，按照职业的成长规律（从新手到专家）重组教学内容；行动导向教学成为工作过程导向的职业教育的主要教学方式，关注学生的成长过程。

2. 德国的学习领域课程是工作过程导向的职业教育理论在课程领域的实践模式

根据德国各州文化部长联席会议的定义，所谓“学习领域”，是通过由目标制定、内容和时间指南描述的主题单元，而这一主题单元是以职业的任务设置和行动为导向的。通过一个学习领域的学习，学生可以完成某一职业的一个典型的工作任务。通过若干个相互关联的所有的学习领域的学习，学生可以获得某一职业的从业能力和资格。

学习领域课程方案解构了传统的以分科为基础的学科课程，它以典型的职业工作任务为核心组织、建构教学内容。一个学习领域对应的是一个典型的职业工作任务，通常一个培训职业由 10 – 15 个学习领域所构成。

3. 学习领域课程方案在德国的实施效果：基于问卷调查和职业能力测试结果分析，学习领域课程方案所倡导的目标在德国的职业教育实践中只是有限地得以实现。德国职业学校的教师并未完全领会学习领域课程方案所蕴涵的新的职业教育的指导思想，目前所应用的学习领域课程方案的实施策略对于职业能力的培养而言尚存在非常明显的不足。

4. 学习领域课程方案在我国的教学实践：基于问卷结果的分析，我国中等职业学校实施学习领域课程在实践层面存在诸多问题，无论是学生、教师，还是教学管理人员均面临着一定的困难与阻碍，主要体现在：一是学习资料和实训设备缺乏，理论与实践分割的教学环境设计难以满足学习领域课程的理论与实践一体化的教学需要。二是教师数量偏少，教学能力不够完善，缺乏相应的课程开发的经历与教学培训，难以适应学习领域课程提出的新要求。三是教学资源的安排难度加大。四是教师考评制度不够完善。学习领域课程所强调的理论与实践一体化对教师提出了更高的要求，而目前普遍的教师素质和能力又难以达到该要求，所以大部分学校采用由理论课教师和实践指导教师共同组成的教学团队的方式实施学习领域课程，来弥补单一教师素质和能力的不足，但这也给教师绩效考评带来新的挑战。

本研究的学术价值在于全面系统地研究了工作过程导向的职业教

育理论，以及该理论在中德两国的实践效果，对于我国职业院校实施工作过程系统化课程具有重要的借鉴价值和指导意义。

徐 涵
沈阳师范大学
2011 年 12 月

目　录

第一章　绪 论

一、问题的提出

21 世纪为人类社会提供了一个更为广阔的发展空间，也使职业教育进入了一个新的历史发展阶段。从国际职业教育的现状和发展趋势来看，各国都把培养具有国际竞争意识、综合职业能力的创造型劳动者作为本国面向 21 世纪职业教育改革与发展的基本命题。随着社会经济科技的迅猛发展，以及高等教育大众化对职业教育产生的巨大冲击，使职业教育不再是一种终结性教育，培养目标呈多元化趋势。让学生善于利用各种学习机会不断提高和完善自己，“学会认知、学会做事、学会共事、学会生存”，成为一名成功的劳动者或创业者，已成为新时期职业教育课程改革的主要内容。自 20 世纪 80 年代以来，我国职业院校进行的一系列课程改革取得了显著的成效，但也存在着不容忽视的问题，这些问题制约了学校职业教育的发展。面对 21 世纪知识经济对职业教育提出的新要求，在教育教学工作中占据核心位置的课程必须进行改革，这是当前职业教育面临的重要而紧迫的任务。

长期以来，职业教育中存在的理论与实践相脱离、远离工作世界的问题使得职业教育的培养目标难以全面实现，致使经济界抱怨职业教育培养的人才不能满足企业的发展需要。尽管20世纪80年代以来我国一直致力于通过改革来解决这一问题，如加强实践教学、提高学生的动手能力；借鉴国外先进的职业教育模式如“双元制”、CBE、MES等改革我国的职业教育；倡导就业导向、加强产学合作等等，这些改革措施尽管在一定程度上缩小了职业教育的内容与真实工作世界的距离，但是没有从根本上解决传统职业教育中理论与实践二元分离的状态，没有突破以学科体系为主导的职业教育课程模式，仍然是在学科体系的框架下寻找与工作世界的联系，而这种联系只能是有限的、间接的，不可能从根本上解决职业教育内容远离工作世界的问题。

以工作工程为导向的职业教育是德国20世纪90年代以来针对传统的职业教育与真实的工作世界相脱离的弊端，以及企业对生产一线技术型、技能型人才提出的“不仅要具有适应工作世界的能力，而且要具有从经济的、社会的和生态的负责的角度建构或参与建构工作世界的能力”的要求，德国著名的职业教育学者劳耐尔（F. Rauner）教授和他的团队——德国不莱梅大学技术与教育研究所的同志们，在一系列研究成果的基础上形成的职业教育理论。该理论提出后，被德国学术界所认同，并作为德国职业教育改革的理论指导，20世纪90年代后期开始在德国推行的“学习领域课程方案”就是该理论在实践中的应用。该理论于本世纪初被我国学者零星地介绍到我国，尽管并不系统，但其中的核心思想被我国职业教育界普遍接受，并对我国近年来职业教育的课程改革产生了深远影响，如国家在建设示范性高等职业院校的过程中，把建构工作过程系统化课程作为高职示范校的建设标准之一。在教育部高教司的推动下，工作过程导向的职业教育所倡导的理念已经逐步为我国高等职业院校所接纳，并对高等职业院校的课程改革产生了积极的影响。同时部分地区的教育管理部门也先后在本地区的中等职业学校推行工作过程系统化课程，如广州、北京等地；还有部分职业学校在推进课改的过程中，自觉地借鉴工作过程导向的职业教育理论，进行学习领域的课程探索。

本研究将对以工作过程为导向的职业教育理论，从其产生的历史背景、理论基础、课程开发、课程结构、课程内容、课程实施及评价等方面进行全面而系统的研究，并在此基础上对该理论在中德两国的实践进行实证分析，以期为深化我国职业教育改革提供可资借鉴的经验。通过本研究，以期达到以下目标：

1. 从理论上分析以工作过程为导向的职业教育如何解构了传统的学科体系的职业教育，建构了理论与实践相结合的一体化的职业教育模式。

2. 在实证研究的基础上，提出以工作过程为导向的职业教育的框架条件，为推进我国职业教育的改革提供借鉴。

二、核心概念的界定

（一）工作过程及工作过程知识

1. 工作过程

首先，工作过程是指企业的整个生产经营过程，强调各个工作部分之间内在联系的整体性，从这一视角出发，基于工作过程的课程不再只是专注于企业内某一工作岗位的职业知识与技能，而是把企业的整个生产经营过程纳入职业教育的视野，更加关注各个不同的工作部门在整个企业生产经营过程中所处的地位，以及所起的作用，这样就能使受教育者（未来的劳动者）对整个组织内的工作过程有一个系统的了解，更加明晰自身在企业生产经营中承担的角色与任务，以及自身工作与其他人工作之间的内在联系，只有这样才能更好地完成自己的工作任务。因此，基于工作过程的课程不仅仅是指向于某一个工作岗位的典型的职业工作任务，它更加关注专业工作的整体性。

其次，工作过程是指完整的工作进程，即工作任务是怎样被完成的。工作过程是完成企业工作任务的完整的劳动进程，因此工作成果始终是其所要达到的目标。工作成果是具体的产品，在完整的生产过程中，完成最终的产品是由多个工作过程所组成的。因此，一个工作过程的成果可以是一个具有代表性的中间产品。

工作过程的主要要素包括：人、工作对象、工作工具、工作方法和工作产品。这些要素相互作用，并在特定的工作环境下完成要求的工作成果，随之工作过程结束。人在整个工作过程中是核心要素，工作过程是“人”的活动过程，而不是企业的生产流程。基于工作过程的课程并不意味着按照企业的生产流程重组教学内容，它所关注的是工作过程中的人运用什么样的工作工具，采用什么样的工作方法，作用于具有什么样特性的工作对象，同时考虑社会、企业及顾客对工作要求的情况下，最终生产出工作产品。因此基于工作过程的课程内容主要指向于完成典型的职业工作任务所需要的工作对象、工作工具、工作方法以及社会、企业和顾客对工作的具体要求。

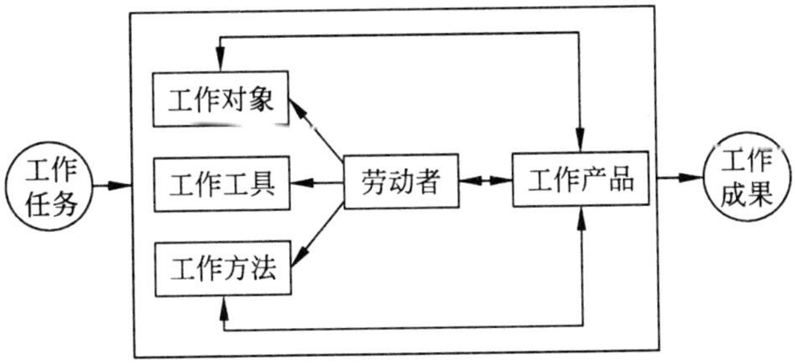

图 1-1 工作过程的一般结构①

工作对象是劳动者可以改变、加工、运输或再加工的原料并紧接着能传递给下一个劳动者。它可以是某种形状的一块木头或是一块金属。

工作工具首先是技术的外显形式。工作工具处于技术工人和工作对象之间。对工作工具的要求、选择和应用是由工作过程确定的。

工作方法表达的是工作的一种方式并通过工作过程中自己采取的行动经验而完成任务的一种方式。一个典型的例子是维修工实施的系统或者经验引导的障碍排除。

为了系统地理解工作过程，必须全面地理解工作对象、工作工具、工作方法以及社会、企业和顾客对工作所提出的要求。这样在开发基于工作过程的课程时，才能把握住所要开发的主要内容。

---

① Pangalos, J./Knutzen, S.: Moeglichkeiten und Grenzen der Orientierung am Arbeitsprozess fuer berufliche Bildung [A]. In: Pahl, J.-P./Rauner, F. (Hrsg.): Berufliche Arbeitsprozesswissen [M]. 2000: 110.

第三，工作过程是指人完成职业工作任务的完整进程（见图1-2），通常情况下包含着“明确任务”、“制订计划”、“作出决策”、“实施”、“控制”和“评价反馈”六个阶段。基于工作过程的课程应当保证“工作过程结构的完整性”。因此，在设计教学的过程中，应按照上述六个阶段组织实施学习任务（在基于工作过程的课程中，学习任务通常来源于典型的职业工作任务），具体地讲：一是明确任务。即师生共同明确所要完成的学习任务和学习目标，并设法获取与完成任务有直接联系的信息；二是制订计划。学生根据已明确的任务确定行动的内容、程序、阶段和所需条件，教师给予必要的咨询与指导；三是作出决策。在多种可能性的计划中选择最佳的解决途径，并

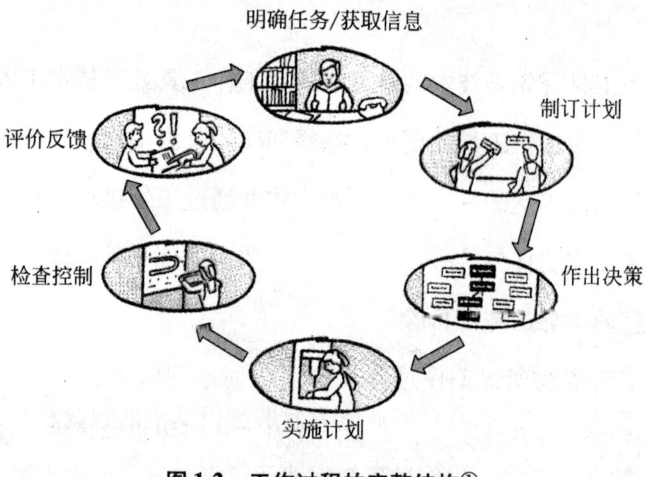

图1-2　工作过程的完整结构①

① 赵志群．职业教育工学结合一体化课程开发指南［M］．北京：清华大学出版社，2009：35.

且通常以小组的形式作出决策；四是实施计划。学生按照确定的工作计划完成学习任务，教师给予必要的指导；五是检查控制。学生和教师主要通过学习目标（可检验的行为目标和综合的能力目标）对实施过程进行控制，保证质量；六是评价反馈。教师和学生共同对工作和学习的过程和成果进行评价。这样，基于工作过程的课程设计可以使学生在学习过程中体验完成工作任务过程的基本结构，同时培养学生解决问题的能力。

2. 工作过程知识

工作过程知识的概念是在1986年由德国学者克鲁斯（W. Kruse）首先提出来的。他从由各个工作岗位组成的相互交融和相互关联的网络中引导出工作过程知识的必要性。由于生产领域和管理领域的各个岗位都形成了网络，某个单一的工作岗位就常常不易被人看清楚。所以克鲁斯就定义了工作过程知识的概念。"所谓工作过程知识就是指在与产品相关的、技术方面的、劳动组织方面的、社会方面及系统相关的层面上对由相关人员参加的整体工作过程的理解。"①

马丁·菲舍尔（M. Fischer）教授在他的博士论文《从工作经验到工作过程知识》中从劳动科学和职业教育学的角度论述了工作过程知识的概念，为建立符合职业能力发展逻辑结构的职业教育方案做了关键性的准备工作。工作过程知识涉及了许多与专业工作紧密相关的知识，其中大部分都是以工作经验为基础的。工作过程知识主要涉

① Kruse, W.: Von der Notwendigkeit des Arbeitsprozess-Wissens [A]. In: Schweitzer, J. (Hrsg.): Bildung fuer eine menschliche Zukunft [M]. Weinheim/Basel, 1986: 189.

及的范围有：

- 某些情况下工作过程知识中的理论知识和实践经验并不是截然分开的，而是有意识的相互融合的。要强调的是，学习者不仅要了解他的工作，还要了解职业教育的过程。
- 工作过程知识涉及到企业的整体工作过程，不仅包括部分重复性工作的经验，还包括生产目标和流程的知识。
- 工作过程知识是在成功地确立工作目标、制订计划、实施计划及评价工作成果的情境中积累的。

迄今的研究成果表明：在生产过程中工作过程知识首先不同于工程师的设计和计划知识；它也超越了受过培训的人员的单纯的服务知识；它不是关于某一单一工作的知识，而是关于各个单一工作在企业的整体运行中的相互协调的知识。所以，工作过程知识并不是由学科系统化知识经过教学简化的间接知识，它有自己特定的质量。工作过程知识多数是隐性的，是生产经验与专业理论知识相结合的产物，其结合的紧密程度与工作者个体和工作任务的复杂程度有关。

工作过程知识使人们可以实践性和反馈性地感知职业工作任务，并从个人、企业和社会的角度明确了工作对象、工作方法、劳动工具、劳动组织以及工作对象和劳动形式的要求。

（二）学习领域与学习情境

1. 学习领域

学习领域课程方案是工作过程导向的职业教育理论在课程领域的具体化。

学习领域是为职业学校的教学而进行教学论加工的行动领域，是指向职业任务和行动过程的主题单元，由目标表述、学习内容和学习时间所构成。学习领域以职业能力开发为目的，将与职业教育相关的、职业的、社会的和个人的关系连接起来，指向学生的生活空间。[①]

作为一个职业的典型工作任务为基础的专业教学单元，学习领域从具体的"工作领域"转化而来，常表现为理论与实践一体化的综合性学习任务。通过一个学习领域的学习，学生可完成某个职业（或专业）的一个典型工作任务，处理一种典型的"问题情境"，通过若干体系化学习领域的学习，学生可以获得某一职业（职业小类或多个岗位）的职业资格。学习领域是现代职业教育的一种课程模式，是培养综合职业能力的"内容载体"。学习领域课程含有学科知识内容，但是与传统的学科没有一一对应关系。每一个学习领域由若干个"学习情境"组成。[②]

2. 学习情境

学习情境是学习领域课程方案的结构要素，是学习领域在职业学校学习过程中的扩展，是在学习领域框架内的小型学习单元。学习情境要在职业的工作任务和行动过程的背景下，按照学习领域中的目标表述和学习内容，对学习领域的教学论和方法论进行转换，是学习领

① 姜大源．当代德国职业教育主流教学思想研究——理论、实践与创新［M］．北京：清华大学出版社，2007：190.

② 赵志群．职业教育工学结合一体化课程开发指南［M］．北京：清华大学出版社，2009：30-32.

域课程的具体化。①

（三）典型工作任务

典型工作任务是指对该职业具有典型意义的工作任务，它反映了职业工作的基本内容和形式，以及该任务在整个职业中的意义和功能。一个职业的典型工作任务是描述一项完整的工作行动，包括计划、实施和评估整个行动过程，它具有促进职业能力发展的潜力。

典型工作任务具备以下基本特征：

- 具有结构完整的工作过程（计划、实施以及工作成果的检查评价）；
- 能呈现出该职业的典型的工作内容和形式；
- 在整个企业的生产（或经营）大环境里具有重要的功能和意义；
- 完成任务的方式和结果有较大的开放性。

典型工作任务来源于企业实践，它对人的职业成长起到关键作用。

三、研究文献综述

我国学者是本世纪初开始把工作过程为导向的职业教育引入我国。根据现有文献，我国学者的研究主要集中在三个方面：一是对以

① 姜大源．当代德国职业教育主流教学思想研究——理论、实践与创新［M］．北京：清华大学出版社，2007：191．

工作过程为导向的职业教育理论做了某些方面介绍和研究，主要对以工作过程为导向的课程开发技术与方法做了一些探讨，论述了课程开发过程中的一些重要概念（如：工作过程、工作情景和工作任务）之间的关系，阐明了确定典型的职业工作任务的基本流程与方法（赵志群：2004；姜大源：2006；徐涵：2008）等；到目前为止还没有对以工作过程为导向的职业教育理论做全面而系统的研究。二是对以工作过程为导向的职业教育理论在德国的实践模式“学习领域课程方案”的介绍与研究，主要对学习领域课程方案的实施背景、基本特征以及对教师的素质要求进行了探讨（姜大源：2003，2004，2007；吴权权：2006；徐涵：2007，2008）；缺乏对学习领域课程方案实施条件的分析以及实施效果的实证分析与研究。三是对工作过程导向的职业教育理论在中国的实践——学习领域课程方案的实验进行了初步的探索，还没有开展对该模式的实施效果的实证研究。

（一）以工作过程为导向的职业教育理论研究综述

目前，对于以工作过程为导向的职业教育理论，学者们做了大量的介绍和研究，其中最具有代表性的莫过于由姜大源主持的全国教育规划“十五”教育部重点课题《当代德国职业教育主流思想研究》的一系列成果，它对这一职业教育理论从设计导向的教育思想、能力开发的教育理念、学习领域的课程方案、行动导向的教学过程和专业教学论五个方面进行了全方位、深入而系统的介绍和阐释，是目前国内对德国职业教育思想研究较为权威的成果，也成为其他学者开展进一步研究的重要参考资料。其他大部分的研究均是在此基础上进行的。当然，也有学者试图站在其他视角对以工作过程为导向的职业教育理论进行论述，主要是对这一理论产生的背景、主要内容与特点、它在德国的实践情况以及对我国的启示等方面。笔者曾在2008年撰文，认为以工作过程为导向的职业教育理论产生背景主要有两方面因素，一是德国传统的双元制职业教育越来越远离生产实际，引起了广大企业界、经济界的不满；二是随着技术进步、企业的工作方式、工作组织形式、管理模式和竞争能力等诸多的变化，企业对员工提出了更高的素质要求，势必要求职业教育有所回应。而且，与传统的职业教育相比，以工作过程为导向的职业教育在多方面具有着鲜明的特点，主要体现在指导思想、课程开发、教学内容和教学方式四个方面，即在指导思想上，从以培养学生的适应能力转向学生参与建构工作世界的能力；在教学内容上，从专业理论知识转向工作过程知识；在课程开发上，从资格研究转向职业科学的劳动研究；在教学方式上，行动导向教学成为主要的教学方式。

同时，有学者对学习领域课程开发的方法与过程、典型工作任务的基本流程与方法做了细致的研究和论述。2007年笔者撰文，阐释了行业研究和专家—专业工人—工作会议是以工作过程为导向的职业教育课程开发的新方法，并详细论述了行业研究的适用范围、影响分析质量的三个框架性条件等，以及三次专家—专业工人—工作会议的目标、具体内容、人员构成和实施步骤等。也有学者（赵志群：2004）把工作过程导向课程的开发进一步细化，认为一般可分成8个步骤进行：（1）领会职业与工作过程的关系，了解工作过程的特点；（2）分析该职业的学习条件；（3）分析和了解该职业的行动领域；（4）描述各行动领域；（5）选择需要学习也可以用于学习的行动领域；（6）将该行动领域转化成学习领域；（7）描述各学习领域；（8）表述学习领域中的各个学习情境，可能时设计成教学项目。他认为，在教学情境和教学项目的设计工作中，确定具体的学习任务既是重点，也是难点，难就难在所确定的学习任务是“具有典型意义的工作任务”，否则其“案例性”就失去了价值，进而他分析了典型任务分析的具体步骤等等。

（二）学习领域课程方案的研究综述

对于学习领域课程方案的研究，学者们从构建课程的理论层面的探讨比较多，在微观层面，对课程的框架教学计划和课程结构等均有着周密的论述；在宏观层面，如对课程内涵、课程基本特征、与传统学科课程的区别等方面进行了全面的介绍和阐释；在实践层面上，学者们的研究多是依据学习领域课程方案的开发方法、设计思路，结合本专业的特点，开发并设计所教授专业的课程方案，教学计划等，并在此基础上进行了反思与探讨；而在课程实施条件方面学者们的研究相对较少，仅有学者对教师的素质要求进行了介绍和探讨。

关于学习领域课程方案的框架教学计划以及课程结构，姜大源和吴权权（2007）的论述较为有代表性。其首先介绍了学习领域方案的框架教学计划的五个部分：“绪论”、“职业学校的教育任务”、“教学论原则”、“与教育职业有关的说明”以及“学习领域”，并简要诠释了各部分的含义，并从宏观和微观两个层面解析学习领域课程的结构，对学习领域课程内容的选择、课程内容的序化等问题进行了说明，详细地描述了学习领域课程开发的相关问题，如课程的基本类型、课程的开发步骤、校本开发等，进而预测了学习领域课程方案的发展前景。

关于学习领域课程方案的主要特征。学者们普遍认为，行动导向作为“学习领域”课程方案的教学实施原则是最为显著的特征（姜大源：2003；徐涵：2007）。除此之外，有学者（姜大源：2003）通过分析德国各州文教部长联席会议颁布的《编制指南》，认为“学习领域”课程方案另外两个显著的特征分别是，建构理论是其教育理论基础和职业学校是课程开发实施主体。笔者曾于2007年撰文指出，学习领域课程方案另有三个基本特征，即培养学生建构或参与建构工作世界的能力是学习领域课程方案的主要目标、典型的职业工作任务是组织和建构学习领域教学内容的核心以及工作过程知识是学习领域课程方案的主要内容。也有学者（赵志群：2008）从不同角度对该问题加以论述，认为，学习领域课程方案的主要特征有四个，即课程目标是综合职业能力和素质培养，在发展专业能力的同时，促进关键能力的发展；学习的主体是学生，在满足企业岗位要求的同时，获得职业生涯发展潜力；学习内容的基础是来源于工作实践的、某一职业的典型工作任务；学习过程具有工作过程的整体性，学生在综合的行动中思考和学习，完成从明确任务、制订计划、实施检查到评价反馈整个过程。

关于学习领域课程方案的重要意义。对于该问题学者们很少刻意提及，可能是考虑到课程方案本身的设计思路足以说明其意义。但也有学者关注此问题，如姜大源（2004）从职业教育专业教学论的角度，认为学习领域课程方案蕴涵着改革和创新的理念，对职业教育的改革和发展有着重要的意义，主要有三点：课程开发以工作过程为基点，开拓了职业教育课程改革的新维度；课程实施以行动体系为依托，提出了职教师资培养的新要求；课程创新以合作学习为目标，展现了职教校企合作的新空间等。

关于学习领域课程与传统学科课程的区别。对于该问题的论述，赵志群（2008）的论述较为有代表性，他认为主要有四点区别，即课程目标不再是获得事实性知识和岗位技能；课程的核心内容是“如何工作”而不仅仅是如何操作；教学过程在贴近工作实践的学习情境中进行，与工作有直接联系；教学组织中依据学习任务组成教师团队。由于普通教育中也有采用学习领域课程方案，由此他进一步提出职业教育与普通教育学习领域的共同点是：它们都超越了学科范畴，试图建立学习者与未来工作或社会生活的直接联系。

关于学习领域课程方案对教师的要求。笔者于2007年撰文指出，学习领域课程方案对教师的要求主要有四点，即学习领域的教学目标要求教师由以传授知识、技能为主转向以培养学生的能力为主；学习领域的课程方案要求教师具有课程开发的能力，熟悉职业实践，具有跨学科和团队合作能力；工作过程知识的获得要求教师具有创设学习情境的能力；行动导向的教学原则要求教师对自身在教学过程中的角色进行重新定位。

在实践层面上，有学者（董静，张友芳：2006）在参与本学校电气工程和管道工程专业的学习领域课程开发过程后，详细描述了包括试验准备、教学实施、工作页的设计与构成、教学环境的创设等方面的具体事宜，总结在教学理念和教学方法更新、学生“核心能力”、教师队伍和教学效果提高等方面所取得的成效，并进一步分析学习领域课程模式在实施过程中存在的问题，如企业参与的欠缺、经费和师资的欠缺等。廉华（2007）通过对本校设备安装专业和电子电工专业的学习领域课程开发与实施，描述了该专业课程方案在学习领域、内容、目标和时间等方面的具体要求，结合该专业特点，他提出对实施学习领域课程在推进课程的开发和实施、融入人文素养，提升学习领域的品位、加强实训基地建设和加强师资队伍建设等方面的几点建议。谢兵（2007）不仅列举了本校供热工程专业学习领域课程方案实例，而且提出了学习领域课程方案的考试新模式，即由新制定的毕业考试标准、借鉴德国手工业行会独有的"专业会谈"以及校内考试与平时练习共同构成。

四、研究方法

1. 文献法和内容分析法作为本研究理论部分的主要研究方法。

首先通过对工作过程导向的职业教育的文献的研究，分析工作过程导向的职业教育的理论基础。在此基础上运用文献法和内容分析法研究工作过程导向的职业教育的课程开发、课程结构、课程内容、课程实施及评价（Rauner，1996，1997，2002；不莱梅大学技术与教育研究所的系列科研成果）。

2. 问卷调查和访谈法作为本研究实证部分的主要研究方法。

首先通过问卷调查，了解学习领域课程方案在中德两国中等职业学校教学实践中的具体运用，包括教学资源、学习材料、教师素质、教学管理等方面，尤其关注与现有资源和条件对课程方案要求的匹配程度，学生、教师和教学管理人员对新课程方案和教学资源的基本态度等，总结发现在教学实施层面遇到的主要问题，并分析可能导致的原因，从而分析并构建学习领域课程方案实施的框架性条件。其次，运用文献法和问卷法研究学习领域课程方案在德国的实施效果，是否达到了学习领域课程方案所倡导的目标。

同时，运用访谈法对问卷反映的问题和研究结论进行补充或修正。访谈的对象主要是职业学校教学管理人员、教师和职业教育课程专家。当然，对不同的目标群体所提的访谈问题是有差异的，对职业学校教学管理人员和教师的访谈将主要围绕下列问题展开：您如何看待学习领域课程的实施效果？在实施过程中存在哪些问题，产生这些问题的原因是什么？您遇到了哪些阻碍？等等。对职业教育课程专家的访谈主要围绕以下问题：您是如何理解工作过程导向的？实施该课程的关键因素是什么？在课程中应该如何体现？您如何看待在教学实施过程中产生的这些问题？应如何构建学习领域课程方案实施的框架性条件？等等。

第二章　工作过程导向的职业教育理论

本课题对以工作过程为导向的职业教育的理论与实践进行研究，本部分阐释的是对工作过程导向的职业教育理论的研究成果与结论。

一、工作过程导向的职业教育理论产生的背景

工作过程导向的职业教育理论的产生一方面源于传统的双元制教育所培养的学生不能满足企业的需要；另一方面由于技术的进步、企业管理模式的转变对技术工人提出了更高的素质要求。

（一）传统的“双元制”教育的弊端

传统的“双元制”教育是由职业学校“一元”的理论教学与企业“一元”的实践教学相互配合，并以企业的实践教学为主的校企双方共同培养企业一线技术工人的教育活动。自从产生之日起就一直存在着学校的理论教学与企业的实践教学如何更好地配合的问题。而这一问题到20世纪90年代之后显得越发突出，主要体现在：职业学

校的教学内容脱离企业的生产实际。

传统的双元制一元的职业学校的课程是以分科为基础的综合课程，以机械类专业为例，除了普通文化课程以外，职业学校开设专业理论、专业计算、专业制图，并以专业理论为核心，职业学校的所有理论教学内容都是指向专业理论的，通过对双元制职业学校的机械类专业的教学计划与教学大纲的研究，我们就会发现：专业计算和专业制图课程并不是按照它们自身的内在的专业逻辑构建的，而是根据专业理论的内容和结构来组织的，体现在专业计算和专业制图课程的教学单元与专业理论的教学单元是基本一致的，这在很大程度上解决了不同课程之间的相互联系的问题，但并没有解决理论教学与企业生产实际相脱离的问题。因为专业理论课程本身是指向自然科学的，这就使得学生对技术的理解只局限于具体技术的功能与结构，是脱离于企业的具体生产实际的。[1] 因此，来自企业界、经济界对职业学校教育改革的呼声越来越高。在这样的背景下，致力于解决职业教育理论与实践二元分离，建立理论与实践一体化的职业教育的理论——工作过程导向的职业教育应运而生。

（二）社会发展对技术技能型人才提出的新要求

20 世纪 70 年代以信息技术为特征的第三次技术革命给我们的社会生活带来了翻天覆地的变化。与教育相关的主要体现在：

首先，知识总量迅速增加。

---

① Xuhan. Berufliche Grundbildung：im Spannungsverhaetniss zwisschen Wissenschafts- und Arbeitsorientierung ［M］. Schlag Verlag，2004：62.

图2-1以非常直观的形式说明了汽车维售服务行业的信息增长量。如图2-1所示：20世纪30年代一定车型的汽车维售的服务资料页数仅为242页，到50年代初增加到770页，到70年代初增加到2257页，而到90年代末增加到14826页。这从一个视角说明了当今社会处于信息爆炸的时代，知识总量增长迅速。这就给我们的学校职业教育提出了这样的挑战：在有限的教育时间内（中等职业教育三年，高等职业教育三年），职业院校应该向学生传授什么样的知识（也就是说，在知识的浩瀚海洋里选择什么样的对职业最有价值的知识）以及怎样传授（以提高教学的有效性）。

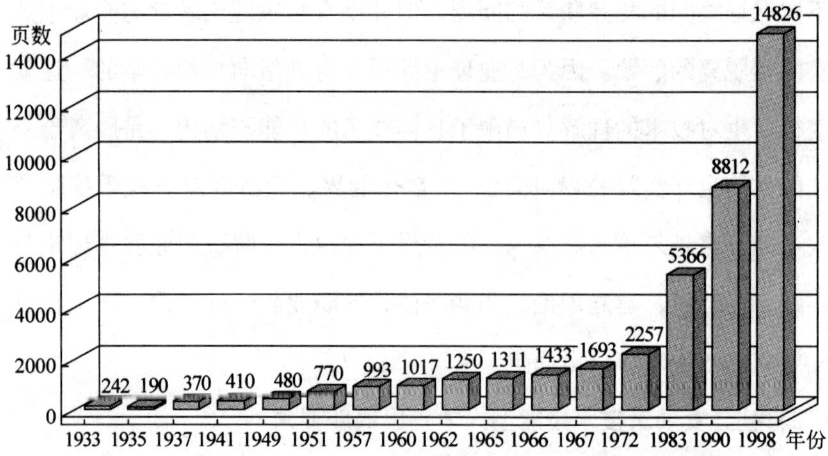

图2-1　一定年份一定车型资料页数的变化情况

其次，知识陈旧率加快。

图2-2说明的是不同类型知识的老化速度：在基础教育阶段获得的基本知识和基本技能的老化速度最慢，其次是在普通高等教育中获得的原理性的知识；老化速度最快的是专业知识和技术知识。这就给

我们的学校职业教育提出了这样的思考：在专业知识和技术知识迅速老化的今天，以专业知识和技术知识为主体内容的职业学校教育应该怎样应对，应该培养我们的学生具备怎样的能力，才能使其适应不断变化的职业生活，并具有可持续发展的潜力？

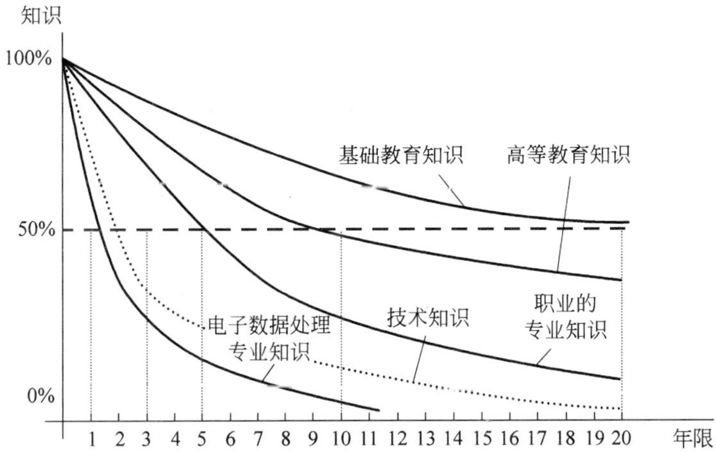

图 2-2　不同类型的知识的老化率

随着技术的发展，生产方式的不断变革，企业的管理模式和生产组织形式也随之发生了变革。传统的泰勒式的劳动组织形式被扁平的小组工作的劳动组织形式所取代。而这两种管理模式及其劳动组织形式对生产一线的技术工人的要求截然不同。

如表 2-1 所示：在高度分工的科学管理模式下，对技术工人的要求是按照上级或外部的指令完成自己的任务，强调技术工人的岗位适应能力；而在柔性的精益管理模式下，劳动方式发生了改变，管理层级减少，原来由中层管理人员承担的部分工作职责下放到工作团队或小组，生产一线的技术工人承担了更大的责任，同时也具有了更大的

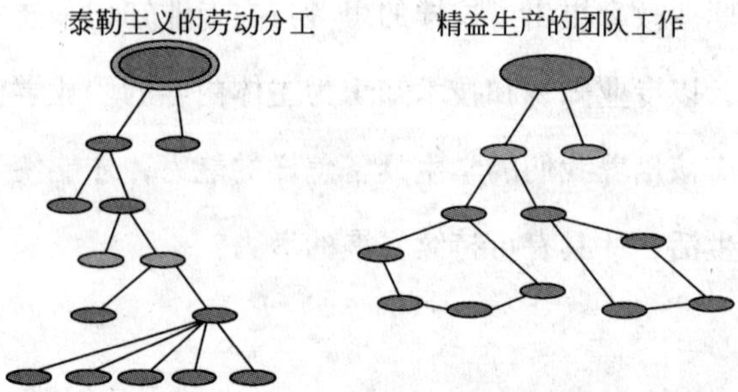

图 2-3　企业的两种不同管理模式

创造性解决问题的空间，这样技术工人不仅要具有岗位适应能力，而且要有创造性解决任务的能力。同时由于工作团队或小组已成为主要劳动组织形式之一，这就要求技术工人要具有团队合作精神、沟通能力、社会责任感等方面的综合能力。

表 2-1　泰勒管理与精益管理的不同

泰勒管理模式	精益管理模式
动脑和动手分离	动脑和动手结合
高度分工的单个工位	团队共同完成任务
工作准备和计划由上级或计划部门（别人）做	工作准备和生产计划按客户（包括企业内部）要求现场做
质量通过工作准备、设备计划规定给出并通过检验获得的	质量是生产出来的并由生产工人独立完善的
设备计划和生产流程由外部的专门部门制订，有时直接的生产人员并不知道	由生产层自己直接提出合理化和改进创新建议
用高效的专用设备进行标准化的大批量生产	用柔性生产设备进行“系列化单件生产”

以培养岗位适应能力为主要宗旨的传统职业教育已经不能适应社会发展对技术技能型人才提出的新的素质要求，以培养学生具有建构或参与建构工作世界能力为主旨的工作过程导向的职业教育在这样的背景下应运而生。

二、工作过程导向的职业教育的理论基础

工作过程导向的职业教育的理论有其深厚哲学与学习心理学基础。实用主义技术哲学是工作过程导向的职业教育的哲学基础；建构主义、情境学习理论和体验学习理论为工作过程导向的职业教育提供了学习心理学基础。

(一) 工作过程导向的职业教育的哲学基础

哲学对教育至关重要，因为学校及教育者所倡导或反映的哲学观影响着教育目标、课程内容和组织形式。哲学为教育者提供组织学校和班级的框架，诸如：确定教育目标、内容、组织形式、教学过程，以及在学校和课堂中需要强调的活动和经验。为了完成教学任务，必须做出决策，如使用什么教育内容以及怎样教学生、选用哪些认知和非认知活动以及如何利用这些活动、给学生布置什么作业以及布置多少、怎样测验学生以及如何评价测验结果、应该强调什么课程和教学内容以及如何组织这些内容，都需要有一个哲学基础。

关于哲学在决定教育方面的重要性，托马斯·霍普金斯指出：哲学在人们以往作出有关课程和教学的重大决策方面一直发挥作用，而且将来仍然是重大决策的依据。当一个国家的教育部门为师生作出时

间安排时，不管是隐性的还是有意识的，都以哲学为依据。当一群选定的教师在学校系统中为学程做准备时，本身就代表着一种哲学观，因为行动路线的选择涉及不同的价值。教师在他们的工作中无时无刻不面临着在行动中需要哲学的情况。[①] 约翰·杜威也明确提出：哲学可界定为教育的基本理论，哲学的作用是为学校的目的和方法提供理论体系。在杜威看来，教育是使哲学的特质得以具体化和得到检验的实验室。[②]

任何教育理论都有其特定的哲学基础，工作过程导向的职业教育也不例外，实用主义技术哲学为工作过程导向的职业教育理论的确立提供了坚实的哲学基础。

1. 实用主义技术哲学阐释了技术是人对技术的应用过程

实用主义技术哲学认为：技术不仅是科学的应用，而且是科学的基础；技术既有实践的向度，也有技术的向度，是目的与手段的结合。技术不仅是“硬技术”——工作现场里的设备（如：机床、电脑等），而且是“软技术”人对于技术的操作和应用，是“有思想、有观点”的技术，是人对于技术的应用过程，而不是技术本身。技术问题的根源，在于人对技术的使用，技术的成功要体现技术的合目的性。实现技术的成功，不是远离技术，而是要贴近技术，走向现场技术，做到对技术的结构、过程以及技术与社会关联的逻辑

---

① L. Thomas Hopkins. Interaction: The Demoratic Process [M]. Boston: D. C. Health, 1941: 198-200.

② 杜威.《民主主义与教育》[M]. 王承绫译，北京：人民教育出版社，1990：384.

分析。[①]

2. 实用主义技术哲学明确地提出知识就是行动

杜威的实用主义技术哲学揭示了知识就是行动。杜威在《民主主义与教育》一书中有这样的论述：实用主义的认识论主张，在严格的意义上，知识包含我们理智方面的种种资源——包含使我们的行动明智的全部习惯。只有已经组织到我们心里倾向中的那种知识，使我们能让环境适应我们的需要，并使我们的目的和愿望适应我们所处的情境，才是真正的知识。知识不仅仅是我们现在意识到的东西，而且包含我们在了解现在所发生的事情中有意识地运用的心理倾向。知识作为一个行动，就是考虑我们自己和我们的生活世界之间的联系，调动我们一部分心理倾向，以解决一个令人困惑的问题。[②] 这表明知识只有在行动中体现出效用才有意义。因此，学校教育传授的知识，必须“与在共同生活的环境中所进行的种种活动或作业联系起来”，对职业教育而言，其所传授的知识与技能就必须与职场的实际、职业工作任务联系起来，这为工作过程导向的职业教育理论提供了认识论上的基础。

3. 实用主义教育哲学明确提出知识源于经验，知识的获取方式是“做中学”

相对于传统哲学，实用主义是以变化的过程和关系为基础的，把

① 徐平利．职业教育的历史逻辑和哲学基础［M］．桂林：广西师范大学出版社，2010：642-643.

② 杜威．《民主主义与教育》［M］．王承续译，北京：人民教育出版社，1990：362.

知识看作是现实及其不断的变化过程。学习发生在解决问题的过程中，而且解决问题是可以迁移到一个广泛多样的学科和情境中的。学习实际上是学习者和环境之间的交换。

实用主义教育家杜威把教育看作是改善（而不是接受）人类处境的一个过程，把学校看成是与社会环境一致的专门场所，学校即社会，他提出："学校主要是一种社会组织。教育既然是一种社会过程，学校便是社会生活的一种形式。"理想的课程是以经验和孩子的兴趣为基础的。杜威认为："知识不是由读书或人解惑而得来的结论"、"一切知识来自于经验。"他在《经验与教育》一书中提出："教育即生活，教育是传递经验的方式。"他认为"为了实现教育的目的，不论对学习者个人来说，还是对社会来说，教育都必须以经验为基础——这些经验往往是一些个人的实际生活经验。"他反对传统教育忽视儿童的兴趣和需要的做法，主张教育应以儿童（或者说受教育者）为起点。他主张教育应以活动为中心，课程内容是跨学科的，书本和学科内容只是学习过程的一部分，而不是终极知识的源泉。强调问题的解决，而不是要掌握已经组织好的科目内容，强调科学方法的掌握，而不是对事实和某种观点的掌握。教师的角色是充当解决问题和开展科学活动的向导。杜威和克伯屈都认为这种角色是团体活动的引导者。教师和学生共同制订学习计划，教师帮助学生定位、分析、解释和评估数据，由此形成他们自己的结论。

杜威倡导"做中学"，主要包括五个要素：设置疑难情境，使儿童对学习活动有兴趣；确定疑难在什么地方，让儿童进行思考；提出解决问题的种种假设；推动每个步骤所含的结果；进行试验、证实、驳斥或反证假设，通过实际应用，检验方法是否有效。这五个要素的实质是从实践中培养学生的能力。

工作过程导向的职业教育是以真实的或模拟的工作任务为基点，让学生利用各种校内外的资源及自身的经验，采取“做中学”的方式，通过完成工作任务来获得知识与技能。工作过程导向的职业教育强调现实、强调活动，与杜威的实用主义教育理论是一致的。①

（二）工作过程导向的职业教育的心理学基础

心理学关注的是人们如何学习，而教育者则想知道心理学如何有助于教与学的设计与实施，也就是说如何把心理学知识具体化，以增强学生学习的可能性。心理学为理解教与学的过程提供了基础。这一领域的探究为我们提供了学习理论和学习原则，这些理论和原则影响了师生的教与学的行为。对工作过程导向的职业教育理论产生重要影响的心理学理论主要有：建构主义、情境学习理论和体验学习理论。

1. 建构主义

客观和建构是知识的一个重要维度。客观主义有关知识的假设是：知识是对外部客观世界的被动反映，有关世界的知识是可靠的，因此，教学的目的就是使学生通过教学获得这样的现实映象。这种知识观最大的问题在于它忽略了世界的无限复杂性以及作为认识主体的人所具有的巨大能动性。建构主义不再将知识看作是有关绝对现实的知识，而认为知识主要是个人对知识的构建，即个人创造有关世界的

① 徐涵．项目教学的理论基础、基本特征及对教师的要求［J］．职教论坛，2007（3下）：10.

意义而不是发现源于现实的意义。所有的建构主义，尤其是激进建构主义认为：知识是由知识主体积极建构，建构是通过新旧经验的互动实现的。认知的功能是适应，它应有助于主体对经验世界的组织。[①]由此学习是知识建构的学习隐喻得以确立。

个人和社会是知识的又一个十分重要的维度。前者将知识看作是居于个体内部的，而后者则认为知识是内含在团体或共同体中的。以维果斯基为代表的社会取向的建构主义理论，从心理学和社会学两个视角出发揭示了知识的社会本质，强调学习是知识的社会协商，并相应地提出了学习共同体和学习者共同体的教学隐喻。

基于学习是知识建构的学习隐喻，建构主义认为，知识不是通过教师传授得到的，而是学习者在一定的情境即社会文化背景下，借助其他人（包括教师和学习伙伴）的帮助，利用必要的学习资料，通过意义建构的方式获得的。学习不是由教师把知识简单地传递给学生，而是由学生自己建构知识的过程。学生不是简单被动地接收信息，而是主动地建构意义，是根据自己的经验背景，对外部信息进行主动地选择、加工和处理，从而获得自己的意义。外部信息本身没有什么意义，意义是学习者通过新旧知识经验间的反复的、双向的相互作用过程而建构成的。学习意义的获得，是每个学习者以自己原有的知识经验为基础，对新信息重新认识和编码，建构自己的理解。这种建构是无法由他人来代替的。

---

① 莱斯利·P. 斯特弗，杰里·盖尔. 教育中的建构主义［M］. 上海：华东师范大学出版社，2004：9.

建构主义的教学观认为教学应从问题开始而不是从结论开始，让学生在问题解决中进行学习，提倡学中做与做中学，而不是知识的套用，强调以任务为驱动并注意任务的整体性。建构主义要求学生面对认知复杂的真实世界的情境，并在复杂的真实情境中完成任务，要求学生主动去搜集和分析有关的信息资料，对所学的问题提出各种假设并努力加以验证，要善于把当前学习内容尽量与自己已有的知识经验联系起来，并对这种联系加以认真思考。联系和思考是意义建构的关键。在整个教学过程中学生是教学活动的积极参与者和知识的积极建构者，教师成为学生学习的高级伙伴或合作者。①

工作过程导向的职业教育，实质上就是一种基于建构主义学习理论的探究性学习模式。工作过程导向的职业教育与建构主义学习理论均强调活动建构性，强调应在合作中学习，在不断解决疑难问题中完成对知识的意义建构。

2. 情境学习理论

情境学习理论是继行为主义“刺激—反映”学习理论与认知心理学的“信息加工”学习理论后的又一个重要的研究取向。这一理论对我们反思传统的教育，重新认识人类的学习，创新人才培养模式提供了心理学基础。

情境学习理论有心理学传统的情境学习理论和人类学传统的情境学习理论两个流派。尽管他们在研究的侧重点上、使用的语言上以及

---

① 徐涵．项目教学的理论基础、基本特征及对教师的要求［J］．职教论坛，2007（3下）：9-10.

所提出的解决问题的方案上存在差异，但是情境理论发展的主要因素都包括两个方面：一是不满现行的学校教育实践，二是需要一种对发生在学校以外的学习进行解释的理论。为此，情境理论的研究既关心对传统学校教育的改革，但其关注点又不局限于学校内部的学习，而是拓展到对日常生活中普通人学习的研究以及对各行各业从业者的学习的研究。所有的情境理论都强调认知与学习的交互特性和实践的重要性。

心理学取向的情境学习理论认为：知识是情境化的，而不是抽象的，是在个体与情境相互作用的过程中被建构的，而不是被客观定义或主观创造的。基于这种知识观，学习是不能跨越情境边界的，学习在本质上是情境性的，情境决定了学习内容与性质。按照这种学习观，建构知识与理解的关键是参与实践。[①] 它十分关注学校情境下的学习，特别注意达到特定的学习目标和学会特定的内容，其研究重点是真实的学习活动中的情境化内容，中心问题就是创建实习场，在这个实习场中，学生遇到的问题和进行的实践与今后校外所遇到的是一致的。

人类学取向的情境学习理论认为：学习是情境性活动，没有一种活动不是情境性的；学习是整体的不可分的社会实践，是现实世界创造性社会实践活动中完整的一部分。进而提出："学习是实践共同体中合法的边缘性参与"。

---

① 徐涵．项目教学的理论基础、基本特征及对教师的要求［J］．职教论坛，2007（3下）：10.

情境学习理论关注知识的情境性，把知识视为个人和社会或物理情境之间联系的属性以及交互的产物。它认为知识是一种活动，而不是一个具体的对象；它总是基于情境的，而不是抽象的；知识是个体在与环境交互过程中建构的，不是客观决定的，也不是主观产生的；知识是交互的一种状态而不是事实。情境学习理论对知识的革命性理解启示我们应将各种情境纳入教育的视野。情境学习理论强调：

（1）行动是基于情境的。该理论认为，人们不是根据内心关于符号的表征行动的，而是通过与环境直接接触与互动来决定自身的行动。在这种基于情境的行动中，隐含在人的行动模式和处理事件的情感中的默会知识将在人与情境的互动中发挥作用。同时实践者要经常对情境进行反思。情境学习的支持者倡导以两种途径学习知识与技能：一是重视一般技能的教授，使之迁移到多种情境中去；二是强调在应用情境中教授知识与技能，强调知识必须在一定的背景中学习。这种背景可以是真实的或高度模拟的工作环境。

（2）学习是实践共同体中合法的边缘性参与。情境学习理论强调知识与情境之间动态相互作用的过程。人类学家莱夫和温格尔（1991）把情境学习的这种过程称为“合法的边缘性参与”。“合法”是指随着时间的推移与学习者经验的增加，学习者合法使用共同体资源的程度；“边缘性”是指学习者在实践共同体中对有价值活动的参与程度与成为核心成员距离的程度。基于情境的学习者必须是实践共同体的“合法”参与者，而不是被动的观察者。“边缘的”参与是指学习者不可能完全地参与实践共同体的所有活动，而只是作为实践共同体某些活动的参与者，从而通过对专家工作的观察，与同伴及专家的讨论，进行学习。长期的合法的边缘性参与为学习者提供了把实践共同体的文化纳为已有的机会，学习者从广泛边缘的角度逐渐理解实践共同体。这些角度包括：师傅们是如何讲话、工作、生活，以及总体上如何管理他们的生活；那些不属于实践共同体的人如何与之打交道；其他学习者在做什么；要成为一个成熟的从业人员，学习者需要学习什么，等等。在边缘的观察与参与中，学习者逐渐理解：师傅们何时、如何以及在什么方面进行合作、共谋及发生冲突，理解他们的所爱、所恶、所敬以及所羡。而所有这些都镶嵌在共同体的日常实践的情境中，构成了实践共同体的文化品性，这些都是在正式的学习中难以表达和传授的默会知识。而在合法的边缘参与下，他们都为新成员而透明化，使得他们可以合法地进入这种潜在的文化语境中。从本质上看，“合法的边缘性参与”实质上描述了一个新手成长为某一实践共同体核心成员的历程。人类学家认为，“合法的边缘性参与”本身不是一种教育形式，而是理解学习的方式，或者说，合法的边缘性参与就是学习。强调在实践共同体中，通过合法的边缘性参与获得相应的知识、技能和态度。

情境学习理论认为，学习实质上是一个文化适应与获得特定的实践共同体成员身份的过程。莱夫和温格尔把“实践共同体”定义为“一群追求共同事业，一起从事着通过协商的实践活动，分享着共同信念和理解的个体的集合”。从这个意义上说，在空间上聚集在一起的任何群体并不一定都是实践共同体。它强调要有共同的任务，使用工具、利用资源并通过实践活动完成任务，有共同的历史、知识基础与假设，以及各自担负的责任。[①] 在实践共同体中，学习者是具有共享的文化历史背景和真实任务的共同体成员；实践共同体的任务是一项共同体成员共享的事业；在实践共同体中学习者的身份是不断进行再生产的，学习者沿着旁观者、参与者到成熟实践的示范者的轨迹前进——即从合法的边缘性参与者逐步到共同体中的核心成员。[②] 按照莱夫和温格尔的界定，实践共同体意味着参与一种活动体系，参与者共同分享对他们所做的事情的理解，以及这对于他们的生活和共同体意味着什么。1998 年温格尔在其著作《实践共同体：学习、意义和身份》中进一步对实践共同体进行了更深入的探讨。他认为，实践共同体包括了一系列个体共享的、相互明确的实践和信念以及对长时间追求共同利益的理解，实践共同体形成的关键是要与社会联系——要通过共同体的参与在社会中给学习者一个合法的角色（活动中具有真实意义的身份）或真实任务。

学习者要想从新手成长为实践共同体的核心成员，就必须参与到实践共同体真实的活动中去，并在成长的每一阶段都要细心观察专家的示范，在专家的指导下努力进行实践。与此同时，学习者观察和模仿实践共同体内其他成员的行为，学习实践共同体内的行话，逐渐地开始按照实践共同体的标准来行事。随着时间的流逝，学习者逐渐掌握了专家的知识与技能，并在使用的过程中得到发展与磨炼（Brown

---

① 张振新、吴庆麒．情境学习理论研究综述［J］．心理科学，2005（1）：125.

② 莱夫、温格．情境学习：合法的边缘性参与［M］．上海：华东师范大学出版社，2004：4.

& Duguid，1996）。这时，学习者逐渐获得了实践共同体中核心成员的身份，对共同体的贡献越来越大，反过来可以指导刚进入共同体的新手的学习。也就是说，学习者在对共同体进行文化适应的过程中，不断取得进步，最终成长为熟手乃至专家。

人类学视角的情境学习理论把知识视为个人和社会或物理环境之间联系的属性以及互动的产物，将研究学习的焦点移至实践共同体中学习者社会参与的特征，从而将实践共同体的建构视作教学的新隐喻。人类学情境理论提出的"合法的边缘参与"让隐含在人的行动模式和处理事件的情感中的默会知识在与人与情境的互动中发挥作用，并使得默会知识的复杂性与有用性随着实践者经验的日益丰富而增加。

工作过程导向的职业教育就是让学生在真实的或模拟的工作世界中通过多元方式参与工作过程，完成典型的工作任务，并在完成任务的过程中，在与师傅、同伴的相互作用的过程中，逐步从新手成长为专家，这与情境学习理论是一致的。①

3. 体验学习理论

体验学习并非第三种学习理论，它既区别于传统理性主义的教学方法，又区别于行为主义学习理论。体验学习理论是建立在另一种哲学和认识论基础之上的，特别是源于洛克等人经验主义哲学的思想方法。

体验学习是指学习者亲身介入实践活动，通过认知体验和感悟在

---

① 徐涵．项目教学的理论基础、基本特征及对教师的要求［J］．职教论坛，2007（3下）：10.

实践过程中获得新的知识、技能和态度的方法。从教育学的角度看，体验学习是指学生在学习过程中对学习内容内化后，在特定的教育情境中的内心反省、内在反应或内在感受。从心理学的角度看，体验学习是在认知理解基础上的自我觉醒，是学生对生活意义内在的追问，其核心成分是学生自我意识的觉醒。体验学习有感性认识的成分，又有理性认识的成分，还有直觉思维的成分。体验学习既是认知过程，又是实践过程。D. A. 库伯认为体验学习具有如下基本特征[①]：

（1）体验学习是作为一个学习的过程，而不是结果

体验学习更加关注学习过程，与传统的理性主义教育方法、行为主义学习理论只关注行为的结果有着本质区别。体验学习理论是建立在经验主义哲学基础上的，认为观念不是一成不变的，思维的永恒成分总是通过体验来构成和重构的，学习是一个起源于体验并在体验下不断修正并获得观念的连续过程。没有两种思维是永远相同的，因为体验总是作用期间。体验学习理论认为学习是一个顿悟的过程，学习结果呈现的仅仅是过去的记录，而不是将来的知识。

（2）体验学习是以体验为基础的持续过程

知识在学习者的体验中连续地发生并被检验，学习是一个以体验为基础的持续过程，它意味着所有的学习都是重新学习。每个人都是带着或多或少的态度倾向进入每个学习情境，也就是说我们的教育对象在进入每个学习情境时，都已经怀有一些自己所相信的东西。因此

① ［美］D. A. 库伯．体验学习：让体验成为学习和发展的源泉［M］．上海：华东师范大学出版社，2008：22-33.

作为教育者，不仅要向学习者灌输新的思想，也要处理或修正他们的原有经验。如果教育过程始于引导学习者原有的观念和理论，并且去检测这些观念和理论，然后使新的更精确的观念与个人的原有观念系统相结合，学习的过程将会事半功倍。因此教学的设计应充分考虑到学习者的已有经验，并通过体验学习把这些经验内化到自己的知识结构中。

（3）体验学习是在辨证对立方式中解决冲突的过程

体验学习理论认为：学习过程的两个方面，一是对事物的具体经验，然后在学习过程中逐渐抽象概念化；二是一边积极体验一边反思观察。因此，一个人在学习过程中的各种水平上，都实现着从行为者到观察者，从特定参与者到一般结论分析者的转变。在库伯看来，学习本身充满了紧张与冲突，学生既要积极体验，又要反思观察；既要经历具体体验，又要实现抽象概括。

（4）体验是一个适应世界的完整过程

体验学习描绘了一个人类适应世界的社会环境与自然环境的核心过程。它是一个整体的概念，包含着个体全部功能的整合——思维、感受、理解与行为。学习是人类适应的主要过程。“它发生在所有的人类环境中，从学校到工厂，从研究实验室到管理会议室，也存在于私人关系和某个杂货店的过道中。它包含在所有生命的阶段，从儿童到成年、中年和老年。”

（5）体验学习是个体与环境之间连续不断的交互作用过程

传统教育断定学习是个体的内部过程，把学习局限于书本、教师和课堂，而体验学习强调个人与环境关系的交互作用。

（6）体验学习是一个创造知识的过程

知识是社会知识与个人知识之间转换的结果。库伯援引杜威的话说，社会知识是先前人类文化经验的客观积累，而个体知识是个人主观经验的积累，体验学习的关键在于实现社会知识与个人知识之间的转换，并把学习定义为“体验的转换并创造知识的过程”。体验学习理论强调知识是一个转换的过程，是持续不断的创造与再创造，而不是可获得或可传递的独立过程。

学习过程的亲历性和反思性是体验学习的本质特征。所谓亲历性是指学习者进入到某种情境，参与其中的活动，在这一过程中用自己的身体去感受，运用多种感官去接触情境中的事物，感受到多感官的、强烈的刺激在这一过程中产生丰富的体验。知识获得、意义的生成都源于亲历的情境与活动。因此，体验式学习不是“坐而受道”的过程，而是“行而体道”、“做中学”的过程。体验式学习还是一个始终伴随着反思的过程。这种反思可能是在情境中使他们产生的某种联想，也可以是在离开情境后的回味、品尝、反思。

体验式学习强调学习的情境性，强调体验在个体学习中的作用，把知识的获得、技能的形成置于一定的情境之中，与特定的体验联系起来，这不仅有助于学习者理解新知识、掌握新技能，同时，在这过程中还能对学习者的情感、态度、价值观等方面产生深刻的影响。

工作过程导向的职业教育关注的是技术知识和工作过程知识，技术知识和工作过程知识既包括显性的知识，如程序性知识，也包括隐性的知识，如工作经验、技术技巧等，而隐性的默会性的知识是难以用语言传达，更难以用符号图示描述的，这类知识的获得需要学习者在完成工作（或学习）任务的过程中，运用各种感官去体验，通过感悟、顿悟和反思获得这类知识。因此，体验性学习理论为工作过程导向的职业教育提供了理论基础，职业教育通过与企业的合作，为学生提供了一个真实的实践环境，学生在工作实践中为适应现实的需要而有选择有方向地学习，在身体力行的实践中感受、体验和学习知识，理解真实，从而激发自身的求知欲和奋发向上的情操，在做中学，在学中做，养成独立自主获取知识的能力和素质，以便在社会工作和生活中自我塑造、自我发展和自我完善。

三、工作过程导向的职业教育的培养目标

从以培养学生的适应能力转向培养学生参与建构工作世界的能力，是工作过程导向的职业教育的培养目标。

传统的泰勒模式管理下的企业具有严格的多层的管理机制，技术工人只需按照上级的指令完成工作任务，这就要求生产一线的技术工人要具有较强的职业适应能力。因此，传统的职业教育注重培养学生对企业、对工作岗位的适应性。其所蕴涵的指导思想表现为：一是把个性作为专业任务的人力资源来培养。也就是说把职业教育只是作为企业的人力资源开发的手段；二是把素质要求是作为依赖性的变量看待，认为从组织和技术的改革中引导出素质要求，技术和劳动是预先确定的。这样就致使教育总是跟着技术跑，而在技术迅速变化的今天，必然致使职业教育所培养的人才不能满足企业的需求。

随着现代企业制度的发展，企业的管理模式由泰勒的科学管理转

向了知识管理，为了提高企业的核心竞争力，企业开始注重调动和发挥每个员工的积极性，为每个员工的潜能发展提供舞台和空间。为满足企业日益提高的对产品质量和员工创新能力的要求，以工作过程为导向的职业教育确立了全新的指导思想，体现为：一是认为教育应使学生具有从经济的、社会的和生态的负责的角度建构或参与建构工作世界的能力。也就是说职业教育所培养的人才仅具有适应工作世界的能力是远远不够的，还必须具有创新能力。二是把教育作为发展独立的自我意识和自我负责的个性的前提条件。也就是说，教育不仅仅是企业人力资源的开发手段，而是把教育作为培养人的综合素质的前提条件。第三，认为教育的目标和内容既依赖于同时又独立于劳动与技术的关系。也就是说，职业教育已经成为在技术、劳动和教育之间复杂关系的独立变量，必须有意识地促使职业教育对生产组织发展和技术进步产生积极的影响，从而实现由“适应能力”向“建构能力”的战略性转变。① 因此职业教育不应该把学生仅仅视为未来的劳动者，而应视其为建构工作世界的参与或潜在参与者。

职业教育培养目标的这种转变是基于20世纪80年代中期，由德国劳耐尔教授和英国学者考波特（Martin Gorbett）领导的由多国多学科专家参与的，并由欧洲经济共同体资助的大型研究项目“以人为中心的计算机集成制造系统”的研究成果。该项目的目的是探索和

① Rauner, F.: Die Bedeutung des Arbeitsprozesswissens fuer eine gestaltungsorientierte Berufsbildung. [A]. In: Fischer, M./Rauner, F. (Hrsg.): Lernfeld: Arbeitsprozess [M]. Nomos Verlagsgesellschaft, Baden-Baden, 2002.

开发以人为中心的计算机辅助制造技术，以有效地发挥人在生产中的作用并实现生产的人性化，使从业人员的知识和技能不再处于从属地位。该项目的研究报告明确地提出：职业教育要培养学生具有参与建构工作和技术的能力①。此后，劳耐尔教授及其团队的一系列研究成果不断地丰富并发展这一思想。职业教育培养目标的这一转变给职业教育内容与教学方式的选择都带来了巨大的变化。

对职业能力的不同理解②

1. 英美国家对职业能力的理解

能力本位一词来源于英语的 Competency（或 Competence）Based Education，简称 CBE，确切的翻译是“以能力为基础的教育”，其前身是“以能力为基础的培训”（CBT）。CBE 中的能力“是由知识、技能以及根据标准有效地从事某项工作或职业的能力，可视为完成一项工作任务可以观察到的、可度量的活动或行为，常被称作专项能力（task 或 skill)”。可以看出，英语的能力概念强调培训的结果，看重通过考核鉴定可以确定的、针对具体任务和职责的技能和绩效。在英语的职业能力中，尽管提出了“态度”这一概念，但是内容非常抽象（如 DACUM 课程开发方法

① Herausgeber, Einleitung: Von der gestaltungsorientierten Berufsbildung zur internationalen Innovationsforschung-Forschungsansaetze in der Arbeit von Felix Rauner [A]. In: Fischer, M./Herdegger, G. etc. (Hrsg.): Gestalten statt Anpassen in Arbeit, Technik und Beruf. Featschrift zum 60. Geburtstag von Felix Rauner [M]. Bielefeld Bertelsmann, 2001: 7-11.

② 赵志群. 对职业能力的再认识 [J]. 职教论坛，2008 (3): 1.

的鼻祖 Norton 在其经典表述中，也仅仅是将一些诸如认真、细致、严守工艺规程等词汇加以罗列），没有建立能力之间的联系和对职业的整体与综合认识，因此强调的是职业教育与培训的功能性和岗位性，关注企业的当前需要。

2. 德国对职业能力的理解

德国按照行动导向学习理念，将职业能力定义为“职业行动能力”（Handlungskompetenz）。按照德国联邦职业教育研究所的定义，职业能力是“人们从事一门或若干相近职业所必备的本领，是个体在职业工作、社会和私人情境中科学的思维、对个人和社会负责任行事的热情和能力，是科学的工作和学习方法的基础”。可以看出，德国人认为职业能力是才能、方法、知识、观点、价值观的综合发展，关注人的综合职业能力，因此，其职业教育更加强调专业学习和综合能力发展的过程性、关联性和情境性，关注促进人的职业生涯发展的多项要素。

德国学者把职业能力划分为专业能力、方法能力和社会能力。专业能力是从事某种职业所必须具备的专业知识与技能，是指能够运用专业知识与技能，解决某一职业领域内的工作任务的能力是与职业直接相关的能力，具有职业特殊性。它是一个人立足于社会的基本生存能力。方法能力是指人在职业和生活中学会工作、学会学习的能力，尤指独立学习、不断获取新知识的能力。社会能力是指人在职业、家庭和社会生活中正确地处理人与社会、人与自然的关系的能力，具体包括人际交往能力、与他人合作能力、心理与身体承受能力、社会责任感以及环境保护意识等。方法能力和社会能力是一个人立足于社会的基本发展能力，也被德国人称之为关键能力，它具有职业普遍性，可以在不同的职业之间广泛迁移，它们不会随着技术的变化、知识的陈旧而过时，而可以使人受用终生。

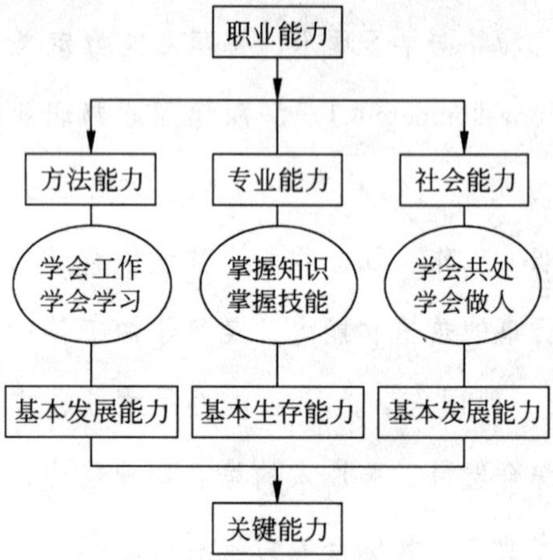

图 2-4 职业能力的结构

四、工作过程导向的职业教育的课程开发

职业科学的劳动研究是工作过程导向的职业教育的课程开发方法。

职业教育课程开发经历了由学科系统化的课程开发到以劳动科学为导向的传统的资格研究再到职业科学的劳动研究的发展过程。

（一）学科系统化的课程开发

学科系统化的课程开发是由学科专家从对应的学科知识中选择“适合”的内容并进行相应的教学简化来完成的。课程开发的主体是学科专家，他们关注的往往是学科自身的系统性、完整性，而不是工作世界，因此，这种方法开发出来的课程内容具有较强的学科系统性、知识体系的内在逻辑性，但是学习内容与职业实践的关系却是间接的。

（二）劳动科学导向的传统的资格研究

以劳动科学为导向的传统的资格研究把劳动科学中的工作活动分析简单地移植到了课程开发中的工作分析中，尽管在某种程度上解决了学习内容与真实的工作世界的联系，但是使得对职业教育具有重要意义的工作的内在联系，在课程开发的工作分析的过程中消失了（见图 2-5）。传统的资格研究有其自身难以逾越的局限性，主要体现在：（1）在工作分析过程中，将职业工作任务划分为若干个分任务，又把分任务分解为劳动行为，在这一分析过程中忽视了人类劳动的整体特性和经验成分。（2）缺乏将知识、技能、能力进行序列化的标准，致使通过工作分析所获得的知识和技能在进行课程结构化的过程中又回到了学科体系的框架内。（3）工作分析的对象主要是按泰勒管理模式的工作岗位，因此强化了劳动分工原则，忽视了工作过程的内在联系。可见，传统的资格研究方法（工作任务分析）已经不能满足准确地破译工作过程中的知识与能力的需要。①

① 徐涵．以劳动过程为导向的教育思潮［J］．职教论坛，2004（7）：58.

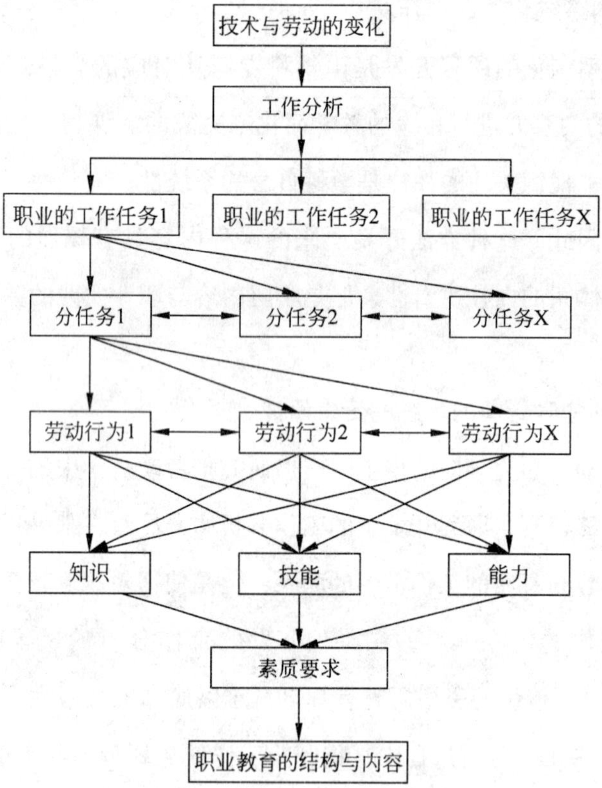

图 2-5　课程开发下的传统的资格研究

（三）职业科学的劳动研究[①]

职业科学的劳动研究，使研究隐含在实际的职业工作中的知识——工作过程知识成为可能。所谓的职业科学是指面向技术型、技能型人才的职业劳动过程的、反映职业劳动内容的专业技术体系，其基本特征是着眼于专业劳动的完整性、整体性。

① 徐涵．以工作过程为导向的职业教育［J］．教育与职业，2008（3）：7.

与传统的素质研究方法相比，职业科学的劳动研究的目标与分析策略是完全不同的（参见表2-2）。

表2-2 课程开发下的传统的资格研究与职业科学的劳动研究的基本特征对比①

	传统的资格研究	职业科学的劳动研究
研究的目标	确认为完成企业经济的技术分工任务所需要的活动要求，以及由此引导出的行为和职业技能。得出活动和活动结构。二者被视为独立于（不依赖于）资格要求的变量。	确认和描述职业工作任务。同时工作的内在联系是任务分析的基础。 在考虑职业能力发展的情况下，破译与工作和工作过程相关的教学内容。
分析策略	补充分析：定义与确认人机系统中的活动。 “操作”作为关键能力。	优选人机系统中的工具特性，改善计算机辅助工具的质量，符合发展逻辑的任务分析。 “建构”作为关键能力。
分析领域	与企业的功能相关的活动。 职业行为能力。	职业工作任务作为范例和发展任务，是符合发展逻辑的学习（从初始者到师傅）基础。
分析的范围	企业的功能，过程和由此产生的工作职能。 劳动行为（活动）。 质量控制要求。 与企业功能相关的任务部门内的工作及工作过程。	工作对象、工作方法、工作工具和工作组织形式以及社会、企业和顾客对工作的要求，强调的是企业的整个生产与经营过程中内在的工作联系。

① Rauner，F.：Die Bedeutung des Arbeitsprozesswissens fuer eine gestaltungsorientierte Berufsbildung.［A］. In：Fischer，M./Rauner，F.（Hrsg.）：Lernfeld：Arbeitsprozess［M］. Nomos Verlagsgesellschaft，Baden-Baden，2002.

续表

	传统的资格研究	职业科学的劳动研究
分析的方法	实验分析，经验的社会科学研究量化方法。	情境实验，以行动为导向的专业谈话，职业科学的素质研究，质量的经验的社会科学研究方法。

通过职业科学的劳动研究可以确认典型的职业工作任务并破译出隐含在工作任务中的知识和能力。其分析过程见图 2-6。

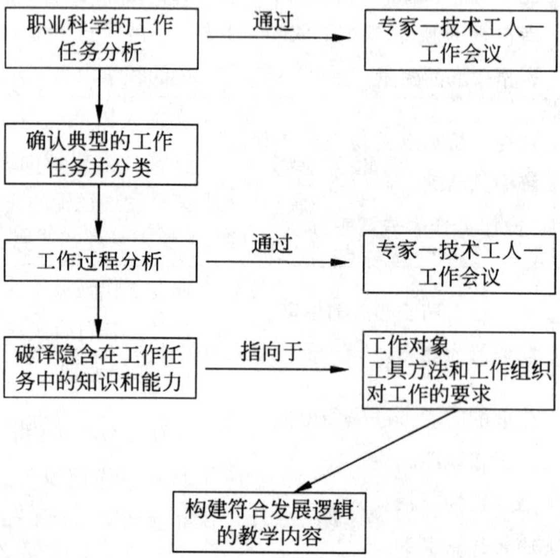

图 2-6　课程开发下的职业科学的劳动研究

从课程开发的角度，职业工作任务是根据工作联系和企业任务（这些任务对职业具有典型性并包含着完整的行动）来描述具体的专业工作。根据这一定义，在课程开发的过程中，不是对孤立的单个的活动或工作进行分析，而是从完整的行动意义上对任务进行分析。完整的行动包含一个完整的行动进程结构，职业工作任务的完整进程结构在通常情况下包含对具体任务的计划、实施、控制以及对其工作成果的评价。在表述职业工作任务时，通过强调工作联系能使人们在开发课程的过程中，除了客观知识以外，也考虑工作过程知识。

在表述职业工作任务时，必须考虑以下几个标准：

- “工作任务必须包含着职业的工作过程的内在联系并指向于独立的职业培养规格和职业的重点。
- 一个职业工作任务总是描述一个完整的劳动行为，并强调工作的计划、实施和评价之间的联系。
- 职业工作任务的描述包含专业劳动的内容和方法。
- 在完成一个职业工作任务时应该了解该任务在企业的整个生产和经营过程中的意义、功能和作用。
- 每一个职业工作任务在完成的过程中都具有被专业工人可利用的可塑的潜力。”①

职业科学的劳动研究是通过对典型的职业工作任务的分析，来破译隐含在职业工作中的工作过程知识，从而使工作过程知识作为职业教育的内容成为可能。

那么如何确定典型的职业工作任务并对其进行分类呢？主要采取专家—专业工人—工作会议的方式。

---

① Kleiner, M. /Rauner, F. /Reinhold, M. / Roeben, P.: Curriculum-Design I [M]. Dr. -Ing. Paul Christiani GmbH & Co. KG, 2002: 23.

第一个专家—专业工人—工作会议①

通过第一个专家—专业工人—工作会议主要达到两个目标：

- 以职业工作任务的形式描述实际的专业劳动；
- 把专业工作任务归入相应的学习范围，学习范围是按照能力发展阶段划分的。

这一目标是与开发以实际的专业劳动和以企业的工作过程和经营过程为导向的职业教育课程紧密相连的。同时具体的专业劳动构成了确定培训目标和培训任务的参考点。

专家—专业工人—工作会议是对 20 世纪 80 年代和 90 年代在美国和加拿大盛行的 DACUM 课程开发方法的反思结果。在 DACUM 方法中，工作的内在联系在职业规格中的作用没有被充分地考虑到，职业及其职业规格——专业工人的层面上——在很大程度上是标准化的，这使得在以学校教育为主体的职业教育体系的国家中，职业就失去了对于职业教育的意义。在 DACUM 方法中工作过程及其影响因素还不是课程研究的决定性对象。虽然这种方法可以为获得基本的工作范围提供帮助，但并不适用于评价具体的工作内容对于劳动者的素质的意义。由于 DACUM 方法的局限性，借用这种工具开发的职业教育的课程内容是远离真实的工作世界的。为了克服这一缺陷，专家—专业工人—工作会议在对 DACUM 方法的反思基础上，把典型的职业工作任务、工作的内在联系、工作过程知识作为自己研究的切入点，这

① 徐涵．职业开发与职业教育课程开发的新方法——行业研究和专家—专业工人—工作会议［J］．职教通讯，2007（5）：34-36.

样开发出来的职业教育的课程内容就能反映技术工人的专业劳动内容，并与真实的工作世界相联系。

专家—专业工人—工作会议并不是没有前提地可以运用。职业不能够被经验地确定，它深深地根植于不同的工业文化中。因此选择专家—专业工人，研究人员和主持人都有相应的要求和标准。

专家—专业工人的标准①

为了实现专家—专业工人—工作会议的目标，应按照下列标准选择参加人员：

- 具有丰富的职业经验，了解企业的不同部门，并参与过革新项目
- 在他的职业领域里不断地接受继续教育
- 他的专业劳动与他最初的职业培训有紧密的关系
- 他在工艺先进的工作岗位上工作
- 他在灵活的劳动组织下工作
- 他的专业劳动的任务是完整的并不断地更新
- 在他的任务领域里有继续设计的可能性
- 能够从未来的和专业的角度描述、评价现实的专业劳动并能把包含在专业劳动中的职业工作任务系统化

专家—专业工人—工作会议通常由 10 至 12 个人组成。三分之二

---

① Bremer，Rauner，Roeben：Gemeinsamer Abschlussbericht Modellversuch GAB，Anhang C5： Experten-Facharbeiter-Workschops als Instrument der Berufswissenschaftlichen Qualifikationsforschung［R］，2003.

的人员应该由直接从事所研究的专业劳动的技术工人构成。三分之一人员来自间接领域，如师傅、培训者、技术员或车间主任，他们代表着生产一线的管理层，首先能够从企业的任务组织的角度对职业的工作任务进行评价。

研究者和主持人的标准

工作会议由两个研究人员组织。其中一人必须具备下面两方面的素质：

- 接受过相关的职业培训
- 具有相关的职业工作经验

二者缺一不可。如果缺乏相关的职业培训，那么就不具备对有关职业教育的问题的理解能力，从而导致对职业科学重要的关系没有引起注意。如果缺乏相关的职业工作经验，几乎不能理解有关专业劳动的术语和内容。

第二个研究人员至少有具备上述两个素质要求中的一个，最好这两方面的素质都能具备。同时具备做主持人的素质。他要特别注意方法措施和创造一个使参与者积极参加的会议气氛，把参与者共同的职业经验和能力在分析过程中得以充分展现。

在工作会议中研究人员应该通过相联系的问题和专业技术工人的语言引导所有参与者充分表达自己的观点并说明理由，而自身始终不处于讨论的中心地位，他在会议中只起到激发、引导的作用，提出问题并对讨论的结果进行总结。

职业工作任务的结构化是专家—专业工人—工作会的重要成果。只有他们具备按照职业能力发展的逻辑顺序排列职业工作任务的能力，因为他们能够回忆起他们是怎样地学习并获得这些能力的。

工作会议的实施

工作会议的进程主要包括①：

- 解释工作会议的目标和方法。
- 介绍研究人员和会议参与人员。
- 确认、选择和表述职业工作任务：采用的方法为头脑风暴法，深入的专业谈话法，粘贴板法等。
- 主持人和专家一起开发对工作任务的理解。工作任务必须体现工作联系并对职业具有典型性。
- 准确地表述工作任务，并对工作任务进行分类和结构化。
- 工作任务对现实的和未来的职业规格的重要性。

引导的问题：哪些典型的任务领域表明职业规格？职业涉及哪些能力？企业、社会、顾客和受教育者自身对职业有哪些期望？哪些要求对职业的未来是重要的？

- 对工作任务进行暂时的评价。

在举行第一次工作会议时，有两点研究人员必须注意到：

- 专家必须很快地理解被问到的职业的 Know-how。

---

① Spöttl, G.: Der Arbeitsprozess als Untersuchungsgegenstand berufswissenschaftlicher Qualifikationsforschung und die besondere Rolle von Experten-Facharbeiter-workschops [A]. In: Pahl, J.-P./Rauner, F./Spöttl, G. (Hrsg.): Berufliches Arbeitsprozesswissen [M]. 2000: 207-218.

- Know-how 的提出必须尽可能地没有结构化的限制和改善①

第二个专家—专业工人—工作会议：工作任务的评价与分类

工作任务的评价、权重和最终的分类是第二个工作会议的核心任务。会议的参与人员与第一次会议的人员相类似，只是最多三分之一的人员来自上次参会的人员。为了更容易地矫正在第一次会议中出现的开发错误，应该更换部分的参与人员。为了对现有的工作任务进行评价与分类，应该把工作任务以表格的形式提供给与会人员，并根据下面的问题进行评价：

每个工作任务在日常工作中出现的频率怎样？（四个评价等级）培养并有效地训练该工作任务有多难？

根据评价结果把工作任务划分为四个组（简单的，略难的，难的，非常难）。每个组与学习任务和工作任务结构化的方案相适应。

通过对工作任务难易程度的评价和专家对工作任务的主观评估，把工作任务按照符合教育逻辑的顺序进行排列。这个阶段是对工作任务的梳理过程。研究人员必须密切关注这一过程，专家在对工作任务进行排序时，应该按照工作任务对专业劳动的重要性，而不是部分地或完全按照以往的专业体系对工作任务进行排序。

---

① Spöttl, G.: Der Arbeitsprozess als Untersuchungsgegenstand berufswissenschaftlicher Qualifikationsforschung und die besondere Rolle von Experten-Facharbeiter-workschops [A]. In: Pahl, J.-P./Rauner, F./Spöttl, G. (Hrsg.): Berufliches Arbeitsprozesswissen [M]. 2000: 215.

第三个专家—工作会议：职业科学的工作过程分析[①]

为了获得详细的关于形成职业教育课程计划和以工作过程为导向的教学过程方面的认识，与确定工作任务相比，对专业劳动内容的解释，更显得重要。通过工作过程分析主要达到两个目标：

- 第一个目标：蕴涵在实际的职业工作中的能力和知识的形成过程是针对已经获得的工作任务的；
- 第二个目标：开发的职业教育课程计划应是一个包含所有重要内容的细化的结构。

为了达到上述目标，在已经获得的工作任务和通过第二个专家—专业工人—工作会议获得的与工作过程相关联、符合教育逻辑结构的基础上，识别工作任务的内容和关联，并对工作任务的知识和能力按质量的水准进行归类。

在这个阶段将实施第三个专家工作会议。参与人员由下列人员组成：

- 行业专家：2—3 人
- 培训师傅或制订教育计划的人员：1—2 人
- 教师：1—2 人
- 职业科学工作者：2 人

---

① Spöttl, G.: Der Arbeitsprozess als Untersuchungsgegenstand berufswissenschaftlicher Qualifikationsforschung und die besondere Rolle von Experten-Facharbeiter-workschops [A]. In: Pahl, J.-P./Rauner, F./Spöttl, G. (Hrsg.): Berufliches Arbeitsprozesswissen [M]. 2000: 218-220.

这个专家工作会议需要完成以下三个方面的工作任务：

- 补充对职业具有重要意义、而还没有提到的工作任务。
- 优化工作任务的结构，表述任务重点，使它们与教学和培训逻辑相适应并对职业具有很高的重要性。
- 区分工作任务：描述核心领域和选修领域的工作任务，适应于特定地区和企业利益的工作任务。

在这个最后阶段有两点起着重要的作用：

- 阐明从工作过程中获得的工作任务之间的内在联系，并明确其对人员的素质要求。
- 阐明工作内容的教育的重要性。

在这个阶段之后，可以认为职业科学的资格研究结束了，因为经过三个阶段的研究，我们最终获得了结构化的代表某一培训职业的系列工作任务（参见表 2-3 和表 2-4）。这是开发职业教育课程计划的基础。

表 2-3　工业机械工职业工作任务

1. 技术系统的维护和检查
2. 机械生产零配件
3. 操作生产设备
4. 技术系统的维修
5. 准备材料和备用件
6. 新生产受损零件
7. 装配生产设备
8. 修复技术系统的受损部件
9. 启动并关掉生产设备

续表

10. 技术系统的干扰分析
11. 修复技术系统
12. 技术系统的功能差的部位分析
13. 生产设备的监督
14. 优化技术系统和生产过程

表 2-4　描述职业工作任务（机械生产零配件）①

解释：机械生产零配件 这一生产任务包括对技术系统的制造、结构、运行和修理所必需的零配件的生产。根据技术资料，运用不同的手工和机械的生产方法生产工件并进行组装。要从功能、质量和费用的角度对零配件提出相应要求并进行检测。
工作内容 生产机器零配件 组装配件 零配件的功能与质量检查 **工具** 技术图纸、工具表、工作计划、组装计划、操作指南、安全保护说明 标准的和特殊的工具 机床 检测工具 技术信息系统 订货计划、备件计划 **方法** 阅读、修改并完成技术资料

① Rauner, F. /Kleiner, M. /Meyer, K. : Berufsbildungsplan fuer den Industriemechaniker ［R］. ITB Arbeitspapiere 32, 2001: 17.

续表

实施生产任务的工作计划
手工制作方法
机械制造方法
根据表格、简图和手册确定生产数据和机器参数
可见度及功能控制
遵守生产误差
工作组织
外部和内部的委托任务
给机器配备人员
小组工作/个人工作
集中的工作管理/分散的工作管理
任务实施的组织
工作岗位的建构和工作岗位的装备
工作组织：材料和备件
对工作的要求
根据技术资料实施顾客委托
零配件的适应
遵守生产时间和生产费用的计划
机器配备和工具装备的经济计划
从安全和专业的角度选择和使用标准的和特殊的工具及检测方法
按照安全操作规章操作机器设备
遵守劳动事故防范规定和健康保护规定
生态学的视角和环境保护规定

表2-3和2-4表明：专家—专业工人—工作会议是确定职业工作任务，并以工作对象、工作方法、工作组织和对工作要求的形式来描述专业工作的有效的工具。专家—专业工人—工作会议为建构以工作过程为导向的职业教育提供了方法基础。

五、工作过程导向的职业教育的教学方案

(一) 工作过程知识成为教学的主要内容

工作过程导向的职业教育的教学内容从专业理论知识转向了工作过程知识。

在传统的职业教育中，教学内容指向于专业理论知识和抽象的专业技能，而工作过程知识没有被考虑到。在以工作过程为导向的职业教育中，专业劳动处于中心地位，教学内容指向于职业的工作任务、工作的内在联系和工作过程知识。工作过程是以工作过程为导向的职业教育的切入点。

工作过程知识（work process knowledge）是指有丰富经验的技术工人所特有的、与生产过程相关的知识。它不仅是在工作过程中直接需要的（区别于学科系统化的知识），而且是在工作过程中自我获得的，特别需要通过经验性学习后，在工作经验与理论反思间的特定关系中产生。[①] 工作过程知识多数是隐性的（默会知识），是生产经验与专业理论知识相结合的产物，其结合的紧密程度与工作者个体和工作任务的复杂程度有关。

工作过程知识包括：

- 知道哪些步骤对实施不同的工作流程来说是必要的；

---

① Fischer M. Von der Arbeitserfahrung zum Arbeitsprozesswissen［M］. Opladen：Leske + Budrich，2000：121.

- 能够描述出工作流程的组织结构；
- 能够对机器设备进行检查；
- 熟悉实施工作步骤的顺序；
- 熟悉工作过程计划的责任；
- 编排企业的劳动组织；
- 在完成工作任务过程中逐渐形成的知识；
- 通过职业实践获得的与职业相关的经验；
- 知道关于劳工法庭运行的知识；
- 知道并熟悉企业的各个部门以及各个部门之间是如何合作的。

（二）按照职业能力发展规律构建知识结构①

工作过程导向的职业教育不仅以工作过程知识为主要教学内容，而且知识的建构方式发生了根本的转变。

德国学者劳耐尔教授以美国心理学家德莱福斯（Dreyfus）提出的人的职业能力发展的五个阶段为依据，按照职业成长规律，把教学内容归为四个学习范畴②，即：

- 入门和概括性知识：主要阐释该职业的主要工作内容是什么；
- 关联性知识：主要揭示事物的相关性是怎样的；
- 具体知识和功能性知识：主要阐明为什么具体的工作是这样

---

① 徐涵．以工作过程为导向的职业教育［J］．教育与职业，2008（3）：6.

② Rauner，F.：Entwicklungslogisch strukturierte berufliche Curricula：vom Neuling zur reflektierten Meisterschaft［J］．In：Zeitschrift fuer Berufs- und Wirtschaftspaedagogik 95. Band Heft 3.

的，它是怎样运作的；

- 以经验为基础的专业系统化知识：阐明如何专业系统化地解释事务和解决具体问题。

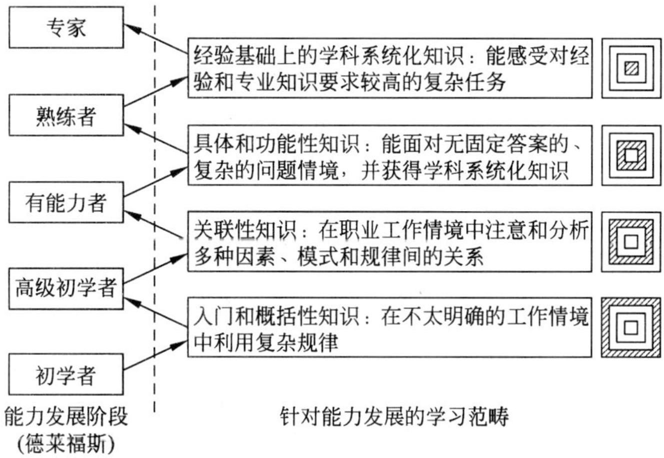

图 2-7　从初学者到专家要经历的 4 个学习范畴（Rauner，2002）

学习范畴 1：职业导向的工作任务——入门和概括性知识

入门和概括性的知识必须是跨职业的、并针对全部职业领域的基本的工作导向内容。在学习之初，学生首先要对不同的职业及其职业领域内的工作范围有一个定向性的认识。为此学生不仅能够认识和理解本职业的地位、与其他职业在内容上的相互关联以及职业领域内的工作范围，而且还要认识和理解劳动分工结构中的工作过程，比如，加工和生产、装配和安装以及维修和保养等。通过收集和了解有关工作岗位的结构、重点和内容的信息来理解其他与职业紧密相关的，乃至跨行业的工作任务范围和日常活动内容。进行职业领域范围内的入门和概括性知识的教育是获取职业行动能力和设计能力所必需的。

世界上几乎不存在职业初学者对该职业一无所知的职业。在德国由不莱梅大学技术与教育研究所近年来实施的典型试验 GAB① 的框架内曾经对工业机械工职业的初学者进行的调查表明：多数学生（将近 60%）通过学校的实习对技术系统的工作预先有所了解。此外，有 50% 的学生通过摩托车和家用器具的修理、70% 的学生通过学校安排的技术性主题讨论课了解了自己所学职业的一些入门性知识。

通常情况下，职业初学者对他将要学习的职业都具有一定的预备经验和预备知识（有时也往往就是由于这个原因而选择学习这个职业）。在职业培训之初，他们要从事职业导向的工作任务，这样他们就能够最快地完成从职业选择到新的职业工作世界的过渡。职业导向的工作任务就是指那些有助于了解和展示一个职业的总体相关性的工作任务，包括工作的相关性、职业的相关性知识以及入门的和概括性的知识。通过完成职业导向的工作任务可以使学生对该职业的工作有一个概括性的了解，并且加深理解相应的生产过程和服务过程。在这个学习范畴中，学习者通过获得入门和概括性的知识的过程，可以在职业远景的层次上进一步认识他所学职业的轮廓。学习者的学习活动尽管是在教师的引导下进行，但他们已经能够给予批评性的反馈。同时他们了解企业的工作过程是通过不同的要求体现出来的，也将作为

---

① GAB 是 Geschaefts- und arbeitsprozessorientierte, dual-kooperative Ausbildung in ausgewaehlten Industrieberufen mit optionaler Fachhochschulreife. 的缩写，含义是工业职业领域的以经营为导向和以工作过程为导向的双元合作的职业教育。

企业发展和改革过程的一部分。工作和技术将通过他们的建构过程来掌握，同时也作为职业教育的对象。

该学习范畴的教学设计思想是帮助学生建立与职业任务之间的联系，该学习范畴所要回答的问题是“职业的主要内容是什么?”要让学生：

- 尽早地知道他的职业的工作内容是什么；
- 能够获得定向和概括性的知识；
- 以便能够在本职业中快速成长，并使过去的经验和知识职业化。

这一领域中学习任务的主要特征是：

- 学生可以把握宏观而整体化的工作关系。任务的范围对学生来说是可以看到的；
- 完成这一任务需要遵循专门的系统化原则。存在学生必须遵循的规定和标准，但学生对此也要进行反思和批判性地验证；
- 可以让学生了解本专业的标准工具、典型的工作方式方法，并能够按照任务的具体情况正确地选择和运用。此外，学生还学习典型的专业术语和表达方式。

该领域的典型任务有：

- 日常和经常性的工作，如周期性的维护工作；
- 必须做的维护、装配和安装工作；
- 简单修理工作、加工及操作活动。

学习范畴2：系统的工作任务——职业关联性知识

职业关联性知识的关键内容是指在技术工作中的下列知识：

- 与工作过程和技术过程紧密相关的企业流程；
- 在企业内所使用的原材料、设备和仪器的特殊性能；
- 机械方面的、能源方面的、化学方面的和信息技术方面的内部过程特征；
- 以及通过必要的活动所能够引发的结果的本质特征。

有关工作和技术的关联性知识应该包含不同企业设备的系统特征。比如在电子技术领域把能源技术、信息技术、沟通技术以及生产技术和过程技术的系统、设备和仪器知识作为教育的内容。这里不仅包括信息产生、加工和输出的相互关联，还包括能源和电力、电子和机械之间的相互影响。此外，关联性知识的内容是通过工业和手工业中工作系统的特征和内容来确定的。工业和手工业的工作除了其工作过程、工作方法和工作工具各不相同以外，其职业关联性和对工作和技术的要求也是非常重要的因素。

学习者在了解了自己职业的概况并获得了本职业重要的初步技能后，就进入第二个学习范畴，从事系统的工作任务以掌握职业关联性知识。在手工技术领域的工作内容越来越多地通过系统的技术理论来体现。在许多设备、机器和仪器中，液压、气动、机械、电工和电子组件相互作用，并作为一个整体组件运行。这就要求对人与技术工作、生产技术与劳动组织之间的相互关系和相互影响进行关联性的思考。系统性的工作任务就是指学习者在考虑前后关联、生产技术和劳动组织的系统结构的情况下完成的工作任务。

该学习范畴的教学设计思想是系统地理解工作任务，促进学生建立一个整体化的职业概念。该学习范畴所要回答的问题是："为什么事物是这样联系而不是那样联系的?”

这一领域中的学习任务的主要特征是:

- 提出的任务可以让学生了解基本的工作合同要求。学生必须自己弄清工作、系统和效果之间的关系;
- 可以利用规律系统化地完成任务。学生能够针对部分任务和工作环节独立制订工作计划;
- 任务包括一些较小的专业难题,可提供不同的解决方法,学生按照教师给定的或者自己制订的标准选择不同的方法;
- 学生完成时必须选择工具、方法和工艺,必要时还要使用专门的工具。

这一领域的典型任务有:

- 预防性的保养
- 对配件、组件和设备的装配、改造和修复
- 设备的调整和更新

学习范畴 3:伴有问题的特殊工作任务——具体知识和功能性知识

学习者在学习了职业入门和概括性知识及相关性知识,并掌握了完成系统的工作任务的能力以后,就进入了第三个学习范畴:解决伴有问题的特殊工作任务。为解决这样的问题,仅仅依靠已有的规则和解决方案是不够的。伴随的问题往往是那些不符合常规和职业的标准情境,用熟知的方案无法解决的问题。伴有问题的特殊工作任务往往都包含一些新的问题,对于解决这些新问题以前的工作设想都不适用。学习者必须首先分析工作任务,找出问题的症结,并能够设计出

解决方案。

具体知识和功能性知识一方面指的是关于总体技术系统的效果和功能原理的系统化知识；另一方面还指某些设备及其部件中的零件和特别的工作过程的具体知识和特殊知识。为完成这个层次的工作任务除了要求掌握必要的理论知识外，还需要有一定的手工技巧和经验。

该学习范畴的教学设计思想是完善系统能力，帮助学生获得与问题导向的职业任务相对应的具体的和原理性的知识，解决无规律性的问题，如故障诊断需要深入的知识和技能。该学习范畴所要回答的问题是："为什么具体的工作是这样的，它是怎样发挥作用的？"

这一领域中的学习任务的主要特征：

- 这种任务对学生提出了新的质的要求。为完成这一任务，学生必须获取超出一般教学资料范围以外的信息。
- 完成这一任务需要更高的系统化。但是，仅仅按照给定的原则行事是不行的，还需要一定的理论和经验。
- 为了寻找解决问题的途径、做出合适的决策并最终解决问题，学生要自己确定标准。
- 学生确定必要的工作材料，协调其采购和调配，按照小组确定工作时间和工作分工，关注产品成本等等。完成工作的过程在很大程度上是独立的。

这一领域的典型任务有：

- 拆卸、功能分析，查找故障原因以及之后的修理和排除故障；
- 复杂（特殊）的加工任务。

学习范畴4：不可预见的工作任务——以经验为基础的专业系统化知识

学习者在拥有了解决常规问题的能力以后，就应该通过接触非常规的情境和问题来积累经验。由于不可预见的工作任务往往比较复杂，在通常的工作情境中一般不对其进行完整深入地分析，要解决这样的问题也并非轻而易举之事，对于学习者要成为有能力的技术工人是一个大的挑战。这里的能力包括用来解决相类似问题的知识、对问题发展的预先判断、高水平的专业理论知识和实践能力以及前期工作经验积累的直觉。问题在具体情境中得到综合处理，而并非各自独立地按照各自的条件去一一解决。

该学习范畴的教学设计思想是发展解决无法预知问题的能力，这要求深层次的学科系统化知识。该学习范畴所要回答的问题是："如何用系统化的专业知识来解释事物？如何在具体场合解决问题？"

这一领域中的学习任务的主要特征：

- 任务表述的是在一般文献（生产商方面）中不会记录的问题。因此有关任务的信息是不全面的。学生自己来解释并确定每一个人要完成的任务；
- 任务没有样板解决方案。简单的系统化工作方式可能会失败。因此解决问题需要学生具备相当的经验；
- 学生必须设计自己的工作方式，必要时自己制作工具和工作辅助用品，如软件等；
- 学生对任务负责，协调实施、时间安排和费用等方面的事务。他们独立设计小组内部的合作以及与外部（如与其他职业和职业领域以及顾客等）的协调方式；

- 为完成这些专门任务，学生必须发展和优化自己的工作方式方法。

这一领域的典型任务有：

- 对没有记录的、或者只是在特殊运行条件下才会发生的复杂故障进行查找原因和排除；
- 分析缺陷，对技术系统提出诊断；
- 对技术系统进行优化。

工作过程导向的职业教育的学习内容不是按照传统的学科系统化原则构建，而是按照职业能力的发展规律，以职业工作任务的形式组成。

学习范畴			工作任务的范围	工作任务的完成
以经验为基础的学科系统化知识	如何专业系统化地解释事务和解决具体问题		不可预见的工作任务	在经验引导下完成任务(非决定论)
具体知识和功能性知识	为什么具体的工作是这样的，它是怎样运作的	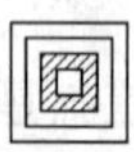	伴有问题的特殊工作任务	在理论引导下完成任务(非决定论)
职业关联性知识	事物的相关性为什么是这样的而不是那样的	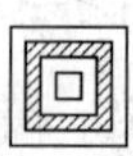	系统性的工作任务	系统的完成任务(按照规则)
入门和概括性知识	该职业的主要工作内容是什么		职业导向的工作任务	在他人指导下完成任务(决定论的)

图 2-8　职业工作任务、学习范畴及工作经验层次的系统化（Rauner，2004）

传统的职业学校的学习内容都讲究科学性和学科系统化。学习者很难将那些纯理论的知识迁移到职业能力之中。将系统性的理论知识转化成为职业行动能力的最有效手段是在工作过程中学习。按照符合职业能力发展逻辑结构的学习道路，把初学者培养成为专家的职业教育方案必须依靠学习与工作的紧密配合。这个职业教育方案的第 4 个层次就是要实现专业工作与专业系统化的能力相互结合，以达到获取研究能力的目标。这种研究能力不是靠专业系统化的理论学习实现的，而是来自于个人不断扩展的职业体验，在这一层次的学习者不再被限定在一个固定不变的岗位规范之中，学习者依靠已有职业能力可以在一个开放的空间中发展。

在传统的职业教育中，学生在正式开始学习职业之前要首先学习专业系统化的理论知识。至于那些纯理论的知识是如何转化为职业能力的并没有研究。工作过程导向的职业教育有了一个完全不同的科学理解，在职业学校首先要学习哪些知识取决于其对该职业的意义如何。在这个学习方案中通过职业工作任务把理论知识与专业工作相结合，这种符合职业能力发展逻辑结构的职业教育方案保证了理论知识与工作世界的紧密结合。

因此，以工作过程为导向的职业教育的教学内容与传统的职业教育的教学内容有本质的不同。传统的职业教育是在学科体系的框架下寻求与职业的关系，以工作过程为导向的职业教育突破了学科体系的框架，把工作过程知识作为职业教育的核心，把典型的工作任务作为工作过程知识的载体，并按照职业能力发展规律构建教学内容，培养学生的职业能力。

(三）学习内容中专业工作作为一个整体

以工作过程为导向的职业教育的教学内容不再指向技术变化的外在表现，而是指向职业工作任务，把专业工作作为一个整体来看待，而且专业工作是以典型的工作任务和工作联系为导向的。

在工作过程导向的职业教育方案中确定学习内容时，一方面考虑了职业工作任务，另一方面还考虑了学校和企业的职业教育目标。

图2-9表明，专业工作在新的职业教育方案中作为一个整体出现。其学习内容涉及到：

- 职业中体现职业特征的专业工作的对象；
- 专业工作所涉及到的劳动工具、工作方法、工作过程及劳动组织；
- 企业、顾客、社会及学习者本身对专业工作及其结果提出的要求，包括期待、规章和法律条文等。

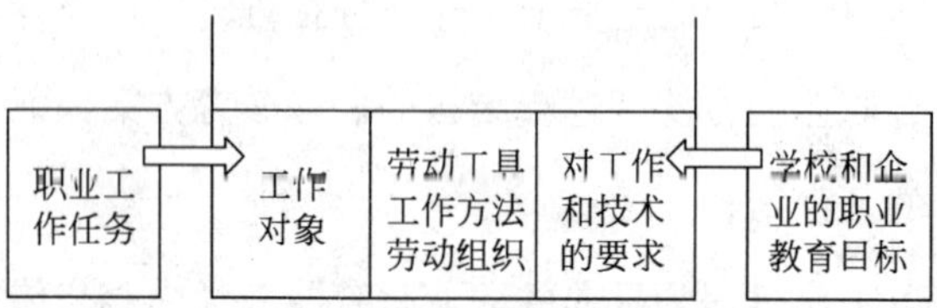

图2-9　确定教学内容时考虑职业教育的要求和目标（Rauner，2000）

这些知识涉猎的并不是那些抽象的、与实际无关的基本知识和基本技能，而是针对专业工作的整体，在这个整体之中，人们在工作与技术的相互关联之中以构建性的眼光领会工作世界。

表 2-5　以工业机械工为示例的工作和学习内容结构[①]

学习领域 1 学习范围 1	技术系统的维护和检查	时间 企业 学校

维护作为保养措施对保持技术系统的理论状态具有特殊的意义。因此，必须用有意识的完全－生产－保养（TPM）方案代替已经分布很广的碰撞－哲学，既当技术系统出现问题后才采取保养措施的哲学。并且通过职工的努力强化这个方案的实施。维护技术系统的基础是已有的维护计划，如果技术系统还没有相应的维护计划，就必须制订新的维护计划。每次维护的文档是职业任务的必要组成部分。

学习地的教育和培训目标	
企业 学生使用合适的方法、程序和工具完成维护任务并进行评价。 他们要了解磨损现象与设备故障间的关系，使用企业和制造商的维护手册。 他们要根据企业规定决定生产原料的需求，在清除垃圾时考虑环保规定。	**学校** 学生能解释维护和保养领域的专业概念。他们要了解维护和保养措施中的经济和技术的必要性。 学生要根据工业机械工的工作任务制订技术系统一览。他们收集或者制订维护和保养计划并能说明这些计划。他们要根据委托计划完成相应的维护和保养任务，并为顾客提供相应的档案资料。他们要注意相关的劳工保护和环保规章。

① Rauner, F./Kleiner, M.. Berufsbildungspalnung fuer den Industriemechaniker [R]. Bremen: ITB-Arbeitsspapiere 32, 2001: 9.

续表

<table>
<tr><th colspan="3">工作和学习内容</th></tr>
<tr><td>对象
• 维护合同
• 技术系统的维护和检查
• 不同年限、使用时间和要求的生产设备的磨损部分</td><td>工具
• 依据 DIN 31051 制订的维护和检查计划
• 计算机/机械数据，委托合同和配件材料
• 常规和特殊工具
• 生产原料和辅助材料
• 检测工具
• 维护规定和使用说明
方法
• 设备制造商的服务和维修计划
• 提出维修和更换需求
• 通过目测和噪声检查进行功能分析
• 查明可能的磨损原因
• 机械和设备功能装置
• 根据相应的企业规定进行生产原料的区分、归类和使用（润滑剂、机油、钻孔乳液等）
组织
• 工作和企业组织信息
• 组织进行合同的实施
• 遇到疑难故障时，转让合同
• 安排和装备工作岗位
• 工作组织：材料供给和垃圾处理
• 投入运行前的独立检查</td><td>要求
• 根据车间要求接纳委托
• 计划和组织接纳的任务或者再委托他人
• 按时进行维护
• 快速、有目的地选择所需要的信息
• 劳动和健康保护（危险品、使用自动设备）
• 合理安排生产设备，以便进行快捷、可靠地维护诊断和低成本的维护
• 轻快的维护和更换部件（电子和机械部件）
• 简单、可靠的监控（诊断）
• 经济观点和环境保护</td></tr>
</table>

专业工作作为一个整体体现在新的职业教育方案中。正如表 2-5 所表明：学习内容涉及的并不是表面层次的技术理论变化，而是以典

型工作任务和工作相互关联为特征的专业工作的整体。工作组织形式、企业组织形式和完成工作任务的组织都被看作明确的学习任务。雇主、企业、管理者、各类规章以及员工和学习者的不同要求都体现在了学习内容之中。对照这些不同的要求可以清楚地看到技术和专业工作的可建构性和建构的必要性。在这里对技术的理解体现为可能的技术手段和可期望的目标的统一。

"在描述专业工作时要考虑工作的前后衔接和工作过程，它涉及工作过程中的工作对象。这时工作对象被视为工作过程。不仅要注意工作对象本身，还要注意其对工作过程的作用"。[①]"各种劳动工具首先是作为服务于一个特殊的工作过程的工具来分析的。对职业工作任务的不同组织方式导致在工作过程中对职业责任、职业工作任务的相关性以及合作与交流的要求方面的显著差异"。"不同兴趣小组对工作过程和工作对象提出的不同要求将在这里得到识别"[②]。这表明：在描述专业工作的工作对象、劳动工具、工作方法、劳动组织以及对专业工作和技术的要求时必须与具体的工作过程紧密结合。学习内容并不是简单地从具体的工作过程中抽象出来的，而是来自于工作过程中的具体的专业工作和技术。

---

① Rauner, F./Kleiner, M./Meyer, k.: Berufsbildungsplanung fuer den Industriemechaniker [R]. ITB-Arbeitspapiere 32, 2001: 9.

② Rauner, F./Kleiner, M./Meyer, k.: Berufsbildungsplanung fuer den Industriemechaniker [R]. ITB-Arbeitspapiere 32, 2001: 10.

六、工作过程导向的职业教育的教学方式

行动导向教学是工作过程导向的职业教育的主要教学方式。

(一)行动导向教学的内涵

行动导向教学是根据完成某一职业工作活动所需的行动和行动产生与维持所需要的环境条件以及从业者的内在调节机制来设计、实施和评价职业教育的教学活动，其目的在于促进学习者职业能力的发展，核心在于把行动过程与学习过程相统一。它倡导通过行动来学习和为了行动而学习，是由师生共同确定的行动产品来引导教学组织过程，学生通过主动和全面的学习，达到脑力劳动和体力劳动的统一。行动导向教学强调学习者通过发现、探讨和解决职业活动中出现的问题，体验并反思学习活动的过程来获得完成相关职业活动所需的知识和能力。①

“行动导向”教学不是一种具体的教学方法，而是以行动或工作任务为导向的一种职业教育教学指导思想与策略，是由一系列的以学生为主体的教学方式和方法所构成。在传统的职业教育中教师处于中心地位，学生是在教师的指导下被动地接受知识和技能，而且几乎没有自我学习的空间。在行动导向教学中，教师不再只是知识与技能的传授者，而更多地是作为教学的咨询者和课堂教学的主持者。教学的重心由传统的教师的教转向了学生的学。

---

① 姜大源．当代德国职业教育主流教学思想研究［M］．北京：清华大学出版社，2007：54.

（二）行动导向教学的具体方法

1. 项目教学法

项目教学法是指师生通过共同实施一个完整的“项目”工作而进行的教学活动。项目是指以生产一件具体的具有实际应用价值的产品为目的的任务或者以提供一项服务为目的的任务。在技术领域里的所有产品，以及在商业、财会和服务等行业，所有具有整体性并有可见性成果的工作都可以作为具体的“项目”。它是行为导向教学中的最具代表性的教学方法。

实施项目教学法的关键在于设计好的项目，而项目设计的基础是典型的工作任务。

在项目教学中，教师的主要任务是创设学习资源和协调学习环境。教师在选取、设计教学项目时应该符合下列标准[①]：

（1）该项目可用于学习特定的教学内容，具有一定的实用价值，具有一个轮廓清晰的任务说明，如生产一个工件，连接一个电路等；

（2）能将完成某一工作任务的理论知识和实践技能相结合；

（3）与企业实际生产过程或现实商业活动有直接的关系；

（4）由学习者执行任务，学生有独立进行计划工作的机会，在一定的时间范围内可以自行组织、安排自己的学习行为，有利于培养创造能力；

（5）具有明确而具体的成果展示；

（6）学生自己克服处理在项目中出现的问题与困难；

① 李婉琳．职业教育教学方法［M］．沈阳：沈阳出版社，2001：91-92.

（7）从学习者的角度看是复杂的任务，具有一定难度，不仅是已有知识、技能的应用，而且要求学生运用已有知识，在一定范围内学习新知识技能，解决过去从未遇到过的实际问题；

（8）学习结束时，师生共同评价项目工作成果以及工作学习的方法。

上述8项标准是理想项目应具备的。实际上，在实际的教学中很难开发出满足所有条件的项目，当一个项目能满足大部分的标准时，就可以作为一个教学项目来对待。

项目教学的实施一般按照完整的工作过程进行，使得学生在完成项目的过程中体验完整的工作过程。通常情况下，项目教学法由下列六个教学阶段构成：

（1）确定项目任务。通常由教师提出一个或几个项目任务设想，然后与学生一起讨论，最终确定项目的任务与目标。

（2）制订计划。由学生分组制订项目工作计划的草案。

（3）做出决策。教师与学生共同讨论项目工作计划的草案，并确定最终的工作计划、实施步骤和程序。

（4）实施计划。根据工作计划，学生独立或以小组合作的方式实施项目工作。

（5）检查控制。根据质量控制单，学生自行或由他人进行工作过程或产品质量的控制。

（6）评价反馈。先通过学生自评或互评的方式对工作结果进行评估，再由教师进行检查评分，之后由师生共同讨论、评价项目实施过程中出现的问题，学生解决问题的方案以及学习行动的特征。通过讨论评价工作结果，发现其中的问题，为将来改进不足提供经验。

【实例】集装箱配货项目

(1) 项目任务：为散装货物配集装箱。学习时间5天。

(2) 教学目标：学生应当能够根据货主提供的物品种类、重量、体积、航线进行配货。

(3) 相关知识：物品保管、运输路线、运费与港口包干费等知识。

(4) 制订物流工作计划：①设计运输线路图；②具体物品测量；③现场理货数据；④向客户说明要素；⑤货运单位填写；⑥运费包干费预算。

(5) 实施。

(6) 对配货效果做出评价，从生态、社会和经济效益方面进行评价，对学习过程评价。

【实例】Master CAM实训项目：瓶底型芯三维造型、编程及加工（顺德梁球琚中学）

教学目标：1. 能综合运用各种造型方法完成给定任务；

2. 应用曲面粗、半精和精加工进行生产。

学习任务：根据实物测绘出三维模型；设计刀具路径；生成NC程序；加工出工件。

学生已有基础：经过各种造型的单项训练和组合训练，具备一定的造型能力，初步掌握各种曲面加工刀具选择和切削路径设计方法。

项目要求：

1. 三维造型：实体或曲面均可，但尺寸必须符合实物要求，形状完整，造型方法恰当。

2. 刀具路径设计：加工方法运用得当，刀具类型和大小适合零件结构特点和尺寸大小，加工参数选择合理。

3. NC 程序生成：生成 NC 程序前，所有刀具路径一定要经过实体模拟加工验证，确保不会产生干涉和过切现象；认真填写程序清单的内容，刀具号、刀具类型、刀具规格一定要与程序保持一致。

项目实施过程的组织：

1. 分组：将学生分为每五人一组，布置任务，明确要求。

2. 测绘和造型：(一般需半天)

要求每位学生都对实物进行测量，认真分析零件结构，小组讨论画出草图，每位学生独立尝试各种造型方法，再通过讨论找到最佳的解决途径。只有学生自己经过反复尝试得到的经验才能留下深刻印象（必要的时候由教师进行适当的提示和启发）。

3. 出具规范的机械图纸：

每位学生都要打印出规范的二维图和三维造型图

4. 编程和虚拟仿真：

在计算机上用 MASTERCAM 软件编制出加工程序，先由各小组讨论，决定出本组的最优化程序，进行实体加工的虚拟仿真。验证加工程序是否正确合理。

> 仿真通过后再由每个组推举一位代表，向全体学生阐述本组的程序设计的思路。由教师进行讲评。
>
> 5. 进行实际的加工：每位学生独立将程序传入数控铣床、进行机床检查和调试，刀具准备、毛坯装夹、对刀、粗加工、半精加工和精加工，直至全部完成。教师现场监控，确保机床和学生人身安全。
>
> 6. 质量检查和总结：各组学生交叉进行加工模芯的测量，并对照评分表的各项进行打分。教师再对每一工件进行评分。对质量比较好和比较差的工件进行讲评。与学生一起总结本实训项目实施过程中的经验与教训。

另外教师在运用项目教学法时还应注意以下几点：

（1）课前熟悉项目内容，进行深入研究，并准备好项目讨论可能涉及的有关知识；

（2）注意与其他教学手段协调；

（3）介绍项目内容要讲究艺术性，吸引学生的注意力，激发学生学习的积极性和讨论的热情；

（4）要以学生完成项目的情况来评价学生学习效果，更要关注过程。

在讨论评估项目内容时，教师要尊重学生的成果，项目实施成功与否应看整个过程的进行情况。当然在学生交流项目实施的结果的时候，老师也应该耐心地听取，不能因为某个学生讲得不好而有任何不尊重学生的行为，不然的话，学生就会失去信心，项目实施就会失败。

2. 引导课文教学法

引导课文教学法是指借助专门的教学文件——引导课文，通过工作计划和自行控制工作过程等手段，引导学生独立学习和工作的一种项目教学方法。引导课文可以被理解为部分预先结构化的教学，这种教学能够促进学习者自我动机引发的学习。学生通过阅读引导课文，可以明确学习目标，清楚地了解应该完成什么工作，学会什么知识、掌握什么技能。在引导课文的引导下，学生必须积极主动地查阅资料，获取有意义的信息，解答引导问题，制订并实施工作计划，控制工作过程，评估工作结果。引导课文教学法的目的是培养学生独立工作、解决问题的能力。学生在引导课文的帮助下，通过自我开发和研究式学习，掌握解决实际问题所需的知识技能。

引导课文是引导课文教学法成败的关键。引导课文的形式决定着教学的组织形式、教学媒体和教学材料。不同职业领域、不同专业所采用的引导课文也不尽相同。总体而言，引导课文由以下几部分构成：

（1）任务描述。引导课文的任务描述通常情况下是一个项目的工作任务书。可以用文字，也可以用图表的形式来表达。

（2）引导问题。通过引导问题学生可以想象完成工作任务的全过程，设想出工作的最终成果，获取工作所需的信息，制订工作计划。

（3）学习目的的描述。学生应能从引导课文中知道他能够学习到什么东西。

（4）学习质量监控单。学习质量监控单的目的是使学生避免工作的盲目性，以保证每一个工作步骤的顺利进行。

（4）工作计划。完成工作任务的内容与时间安排。

（5）工具、材料需求表。完成工作任务所需的工具及材料的列表。

（6）专业信息。为了促进学生学习能力的发展，教师不给学生提供现成的信息材料，而只是提供能够获取这些信息的渠道与途径，这样可以培养学生独立获取专业信息的能力。

（7）辅导说明。在专业文献中找不到的有关工作过程、质量要求、劳动安全规程和操作说明书等。

引导课文教学法的实施。在引导课文教学法中，培养学生的独立工作能力是一切教学活动的基本出发点。引导课文教学法的教学过程也遵循完整工作过程的6个阶段，即获取信息、制订工作计划、做出决策、实施计划、检查控制和评价反馈。在获取信息、制订计划和评价反馈阶段都有相应的引导问题，引导学生自主地进行学习。

引导问题一——获取信息

- 写出工作任务目标；
- 达到目标需要什么知识或技术？
- 其他练习中的哪些经验可以应用到这一练习中来？
- 什么地方可以获得所需信息？从专业书籍中或图表、胶片、媒体（影片），还是从教师那儿？等等。

引导问题二 ——制订计划

- 完成该项工作，需要哪些工作步骤和工作材料？在计划中，在哪些方面要执行质量控制？
- 工作的每一阶段需要什么机器、辅助手段、测试工具和测量设备？
- 工作时要注意什么安全预防措施/事项？
- 要采取什么行动以保证不损害工具、材料和机器？
- 为自己的工作开发评估单。

引导问题三 ——评价反馈

依据评估单进行评估：找出错误原因，并考虑纠正错误的方法；与教师讨论工作结果。

引导课文教学法的特点：

- 体现了以学生为主体、教师为主导的教学原则，能极大地激发学生的学习欲望，充分地调动学生学习的积极性，促进学生独立学习能力的发展。
- 变封闭式教学为开放式教学。教学形式由课内向课外扩展，教学内容由课本向网络应用扩展。
- 以科学的研讨与实践训练为基本方式，充分吸取启发式、讨论式教学的精髓，达到深入的研究、生动的讨论和科学的训练相统一，并注重创新意识的养成。
- 通过学生独立提出问题、解决问题，可以帮助学生建立起知识与技能的内在联系，实现真正意义上的理论与实践的统一。

- 致力于综合能力的培养，引导学生尝试相关学科的综合，从而培养学生知识迁移、解决实际问题的能力，使学生能体验应用技术研究的一般过程和方法。
- 能力较强的学生主要通过自学来学习，教师可以抽出更多的时间关注、帮助能力较差的学生，使面向全体学生的教学成为可能。
- 有利于学生学会与人交往，能够增强学生的团队精神。

但与传统的讲授式教学相比，引导课文教学法花费的时间较多；同时由于每个工作岗位的具体要求随着形势的发展而不断有新的变化，因此开发出符合实际情况的引导课文常常有一定的难度。

3. 案例教学法

案例教学法是指针对某个特定问题，向学生展示真实背景，提供大量背景材料，由学生依据背景材料来分析问题，提出解决问题的方法，从而培养学生分析问题、解决实际问题的能力。其目的在于培养独立、灵活分析问题和独立处理问题的方法能力，养成向他人学习的习惯。

案例教学法的基本步骤：

- 引入真实案例或虚拟的案例，使学生发现所存在的问题；
- 提供一些案例的背景性材料；
- 给予学生一些解决问题的暗示；
- 让学生分析与解决问题（通常以小组的形式）；
- 学生将自己的活动结果向全班展示；

- 讨论和评估结果；
- 讨论怎样将结果应用到相似的案例中（可迁移性）。

案例教学法的特点：主体是学生；归纳式的学习方法；引导学生通过思考讨论得出规律，而不是教师事先给出答案。

案例教学法的注意事项：

- 提供案例：必须用文章的形式将它们记录下来；
- 教师要先分析、研究案例，事先了解学生的想法，是否能够达成共识；
- 没有统一的答案；
- 提供相关信息。

案例教学法的优点：

- 参与性强；
- 有利于提高学生解决问题的实际能力；
- 有利于激发学生参与学习的积极性，激发学生思考，发挥学生潜能；
- 能够交流学生的学识与经验。

案例教学法的不足：

- 费时；
- 案例开发耗时和精力较多。

4. 角色扮演法

角色扮演法是指设定一个最接近现场状况的培训环境，指定学生参加扮演某种角色，借助角色演练来理解角色内容，从而提高主动地面对现实和解决问题的能力。其目的是通过角色扮演，使学生能够学习和掌握自己的角色，了解其他人的角色，促进自己的社会行为和能力，使自己在一定背景下，能够表现出合适的社会行为。角色扮演法特别适合在服务类的专业教学中使用，角色扮演的内容包括模拟性游戏、冲突性游戏、决策性游戏、角色性游戏和幻想性游戏。

角色扮演法的基本要求：

- 采用真实案例，这些案例可以从学生中获得；
- 至少给学生录像两次，这样可以看出学生的进步；
- 安排时间排练；
- 当角色扮演出现错误时，应立即停下；
- 确保每一事项均能代表培训计划中所教导的行为。

角色扮演法的优点：

- 参与性强，互动交流充分，可提高学生积极性；
- 实效性强；
- 能够强化学生的反映能力和心理素质；
- 互相点评，帮助学生认清自身的不足和优点，并掌握改善方法。

角色扮演法的不足：费时，控制过程比较困难。

角色扮演法的实例

服装设计师接待爱挑剔的客户

宾馆大堂助理受理贵宾的投诉

模特经纪人与演出公司的谈判

5. 头脑风暴法

头脑风暴法是指就某一问题自由发表意见，而不需要为自己的观点陈述原因，其他人也没有必要对所陈述的观点进行评价、讨论或提出批评的讨论方法。是一种可以在最短的时间内获得最多的思想与观点的方法。在职业教育教学实践中，教师和学生可以通过头脑风暴法，讨论和搜集解决实际问题的意见和建议。通过集体讨论、集思广益，促使学生对某一问题产生自己的意见，通过学生之间的相互激励引发起连锁反应，从而获得大量的构想，经过组合和改进，达到创造性地解决问题的目的。①

① 李婉琳．职业教育教学方法［M］．沈阳：沈阳出版社，2001：50.

头脑风暴法遵循的原则：

- 将讨论集中在一个问题或一类问题上；
- 规定时间，提倡圆桌式的轮流发言；
- 不要评价别人的观点；
- 鼓励成员发展其他人的思想，并接纳他人的意见；
- 写下每一种想法。

头脑风暴法的实施①：

（1）起始阶段。教师说明要解决的问题，鼓励学生进行创造性的思维，并引导学生进入论题。

（2）意见产生阶段。学生表达各自想法、建议，教师应避免对学生的想法和建议立刻发表评论，也应阻止学生对其他同学的意见立刻发表评论，教师应积极引导，尽可能地调动学生思考的积极性，鼓励求异、创新。

（3）总结评价阶段。师生对所发表的意见共同分析实施或采纳每一条意见的可能性，并对其进行总结和归纳。

头脑风暴法的实例：汽车近光灯不亮

方式：

（1）选择一个主持人

（2）主持人宣布游戏规则

- 允许提出任何想法

① 李婉琳．职业教育教学方法［M］．沈阳：沈阳出版社，2001：51.

- 对想法的作用不批评也不评论
- 记录所有的想法，即使意义不大的想法
- 研究他人的想法并继续发挥

(3) 由团队各位成员说出近光灯不亮的原因

如：

- 蓄电池无电
- 车灯烧坏
- 驾驶员操作开关不当
- 驾驶员未进行保养
- 导线短路开关触点腐蚀
- 灯泡松动
- 熔体烧坏或松动

(4) 主持人将想法汇集在一起（10—15 分钟）并钉在白板上

(5) 主持人与团队成员一起将上述原因分成几大类。把由此得出的结果作为继续行动的工作和决策基础。

6. 张贴板教学法

张贴版法是指在张贴板上，别上由学生和教师填写的有关讨论或教学内容卡片，通过添加、移动、拿掉、更换卡片、进行讨论得出结论的研讨班教学方法。

张贴版教学方法运用的重要工具有：

(1) 张贴板。可用硬泡沫塑料版、硬纸板等制成。张贴版可以固定在墙壁上，也可以安装在专门的支架上。

（2）盖纸。即面积与张贴版等大的书写用纸，必要时可以在上面书写、图画、制表或粘贴。

（3）书写卡片。书写卡片的具体要求是：

① 每张卡片只写一个问题

② 文字要简洁、用关键词

③ 书写要清楚、远处可见

④ 卡片颜色、形状须多种

（4）大头针。头要比常用的大一些，便于插上或拔下。

（5）其他：如笔和剪刀等。

张贴版教学法的实施：

（1）教师准备

本教学单元的题目、教学目标、各教学过程的阶段划分等。

（2）开题

通常采用谈话或讨论的方式。教师提出要讨论或解决的问题，并将要解决问题的题目写在盖纸或卡片上，并用大头针别在张贴板上。

（3）搜集意见

学生把自己的意见以关键词的形式写在卡片上，并由教师、学生代表或学生本人别在张贴板上。一般要求，一张卡片只写一种意见，鼓励每个学生多写几张卡片。

（4）归纳整理

师生通过讨论，并用添加、移动、取消、分组和归类等方法将卡片进行整理合并，进行系统化处理，得出必要结论。

（5）总结

教师总结讨论结果，必要时可用各种颜色的连线、箭头、边框等符号标注在盖纸上。学生记录最终结果。

张贴板教学法适用的范围：

- 制订工作计划
- 收集解决问题的建议
- 讨论或作出决定
- 收集和界定问题
- 征询意见

采用张贴版法应该注意的问题：

教师在教学过程中应尽量控制自己的主动行为，而只是通过富有艺术性的提问或介绍，促进学生主动地去思考和表达自己的意见。注意不要随意扔掉任何一张卡片或批评一个同学的意见。必要时可在暂不处理的卡片上打个问号，教学结束时应使所有的同学都认同张贴板上的结果。

张贴版法可以最大限度地调动所有学生的学习积极性，有效地克服谈话法不能记录交谈信息和传统的黑板上文字内容难以更改、归类和加工整理的缺点。可以在较短的时间内获得大量的信息。[①]

行动导向教学的共性特点

- 通过“做”学习——学习是一个行动过程

① 李婉琳．职业教育教学方法［M］．沈阳：沈阳出版社，2001：108．

- 学生是教学过程的主体，学生对学习过程的自我控制
- 关注学生的兴趣和需求
- 整体性学习，计划实施评价等完整的职业工作过程
- 批判性的、创造性的、解决问题的、发现式的学习
- 目标明确的学习，更强调由学生自己设立学习目标
- 反思性的学习，强调“做”的过程中思考，总结经验
- 注重情境相关的感受和经验积累
- 产品指向的学习
- 交往合作的学习

(三) 行动导向教学的评估

1. 行动导向教学评估的基本原则

行动导向教学评估应遵循下列原则：

- 教学是以具体职业任务为导向；
- 学习过程具有重要意义；
- 以专业和跨专业能力为追求目标；
- 为学生开启了解决问题与设计的自由空间；
- 教师越来越多地成为学习过程的组织者、主持人和引导者；
- 学习成果得到了一定程度的保证；
- 提供了自我评估的可能性。

2. 行动导向教学的评估标准

行动导向教学的评估应从以下三个方面制定评估标准：

- 教学的准备和计划

- 教学的实施
- 教学的分析和评价

（1）教学的准备和计划

对教学准备和教学计划的评估应从教学结构和方法结构两个方面着手进行，关于教学结构应该从教学的设计、教学的框架条件、教学计划的质量三个维度进行评价；关于方法结构应从教学方法、教学媒体以及教学资料的选择三个方面进行评价，具体标准详见表2-6：

表2-6　教学准备和教学计划的评价标准

教学结构	方法结构
设计 学习情景 目标导向 前、后结构 合作与协调 与教育计划保持一致 —— **框架条件** 班级结构 空间情况 学校组织 —— **计划质量** 行动导向 现实性，结合实践 适当地简化 自由空间，自我控制 项目选择 ——	**方法选择** 适合专业和跨专业能力 使个性化教学成为可能 方法多样性 适应性 —— **媒体** 媒体选择和媒体联系 考虑不同学习渠道 适应性 —— **教学资料** 信息量 专业的正确性 现实性 图文并茂，形象生动 促进学习过程 经济性 评估可能性 ——

（2）教学的实施

对教学实施的评价应主要从教师、学生以及教学过程三个方面进行评价。对教师的评价主要对教师在教学过程中的角色定位、综合素质及专业能力进行评价；对学生的评价主要对学生的学习态度和学习能力进行评价；对教学过程的评价主要对学习氛围、媒体使用、方法的设计和成果的保证四个方面进行评价，具体可参照的标准详见：表2-7、表2-8和表2-9。

表2-7　教师的评价标准

教师	
作为主持人和组织者角色	**教师本身**
开场、提供概况、强调结构	姿态、态度、尊重、诚实
抓住或创造动机	反省能力、批评能力
促进主观能动性	教育作用
控制和伴随过程	传授能力
时间管理、注意力和交往能力	应对危机能力和创新的愿望、灵活性
困难教学情境中的行为冲突管理	专业能力
——	——

表2-8　学生的评价标准

学生	
学生态度	**获取信息**
学生承担责任	工作态度、合作
设定目标／追踪目标、独立性	时间管理
自我控制	社会态度（支持、帮助、解决冲突）
工作任务的组织和实施	批评和接受批评能力
——	——

表 2-9　教学过程评价标准

教学过程	
学习氛围 使用基础设施、提高空间使用 教师 - 学生 - 互动 学生 - 学生 - 互动 工作气氛	**媒体使用** 与媒体打交道 使不同学习渠道都发挥作用 效率 ——
方法设计 采用适当方法促进专业能力和跨专业能力 使个体学习道路成为可能 考虑边缘条件 ——	**成果保证** 展示 文献收集 加深、迁移 自我、外来控制 个人和小组成绩的评估与评价 ——

（3）教学的分析和评价

教学的分析和评价主要从目标的实现和一般标准两个方面入手，具体标准可参照表 2-10。

表 2-10　教学的分析和评价的评价标准

目标实现	**一般标准**
能力促进 职业专业能力 行动能力 职业实践能力 比较：计划与实施	反省能力 教学过程的评估 自我感觉、自我批评和接受批评能力 坦诚面对选择 创新愿望 目标约定

（四）行动导向教学的基本特点①

行动导向教学与传统的教学相比较有着自己的显著特点，具体表现为：

1. 学习内容的综合性

行动导向教学是围绕教学任务或单元，设计出一个个学习环境及其活动，一个个项目、技术及其方法，它的一个重要价值，在于消除了传统的学科教学所造成的诸多弊端。行动导向教学中，通常以教学项目的方式对教学内容进行整合，而教学项目往往是从典型的职业工作任务中开发出来的，教学内容突破了传统的学科界限，是以项目为核心，按照工作过程逻辑建构教学内容。因此，在行动导向教学中，要求教师与学生具有运用跨专业的综合知识解决问题的能力，这涉及专业知识和跨专业知识。

2. 学习过程的参与性

从实践中看，行动导向教学中采用较多的是工作小组的学习方式，这不仅有益于学生特长的发挥，而且有助于每个学生的责任感和协作精神的形成，体验到个人与集体共同成长的快乐。同时，行动导向教学改变了以往学生被动接受的学习方式，创造条件让学生能积极主动地去探索和尝试。在行动导向教学中，从信息的收集、计划的制订、方案的选择、目标的实施、信息的反馈到成果的评价，学生参与整个过程的每个环节，成为活动中的主人。这样学生既了解总体，又

① 徐涵．行为导向教学中教师角色的转变［J］．中国职业技术教育，2006（1）：10.

清楚每一个具体的环节。

3. 学习成果的多样性

行动导向教学创造了使学生充分发挥潜能的宽松环境，其学习成果主要不是知识的积累，而是职业能力的提高。职业能力是一种综合能力，它的形成不仅仅是靠教师的教，而重要的是在职业实践中形成的，这就需要为学生创设真实的职业情境，而行动导向教学通过以工作任务为依托的项目教学等方式使学生置身于真实的或模拟的工作世界中。在行动导向教学中追求的不是学习成果的唯一正确性，因为评价解决问题方案的标准并不是“对”与“错”，而是“好”与“更好”。因此，在行动导向教学中，学习的成果不是唯一的，而是多样化的。

4. 学习评价的多元性

由于教育目的与教育理念的不同，人们对教育评价的理解和运用也不同。与传统的教育理念相适应，人们所理解的教育评价的方式、标准和主体都表现出单一性。而行动导向的教学理念认为，学习评价应该是多元的。多元性主要表现为评价方式、标准和主体的多元性。在评价方式上，行动导向教学不仅用传统的笔试、口试的方式考核学生掌握知识的程度，而且更强调运用完成项目的方式，考核学生综合运用知识与技能，解决实际问题的能力。在评价标准上，灵活运用绝对评价，主要评价学生是否达到行动导向教学的目标要求，关注学生在行动导向教学中的进步程度，这样有利于学生的职业能力、实践能力和创新能力的培养。在评价主体上，鼓励学生主动、客观地评价自己的学习成果，鼓励学生之间的相互评价，通过相互评价，促进对自身学习成果的反思。教师对学生的评价更注重对学生学习的指导。

（五）行动导向教学中教师面临的问题①

与传统的教学方式相比，行动导向教学对教师素质提出了更高的要求，在教学中教师将面临许多新的问题与挑战，主要体现在：

1. 教师失去了对学习内容的权威和垄断

在传统的教学中，教师几乎是学生获得知识的唯一源泉。教师是知识的拥有者与占有者，主要通过课堂教学的方式将教师掌握的知识传递给学生，学生基本上是处于被动的接受状态，缺乏对学习内容的自主探索与尝试。在行动导向教学中，许多教学项目是师生根据教学目标和生产实际共同设计的，教学项目所涉及的教学内容往往超出教师的专业知识范畴，教师失去了以往对学习内容的权威与垄断，同时在行动导向教学中，学生将在教师的引导下不断地尝试与探索，并在亲身的实践中获得知识，形成能力，在这一过程中吸纳知识的途径由单一变为多元，教师也不再是学生唯一的知识来源。在行动导向教学中，教与学的互换日趋频繁，谁先占有知识，谁先发现问题与解决问题，谁就首先获得发言的主动权。教师失去了以往的优越感，教学由“我说你听”变为一起讨论，共同探索。这种变化让教师意识到自己在知识能力上的不足，体验到自己对生产实际、工作过程的不熟悉，从而产生了继续学习、完善自我的强烈愿望。

2. 教师的工作方式将从个人教学的狭小领域走向集体合作

在传统的教学中，教师都有自己的专业，基本上是独立完成教学

① 徐涵．行为导向教学中教师角色的转变［J］．中国职业技术教育，2006（1）：11.

工作，可以不和其他学科的教师有业务上的交往。但在行动导向教学中，围绕着教学项目，教师指导的内容不仅涉及本学科的专业知识与技能，还会涉及相邻学科、相关学科乃至跨学科的知识与技能。因此对绝大多数教师而言，很难独自一人很好地完成对学生的指导工作。这就要求教师从个体走向合作，不同专业领域的教师联合起来对项目教学进行指导，这对教师来讲，是工作方式的根本改变，他必须与同事建立联系，关注其他专业领域的发展。在教育学生学会合作的同时，教师首先自己学会合作，这是教师面临的又一挑战。

(六) 行动导向教学中教师角色的转换①

行动导向教学理论主张师生的双向互动，认为整个教学过程需要教师和学生积极热情参与及投入，教师要从知识的传授者转变成为教学的组织者、引导者和咨询者，学生则要从知识的接纳者转变为学习活动的主体，与传统教学相比，行动导向教学中教师的角色发生了根本性的变化。

1. 行动导向教学中教师角色的变化

行动导向教学可划分为三个阶段，即准备、实施与评价。每个阶段所要完成的教学任务不同，教师在各个阶段所扮演的角色也有所不同。

(1) 在准备阶段，教师主要是学生学习的设计者和指导者。

在准备阶段，根据行动导向的教学目标，由教师或师生共同确定教学项目，师生面对共同的教学项目，要完成信息的收集、计划的制

① 徐涵．行为导向教学中教师角色的转变［J］．中国职业技术教育，2006（1）：11.

订与论证。在这一阶段教师的主导作用，首先表现为教师作为行动导向教学的设计者，为学生开发、设计教学项目。在这一阶段，教师根据教学所要达到的目标、学生的知识与能力水平，结合生产实际和学校的教育资源，开发、设计适合学生完成的教学项目。其次，教师提出一些完成教学项目的建议，供学生讨论研究，在学生形成具体的实施计划的过程中，教师始终给予具体的指导。第三，在整个准备阶段，教师要向学生提供与完成教学项目相关的知识、信息与材料，指导学生寻求解决问题的方法。

（2）在实施阶段，教师主要是学生学习的组织者与引导者。

在行动导向教学中，教师并不把知识传授作为其唯一的任务，而主要是营造学习氛围、组织和引导教学过程。教师当然也向学生传授知识，但更多的时候，他是在学生中间，当学生在完成任务的过程中碰到困难时，他就给予具体的帮助，在这种情况下，他更多的是学生学习的组织者与引导者。

教师的组织作用：

“小组工作”是行动导向教学的基本组织形式和活动方式，习惯于传统课堂教学的学生，面对新的学习任务与情景，往往不知所措，在这种情况下，教师要根据学生的特长与能力，对学生进行整合，合理划分“工作小组”，实现有效的分工与合作，尤其是要指导学生明确目标和职责。

教师的引导作用：

在行动导向教学中，教师更多的是担任引导者的角色，主要体现在心理、方法和价值上的引导。

心理引导主要指在行动导向的教学中，激励学生大胆探索与尝试，同时对学生进行抗挫折教育和意志品质的教育，培育学生勇于创新和善于合作的心理品质。

方法引导主要是指在实施的过程中，要根据新情况、新问题不断地对实施方案进行微调，帮助学生进行方案的完善、手段的更新和思路的拓展。

价值引导主要是指在行动导向教学中注重培养学生的探索精神、社会责任感和质量意识，引导学生关注这些方面的体验和感悟，而不是一味地追求所谓的“成功”与“成果”。

（3）在评价阶段，教师主要是学生学习的评价者与指导者

行动导向教学评价的主体是学生和教师。在行动导向教学中，学生首先要对自己的工作（学习）成果进行自我评价，在此基础上教师进行指导性评价，无论是教师对学生自我评价的指导，还是教师对学生进行的指导性评价，都体现出教师对学生学习的指导作用，具体体现在：帮助学生对行动导向教学的目标、过程和效果进行反思；让学生评价自己的积极参与的行动表现，总结自己的体验；评价学生在行动导向教学中的独立探究的能力与小组合作的精神。在评价过程中既要关注学生已达到的程度与水平，更要关注学生职业行动和职业能力的生成与变化。

2. 对行动导向教学中师生主客体地位的再审视

在研究师生关系方面，主要代表性的观点是教师主导、学生主体说，这一观点是从“教学过程是人的一种特殊认识过程”这一前提出发，在特殊的认识关系中去分析、把握教育的主体与客体。行动导

向教学中，在师生关系及其互动方式上，既有与以传授间接经验为主要任务的知识教学相一致的特征，更由于它以获得直接经验为主要目的，具有情境性、实践性和任务性等特征，而使师生关系及其互动方式表现出多维性。因此，重新审视行动导向教学中教师与学生关系的主客体地位，有利于教师作用的正确发挥。

行动导向教学与传统教学相比，其显著特征主要表现在：问题的情境性，教学任务的实践性。在传统教学中，教师是知识的拥有者，问题及结果的先知者，教师向学生呈现的“问题”对教师本身来说不是“问题”，教师作为知识的载体被学生所认知，成为学生认知的客体。在行动导向教学中，“问题”不是教师假设的问题，对教师和学生来说都是实在的问题情境。因为行动导向教学中的学习内容主要以项目教学的形式出现的，而不是系统知识的呈现。就学习内容而言主要来源于企业的生产实践，因此教师不可能像在传统教学中那样“闻道在先”，即使是教师开发的项目，也不是事先有了明确的答案，其旨趣也不在于寻求答案的一致性，而是以培养学生的创新精神、实践能力和职业能力为宗旨。因此，在行动导向教学中教师与学生同是解决问题的探究者，面对问题情境，师生是共在主体，双方同是学习者、探索者，地位是平等的，这就意味着教师彻底失去了“知识权威”的至尊地位，代之平等交流、商讨协作的伙伴关系。

在行动导向教学中，尽管教师与学生是共处于问题情境中的主体，但师生的互动作用并不是对等的。教师是行动导向教学的组织者和引导者，教师的能动性、创造性都要高于学生，探究、解决问题的过程是向学生展示自己的认识过程，以引导学生探究与尝试，共同完成教学任务。而学生的主体能力是有限的，他们对问题的认识、探究有赖于教师的启发和引导，从这个意义上讲，教师这一主体对学生主体具有引导、启发的积极作用。

（七）行动导向教学中教师角色转换的价值①

在行动导向教学中，教师角色的转换对自身的成长和学生的发展都具有独特的教育价值。

1. 对教师自身成长的价值

在行动导向教学中，教学内容通常以项目教学的方式呈现，涉及的学习内容远远超出了教师的专业领域，这就要求各科教师之间的合作，实现由教学的学科化向教学的综合化转变，这种工作方式的变革有助于教师的团队精神和合作能力的培养。其次，行动导向教学的学习内容来源于典型的职业工作任务，这就要求教师了解企业的生产实际，熟悉工作过程。长期以来，职业学校的教师缺乏对工作世界的了解，不能跟踪生产工艺的变革，这已经成为制约职业教育教学质量的“瓶颈”。行动导向教学把教师推到了“典型的职业工作任务”面前，促使教师从学校走向生产实际，通过各种方式跟踪技术和工艺的发展水平，这有利于双师型教师素质的形成。第三，行动导向教学为教师综合运用知识，拓展自己的专业能力提供了途径。近年来，职教师资的知识“老化”、“窄化”已成为影响职业教育教学改革的主要因素，但传统的“教师中心、教材中心、课堂中心”的教学模式在一定程度上又掩盖了这种“老化”、“窄化”，行动导向教学使教师面对的是

① 徐涵．行为导向教学中教师角色的转变［J］．中国职业技术教育，2006（1）：12.

综合的教学任务，实质上是对教师知识的丰富性、价值性的一次检验，教师在这样的检验中将反省自己的知识储备，进而不断地学习，充实、更新乃至重构自己的知识结构。

2. 对学生发展的价值

在传统的教学中，教师是知识技能的传授者，学生往往处于被动的接受状态，缺乏积极主动的探索精神，在行动导向教学中，教师与学生是共在主体，在教师的引导下，学生主动地探索尝试解决问题，有助于学生实践动手能力和创新能力的培养。其次，行动导向教学把教师由知识的传授者转变为学生学习的指导者、咨询者和引导者，在教学过程中，教师与学生一起探索、一起研究，在这一过程中教师所表现出来的探索的精神、求实的态度、严谨的作风等心理品质都会对学生产生潜移默化的作用，有助于学生良好心理品质的形成。当然，这也对教师提出了更高的要求。

以工作过程为导向的职业教育，无论它的教学指导思想，还是它的课程开发方法、课程构建的理论以及教学形式都完全不同于传统的职业教育，它在设计上解构了传统的学科体系，构建了符合职业能力形成规律的职业教育模式。

第三章　工作过程导向的职业教育在德国的实践

以工作过程为导向的职业教育理论对德国20世纪90年代中期以后的职教实践产生了巨大的影响，从最初的在德国大众汽车股份有限公司实施的“在经营和工作过程中的职业教育”的试点实验，到20世纪90年代后期在德国广泛推行的“学习领域”课程方案，都是该理论在实践中的运用。

新世纪以来，工作过程为导向的职业教育理论对我国的职业教育课程改革也产生了深刻的影响，目前在许多发达地区，如广州、北京等地也在开展按照工作过程导向的理论进行的课程改革实验。本部分将对工作过程导向的职业教育在德国的实践——主要是对学习领域课程方案及其实施效果进行研究。

一、德国的学习领域课程方案

学习领域课程方案是工作过程导向的职业教育在课程领域的实践

模式。

1996 年 5 月德国各州文教部长联席会议修订、颁布了职业学校的框架教学计划编制指南，建议以“学习领域”课程取代沿用多年的以分科课程为基础的综合课程，其目的是使“双元制”的一元——职业学校的教学与双元制的另一元——企业的职业培训更好地协调合作，使德国职业教育再次成为经济发展的助推器。

学习领域课程方案的提出，受到德国职业教育界的广泛关注与探索，并且在政府的倡导和科研机构的指导下，很快开始在部分“培训职业”进行学习领域课程方案的改革试点。在几年的试点的基础上，2003 年以来学习领域课程方案在全德得以广泛的推广，成为德国职业教育课程改革的新范式。

（一）学习领域的内涵及其基本结构

1. 学习领域的内涵

根据德国各州文化部长联席会议的定义，所谓“学习领域”，是通过由目标制定、内容和时间指南描述的主题单元，而这一主题单元是以职业的任务设置和行动流程为导向的。[①] 也就是说，一个学习领域是由描述职业能力的学习目标和描述工作任务的学习内容所构成，同时包含相应的学习时间。通过一个学习领域的学习，学生可以完成某一职业的一个典型的工作任务。通过若干个相互关联的所有的学习

---

① KMK：Handreichungen fuer die Erarbeitungen von Rahmenlehrplaenen der KMK fuer den Berufsbezogenen Unterricht in der Berufsschule und ihre Abstimmung mit Ausbildungsordnungen des Bundes fuer anerkannte Ausbildungsberufe［Z］. 14.

领域的学习，学生可以获得某一职业的从业能力和资格。一般来说，每个培训职业由10—20个学习领域所构成，这主要是根据该职业的工作任务和活动特点来决定，没有硬性的数量限制。例如汽车机电一体工包括下列14个学习领域：

（1）车辆或系统的维护和保养

（2）汽车部件或总成的拆卸、修理和组装

（3）电气系统和电子系统的检测和维护

（4）控制系统和调节系统的检测和维护

（5）能源供给和启动系统的检测和维护

（6）发动机装置的检测与维护

（7）发动机操纵系统的诊断与维护

（8）废气处理系统的检测和维护

（9）动力传动系统的维护

（10）行驶系统和制动系统的维护

（11）附属装置的安装和调试

（12）网络系统的检测和维护

（13）车身、舒适和安全系统的诊断和维护

（14）为客户车检提供服务以及车辆的维护

2. 学习领域的基本结构

学习领域的结构框架包含下面一些基本要素：

（1）学习领域的编号。

（2）学习领域的名称。学习领域的名称要和典型的职业工作任务的描述相一致，要尽量避免使用基础理论内容、不具体或不完整的任

务描述等作为学习领域的名称。比如，电子技术基础、计算机系统及构成、优化策略、了解生产过程等都不是成功的学习领域名称。

（3）学习培训时间。包括学校理论教学时间和企业实践培训时间。

（4）职业行动领域描述。在职业行动领域描述中必须要回答两个问题：一是“在这项职业工作任务中要做哪些具体的事情？”二是“如何完成工作任务？”它为实施课程的教师给出了既简洁又全面的重要信息，是制订学习目标的重要依据。

（5）学习目标描述。包括企业的实践教学目标和职业学校的理论教学目标。在表述学习目标时还应关注其与职业行动领域和教学内容之间的有机联系。

（6）学习内容。学习内容同样包括在企业的学习和在职业学校的学习内容。这里要注意处理好工作和学习的关系。一方面工作内容可以作为学生学习和教师讲授的内容；而同时，行动导向的教学内容必须按照工作过程导向的原则来表述。所以，教学内容也可以被安排在工作过程之中。作为教学内容的“工作和学习内容”可从三个方面来表述：一是工作对象；二是工作工具、工作方法和劳动组织；三是对工作的具体要求。学习领域的基本结构参见表 3-1。

（二）学习领域课程方案的基本特征

1. 学习领域课程方案以典型的职业工作任务为核心组织、建构教学内容[①]

传统的双元制职教模式中职业学校的课程方案是以分科课程为基

① 徐涵．学习领域课程方案的基本特征［J］．教育发展研究，2008（3）：70.

表 3-1　学习领域的基本结构

<table>
<tr><td>学习领域 n
学习难度范围 n</td><td colspan="2">学习领域/典型工作任务名称</td><td>学习培训时间
企业：n 周；学校：n 周</td></tr>
<tr><td colspan="4">职业行动领域描述：</td></tr>
<tr><td colspan="4">学习地点的教育与培训目标</td></tr>
<tr><td colspan="2">企业的培训目标
……</td><td colspan="2">学校的教育目标
……</td></tr>
<tr><td colspan="4">工作与学习内容</td></tr>
<tr><td>工作对象
……</td><td colspan="2">工作工具
……
工作方法
……
劳动组织
……</td><td>对工作的要求
……</td></tr>
</table>

础的综合课程模式。以机械技术类专业为例，职业学校除了开设普通文化课（只开设语文、政治、外语和体育）以外，开设三门专业课，即：专业理论、专业制图、专业计算，并以专业理论为核心，也就是说专业计算和专业制图课程不是按照它们内在的专业逻辑构建的，而是根据专业理论的内容和结构来组织的。专业理论课程本身又是指向于物理、化学、工程力学等学科，这就使得学生对技术的理解只局限于技术的结构与功能，而对企业内的工作过程、具体的工作实践缺乏理解。

学习领域课程方案是根据"培训职业"的典型工作任务开发出来的，每一个学习领域都针对一个典型的职业工作任务。以典型的职业工作任务为依托建构学习内容，有效地解决了传统的双元制中职业学校教学与企业的职业培训相脱离的弊端。理论学习内容与实践学习内容通过项目或者是工作任务紧密地结合在一起。例如“维修带有阻尼器支架的工件托架”（见图3-1，这是工具机械工的一个真实的企业工作任务，而且与企业的生产过程密切相关）这一工作任务（也是学习任务）就有效地把企业培训的实践教学内容与职业学校的理论教学内容有机地结合起来。

图3-1　带有阻尼器支架的工件托架

表3-2概括地说明了“维修带有阻尼器支架的工件托架”项目在培训企业和职业学校之间的实践学习内容与理论学习内容的分配。

从表3-2中可以看出：学习者在企业的实践学习内容主要是针对以下几方面：

- 查找托架维修工作必备的图纸、零件明细、辅助工具和使用说明；
- 准备好必备的工具、材料及检测用品；
- 实施工件托架维修工作；
- 对工件托架进行性能检测；
- 将合格的工件托架提供给生产过程。

表 3-2　实例“维修工件托架”中的理论学习内容与实践学习内容的分配①

培训企业的学习内容	职业学校的学习内容
- 润滑油和润滑脂 - 清洁 - 按维修计划工作 - 更换器材和工料（如油、滤纸等） - 更换润滑剂 - 校验调整楔 - 检查导轨面 - 按技术规程处理工料 - 按引导卡寻找故障，考虑顾客愿望 - 对工件托架进行系统的故障分析 - 将图纸和零件清单一一对应，领取互换零件及损坏零件 - 准备好工具、材料和检测器材 - 拆卸并清洁零件 - 按图纸检查磨损零件/新零件 - 装配替换磨损零件的新零件并检测功能 - 与师傅一起将校验设备归零 - 对工件托架进行测量并修正错误 - 设备主管验收工作任务 - 重视劳动安全和环境保护的有关规定	- 维修和监测工作对于技术系统操作准备的意义 - 按照国家标准 DIN31051 分析和制订维修与检测计划 - 摩擦理论的基本知识 - 符合国家标准 DIN51502 的润滑材料标准 - 技术系统的功能分析 - 了解维修规范和操作说明 - 技术系统对整个运营体系的影响 - 维修策略与预防性维护的意义 - 维修计划与维修文件 - 组件、器材和设备的拆卸与安装计划 - 评估磨损现象 - 功能检测计划以及维修工作结束时的验收 - 薄弱环节的分析与记录 判断磨损原因的材料知识 - 劳动安全和环境保护的有关规定

① Xu Han. Berufliche Grundbildung im Spannungsverhaeltniss von Wissenshafts – und Arbeitsorien-tierung in Deutschland und China［M］. Shaker Verlag，2004：204.

通过“维修工件托架”这个项目，学习者可以现场了解到工件托架对于阻尼器支架的生产设备和整个加工过程的作用和意义。同时还了解到，一个功能完好的工件托架对于装配阻尼器支架的意义，以及装配阻尼器支架时的故障对企业整体工作过程的影响。

“维修工件托架”项目的理论学习内容（参见表3-2）主要包括以下几方面：

- 按照国家标准31051要求的在产品维修方面的基本概念和摩擦的基本理论知识；
- 按照国家标准31051要求的维修与检测计划；
- 可能的磨损原因；
- 性能检测计划。

通过以上内容的学习学生获得了有关产品维修方面的专业知识，同时也促进了获取信息能力和制订计划能力的提高。

这个典型项目清楚地说明，理论学习内容和实践学习内容是通过“维修工件托架”结合在一起的。这个培训实例是从 个真实的企业工作任务开始的，而不是一个人工设计的教学项目。“维修工件托架”塑造了一个完整的行动，从获取原材料到将成品提交给企业用户都包含在内，其间没有一成不变的工作内容。通过维修工件托架工作，学习者可以概括性地了解，他的职业的主要工作内容是什么。同时学习者还可以了解到工件托架在整个工作过程中所起的作用，并能够在一个整体性的工作情境中认识到，他们自己能够胜任有价值的工作。因为他们维修的工件托架最后应用在了企业的生产过程之中。所以，学生在加工现场就能认识到维护和检测工作对于企业生产工作的正常运转具有重大意义。

2. 学习领域课程方案以工作过程知识为主要内容

传统的双元制职教模式的教学内容传授的主要是显性的技术理论和技术实践知识，“专业工作”并没有作为一个整体进入教育者的视野，与“专业工作”紧密相关的工作过程知识也一直没有引起人们的关注，致使学生并不能从企业工作的整体视角来理解自己所学的职业，不了解自身的工作在整个工作过程中所起的作用，从而只能被动地适应工作世界，而不能主动地建构工作世界。学习领域课程方案是以培养学生具有建构工作世界的能力为主要目标的，而这是以理解企业的整体工作过程和经营过程为前提的，因此工作过程知识自然成为学习领域课程方案的主要内容。

工作过程知识是情境性的，是与职业活动紧密相连，它们不像学科知识那样容易被传递和复制，但它们对工作过程的进程却是非常重要的，不仅是个人在实践和工作中取得成功的重要因素，而且也成为现代企业核心竞争力的重要基础和源泉。正因如此，学习领域课程方案的核心便是把工作过程知识置于职业教育课程的核心内容之中。

3. 学习领域课程方案的实施是以行动为导向的①

传统的双元制职业教育传授的是关于“培训职业”的基本知识和技能，所采用的是传统的以语言为导向和以教师为中心的教学模式，例如讲座式的教学风格。对此许多教育界和企业界人士对职业学

① 徐涵．学习领域课程方案的基本特征［J］．教育发展研究，2008（3）：71.

校的教学抱有批评的态度，认为职业学校虽然传授了基础专业知识，但却没有培养和促进学生的建构工作世界的能力。

学习领域的教学目标及教学内容要求教学的实施必须以行动为导向，因为只有在行动中、在工作过程中学生才能有效地获取工作过程知识，获得建构或参与建构工作世界的能力。

以行动为导向的教学不仅重视教学目的，而且更加重视教学过程，它所要达到的教学目标是培养学生的职业行动能力。行动导向的教学具有两个显著特征：

① 强调行动的完整性。行动导向教学不仅仅指在行动中进行教学，更重要的是在一种完整的、综合的行动中进行思考与学习，也就是说要按照“信息、计划、决策、实施、检查、评估”完整的行动方式来进行教学。

② 体现学生的主体性。在行动导向教学中，从信息的收集、计划的制订、方案的选择、目标的实施、信息的反馈到成果的评估，学生参与整个过程的每个环节，成为学习活动中的主人。

（三）学习领域课程的设计

学习领域课程设计主要包括以下几方面的内容：

1. 确定学习领域名称

学习领域名称与典型工作任务的名称基本一致，它强调学习领域中的学习与企业工作领域中的工作之间的对应。学习领域的名称应表明一个综合性的工作任务及其所包含的完整的工作过程。学习领域的名称能够让人们容易了解和把握典型工作任务的基本内涵。

学习领域的名称通常采用“工作对象” + “动作” + “补充或

扩展”（必要时）的表述形式。

表 3-3　适合的学习领域名称

适合的学习领域名称列举
工业电工专业： • 楼宇电器安装的计划与实施 • 设备状况与修理过程评价 • 生产设备的改建、新建与检修 **汽车机械工专业：** • 汽车维修与保养及保值措施 • 个性化改装、汽车功能扩装与改装 • 采用标准件的汽车扩装与改装 **机电一体化专业：** • 生产设备维护 • 生产设备调整与改装 • 生产过程中操作、加工与运输机电一体化部件故障搜寻与排除

2. 简述典型工作任务

典型工作任务的简单描述，为学习领域课程设计提供简洁、基本而又重要的信息。与学习目标的确定有直接的关系。

在描述典型工作任务时，重点回答两个问题：典型工作任务的主要内容是什么？完成典型工作任务的工作过程是怎样的？表 3-4 为工业电工专业学习领域课程“生产设备的监控、操作与调整及生产质量保障”的典型工作任务的描述。

3. 确定学习目标

学习领域学习目标是预期的课程结果，包括认知、动作技能、情感三个方面的要求。

表 3-4　工业电工典型工作任务描述①

学习领域 5 学习难度范围 2	生产设备的监控、操作与调整及生产质量保障	学习时间 企业：周　　学校：周
典型工作任务描述（职业行动领域描述）：工业电工必须能够随时可靠地监控与操作生产设备，通过在测试区的抽样检查，如参数检查，关注对产品提出的质量要求。会使用所需测试工具及相应资料，在出现不可靠的偏差时要采取措施以便重新提供满足要求的产品质量，例如调整并重新启动生产设备，这包括改变控制程序的参数。		

目标描述要符合两个基本要求：一是能力表述的明确性；二是目标表述中必须明确实践与理论的关系，也就是说理论学习与实践学习通过同一个工作（学习）任务建立起直接的联系。

学习领域课程以培养学生的综合职业能力为目标，职业能力既包括那些显性的、可观察的、可测量的行为能力，也包括很多隐性的能力因素和经验成分，因此在确定学习目标时，一方面对能够引起学生职业能力行为发生改变的目标描述，应该采用可观察、可测量的行为目标表述的方式；另一方面对隐性的能力目标的描述，则不能用“操作性”与“可测量性”指标来表述。如获得“反思性的职业认同感”是职业能力的一个评价指标，但它却不是一种具体的行为。因此，在描述学习目标时，通常要说明通过本学习领域的学习，学生要达到的总体要求，既包括那些能够用显性的可观察、可测量的行为能力，也包含着许多隐性的能力和经验。

---

① 欧盟 Asia-Link 项目“关于课程开发的课程设计”课题组．学习领域课程开发手册［M］．北京：高等教育出版社，2007：86.

在表述学习目标时应注意：

- 与职业行动领域直接相联系
- 与工作和学习内容相联系

表 3-5 为工业电工专业学习领域课程“生产设备的监控、操作与调整及生产质量保障”的学习目标的表述。

表 3-5　工业电工的学习目标描述①

学习领域 15 学习难度范围 4	生产设备的监控、操作与调整及生产质量保障	学习时间 企业：周　　学校：周
典型工作任务描述（职业行动领域描述）		
各学习场所的学习目标		

企业	学校
学习者检查设备的无故障运行状况和已完成部件的质量，并对设备和产品质量有重要影响的测试值与数据做记录。他们要遵守所有生产设备采用的生产、劳动保护和劳动安全规定（如工作计划，测试规定，质量、日期和成本要求）。他们了解对设备重要的计划工作、工具和文件，进行调整（如程序参数改动）和更换工具，并将程序输入机器。他们检查和评价工作结果与计划及工作任务的一致性，并了解机器和产品的缺陷。	学生了解机器设备的系统和自动化的典型制造工艺，他们以经济观点对此作出评价。学会根据车间要求使用数据载体和文件，通过操作安全装置了解隐患。会分析设备的生产过程和能源流，并在考虑对设备控制过程有重要意义的测试因素的情况下解释自动装置的基本作用方式。说明质量保障的必要性，阐述劳动安全规则的绝对必要性。能对计算机辅助合同与生产数据信息系统的设计作出评价。

① 欧盟 Asia-Link 项目“关于课程开发的课程设计”课题组．学习领域课程开发手册［M］．北京：高等教育出版社，2007：86.

4. 选择工作与学习内容

工作过程导向的职业教育关注的是工作过程中的人运用什么样的工作工具，采用什么样的工作方法，作用于具有什么样特性的工作对象，同时考虑社会、企业及顾客对工作要求的情况下，最终生产出劳动产品。因此，工作过程导向的课程内容主要指向于完成典型的职业工作任务时所面对的工作对象、采用的工作工具、工作方法、劳动组织以及社会、企业和顾客对工作的具体要求。

因此，在描述工作与学习内容时，应按照三个维度来说明，即：工作对象；工具、工作方法和劳动组织形式以及对工作的要求。

图 3-2 说明了如何根据典型工作任务，按照学校和企业的学习目标来确定工作和学习的内容。

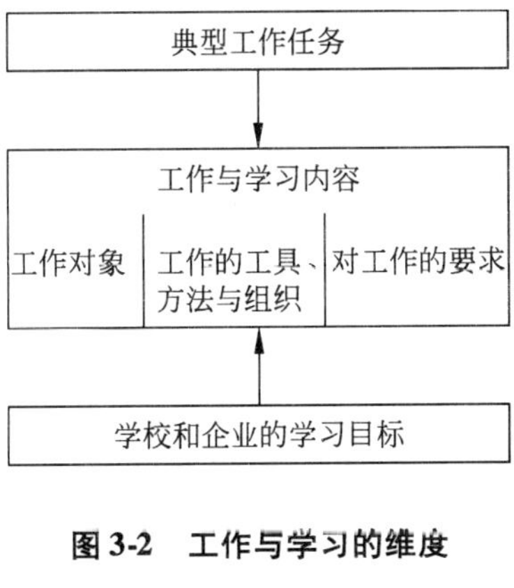

图 3-2　工作与学习的维度

（1）工作对象

工作对象描述是指工作人员在具体工作情境和工作过程中行动的内容，不仅要说明工作对象的事物本身（如机床），而且要说明其在工作过程中的功能（如操作机床或维修机床），是指在工作中要做的具体事情。①

（2）工具、工作方法与劳动组织方式

工具、工作方法：指工作过程中运用的工具材料与工作方法。

劳动组织方式：不仅涉及岗位间的关系，还包括岗位内部的工作分配和相关责任。

对劳动组织方式的说明对课程设计具有重要的作用，因为只有通过对劳动组织方式的说明才能使得学生更加了解工作过程的质量，劳动组织方式的不同对人们的工作职责、工作能力方面的要求有明显的差异。因此，对劳动组织方式的说明指明了工作过程中的设计机会与创造空间。

（3）对工作的要求

- 企业的要求：企业的经营与生产过程对工作提出的要求；
- 技术标准：国际标准、国家标准和行业标准；
- 法律法规：如：劳动安全、环境保护等；
- 顾客的要求。

表3-6为工业电工专业学习领域课程“生产设备的监控、操作与调整及生产质量保障”的工作与学习内容的表述。

① 赵志群．职业教育工学结合一体化课程开发指南［M］．北京：清华大学出版社，2009：66.

表 3-6　工业电工的学习内容描述①

<table>
<tr><td>学习领域 15
学习难度范围 4</td><td colspan="2">生产设备的监控、操作与调整及生产质量保障</td><td>学习时间
企业：周　　学校：周</td></tr>
<tr><td colspan="4">典型工作任务描述（职业行动领域描述）：</td></tr>
<tr><td colspan="4">各学习场所的学习目标</td></tr>
<tr><td colspan="2">企业
……</td><td colspan="2">学校
……</td></tr>
<tr><td colspan="4">工作与学习内容</td></tr>
<tr><td>工作对象：
• 与顾客进行合同商谈
• 需处理的合同
• 无故障运行的生产设备
• 符合质量特征的产品
• 机器或设备的调整与启动</td><td colspan="2">工作工具：
• 制造合同、生产说明
• 工作计划、操作规程、手册、数据载体（如事故保护、测试计划）
• 操作、预报与显示系统
• 测试与检查工具
• 机器控制与操作元件
• 工件、计划（如技术图纸）
工作方法：
• 合同处置
• 设备状况与生产质量的检查与评价，数据保护
• 质量检查方法（SPC）、物品进货检查、工具检查等
• 测试器材的监控与检查
• 硬件、自动装置与程序的运行
• 程序（SPS、CNC）试运行
• 机器状况评价
• 机器基本位置确定
劳动组织：
• 生产组织（安排、计划、实施、评价）
• 合同文件与资料的集中和分散供给
• 集中与分散式质量检查
• 工作岗位设计
• 缺陷评价
• 创造与保持检查条件</td><td>对工作的要求：
• 符合专业和实际要求的合同文件
• 顾客导向
• 按照时间要求加工
• 包括数据评价的生产质量保证
• 机器与设备状态评价
• 合格的设备操作、测试与检查工具的使用
• 符合人类工程学要求的工作岗位设计（工作车间准则）
• 履行劳动保护、劳动安全和环境保护规章
• 机器和设备符合专业要求的工具和辅助装置更换
• 合格的调试
• 运行安全、技术标准（如 DIN、ISO）
• 与合同有关的标准与调节值
• 计算机辅助合同与生产数据获取信息系统
• 使用现代通讯与信息手段了解企业</td></tr>
</table>

① 欧盟 Asia-Link 项目“关于课程开发的课程设计”课题组．学习领域课程开发手册［M］．北京：高等教育出版社，2007：86.

至此，我们便获得了学习领域的课程标准，这是教师进行教学工作的主要依据，教师要根据学习领域的课程标准中描述的典型工作任务、学习目标、工作与学习内容进行具体的教学设计，特别是要进行学习情境的设计。

5. 学习情境的设计

学习情境是在典型工作任务基础上设计的，用于学习的“情形”和“环境”。学习情境的载体是“学习与工作任务”，即“内容是用于学习的工作任务”，简称“学习任务”或“学习性任务”。

一个典型工作任务或一个学习领域可以划分为几个学习情境，是根据完成这一任务的工作过程的要素特性确定的，即这个典型工作任务[①]：

- 在哪些不同的工作环境或岗位中进行？
- 有哪些重要的工作情境或服务对象？
- 有几个和什么样的重要部分工作任务？
- 有几个重要的（部分）工作成果或产品类型？
- 采用哪些不同的工具、工艺流程、系统或设备？
- 有哪些显著不同的劳动组织方式？

在设计学习情境时，应按照典型工作任务对应的：

- 岗位
- 产品类型

① 赵志群．职业教育工学一体化课程开发指南［M］．北京：清华大学出版社，2009：70.

- 操作部位或系统
- 复杂性或难度级别
- 工艺流程
- 服务对象

来设计学习情境。

学习任务是学习情境的物化表现，它来源于企业生产或服务实践，能够建立起学习和工作的直接联系，但并不一定是企业真实工作任务的忠实再现。

表述学习任务时应注意：

- 是一个具体的工作任务（类似企业的工作合同）；
- 简短但很清晰；
- 包括顾客的要求（如外观、材料、操作性和价格等），必要时还有法律和环保等要求；
- 根据学生不同的自主学习能力，给出详尽程度不同的计划；
- 包含整个学习情境和各个阶段的时间要求。

必要时，包含有关教学组织、教学评价、展示学习情境和进行归档处理的方式。

学习情境设计的标准：

高质量的学习情境设计应当满足以下要求：

- 学习情境内容与课程标准密切相关，能覆盖课程标准中的专业能力要求；
- 背景真实，描述生动，能激发学生学习热情；
- 学生的任务明确、具体（含小组和个人）；

- 规定的完成期限实际可行；
- 为学生提供发展关键能力的机会；
- 理想情况下，在学习情境的设计和评价过程中有企业参与；
- 学习活动采用多种组织形式（如小组学习、双人学习和个体学习）；
- 评价方法明确，给定等级标准；
- 难度恰当，学生经过努力可以获得成功；
- 有一定的时效性（至少在三年内可用）；
- 符合法律、社会道德和职业规范。

学习情境设计实例一：

表 3-7　学习情境设计实例一

培训职业：汽车机电一体化工
所在年级：二年级
学习领域 5：能源供给和启动系统的检测和维护
学习情境名称：顾客抱怨电池充电控制指示灯长亮
开发人员：米夏埃拉·高克
学生学习的先决条件： • 学生能够使用万用表和示波器进行测量 • 学生能够阅读简单的接线图 • 学生能够懂得端子标记的含义 • 学生能够连接简单的电路 • 学生能够懂得调整回路的含义 • 学生能够使用“博世”检测仪 KTS52

续表

学校必备的教学条件： • 拆装发电机的工具 • 拆卸了的发电机 • 完整的汽车或安装完整的发动机 • 万用表 • 示波器 • 线路图 • 发电机截面图 • “博世” 发电机操作技术手册 • “博世” 公司的 ESItronic 数据库 • “博世” 检测仪 KTS520 或 KTS550
对学习情境的描述：
因为电池充电控制指示灯长亮，顾客来到汽车维修厂。
具体的工作任务： • 填写汽车维修合同 • 借助于 Ishikawa – Diagramm 图分析可能的故障原因 • 利用故障探查流程图确定故障范围（小组工作） • 通过必要的检测手段界定故障的范围 • 完成电池充电电路的功能描述（专业书籍） • 接线图：用不同的颜色标清三个电路（1. 预先感应电路；2. 感应电路；3. 主充电电路） • 通过拆卸分析发电机组件 • 通过专业维修排除故障
教学目标描述：（选自教学计划） • 通过对发电机零件的测量分析发电机结构 • 能够利用故障探查流程图 • 了解发电机电路 • 能够分析发电机电路图 • 能够选择测量仪器 • 掌握维修技术

续表

学生的活动步骤（培养的能力）		方法、媒体和教学组织形式
分析	学生分析顾客的申述内容并整理信息材料（方法能力、社会能力）	独立工作、学生报告、全体讨论、接线图、专业书籍、截面图、服务指导手册
计划	划分工作小组 确定各个步骤的工作时间 确定获取信息的渠道 确定成果展示的范围和形式 （方法能力、社会能力）	挂图 小组工作 “博世”公司的 ESItronic 数据库
实施	A）学生按照维修厂的标准表格编制维修合同； B）学生拆卸旧的发电机，画出发电机零件草图，列出零件明细表； C）学生分析充电电路和感应电路的电路图，能够用不同的颜色标出发电机的电路并制订出导线颜色分类表格、发电机截面图和端子标记； D）制订出一个可能的故障探查计划，并与给定的探查计划进行比较； E）学生在汽车上进行检测并写出检测报告； F）学生借助于 Ishikawa – Digramms 图找出故障点； G）学生选择出一个有效的维修方案并制订出维修计划； H）学生维修汽车电池充电设备； I）学生完成发电机的练习作业 J）学生完成汽车电池充电设备的数学计算作业	小组工作 （专业能力） （专业能力） （专业能力） 教师报告 （专业能力、方法能力） 维修车间 小组工作 （专业能力、方法能力） 维修车间 伙伴合作，计算机辅助培训

续表

评价与展示	- 每个工作小组展示他们的书面报告并介绍解决方案； - 全班按照学习领域 1 中的标准进行评价 - 分析展示过程中风格和技巧	学生展示 讨论 （专业能力、方法能力、社会能力）
反馈	- 哪些方面还可以做得更好？ - 是否还有其他的解决方案？ - 小组工作过程中是否有问题？	挂图 学生展示 教学会话
巩固和加深	- 通过小测验检查学习效果 - 检测 61 号端子电缆故障 - 拓展到新的系统 • 启动电机（KSG） • 42 伏特舰船用电源 • 水冷发电机 • 无接触环发电机 （德国大众汽车公司“弗腾”汽车）	

学习情境设计实例二：

表 3-8　学习情境设计实例二

理论-车间课 汽车技术	学习领域 7：	发动机管理系统的诊断和维护
	学习情境 X	顾客抱怨：带有柴油 EDC 系统 VP44 的发动机加速不良
课程结构/课程计划	时间计划：4 学时	
前提知识：学员关于 EDC 的系统知识掌握很少，电路图		
时间安排：在 EDC 设备上进行系统故障诊断		

续表

课程阶段	课程安排	教学法	教学媒体
1. 提出问题	接受顾客任务，并理解其问题 （如果有可能的话，设立车间任务） 目标：要顾客就其抱怨的问题做出尽可能详细的说明 鉴别车辆，从故障存储器读取信息	（角色扮演法或信息记录法） 课堂讲解	设置了故障的车辆 检测仪 车间信息系统 手动维修手册
2. 结构设置	限定故障 可能存在哪些故障？ 子系统的检查 小组 1：燃油供给系统 小组 2：喷油装置 小组 3：电子装置 为故障归类： • 发动机机械系统； • 油路系统； • 电子控制系统； • 故障限制在油路系统和电子控制系统的故障方面 获取信息 举出有可能的故障原因 举例说出故障寻找的种类 获取子系统信息	脑图 卡片展示法 展示版	理论课的材料 卡片板，卡片，翻转图

续表

课程阶段	课程安排	教学法	教学媒体
3. 进行尝试	准备并介绍实践中需要的 EDC 子系统必要的系统知识。 解释子系统，具体地进行故障寻找，将学生分为两大组，每组 15 人。每组再分为三小组。由两位教师负责。 小组 1：燃油供给 小组 2：喷油系统 小组 3：电子装置 在车上进行测量： 小组 1：燃油供给系统 小组 2：喷油系统 小组 3：电子装置 /预热装置 e	小组工作 （换组）	车辆，检测仪，车间信息系统，检测仪，报告页，工作页
4. 分析	学生分析测量和检测结果： – 额定值-实际值的比较 – 记录结果并做评估	小组工作	工作页 （分析）
5. 确认学习成果	小组之间互相检测其学习成果	全体	工作页 （分析）
6. 学习目标的检测	分析导致“发动机无法启动”的故障并做整理 – 创建故障寻找计划 – 理解生产商特别的故障寻找计划 – 将故障寻找的说明记录到工作页上	小组工作 注释： 争取独自完成	车间信息系统 工作页 （故障表格） 比如 ESI-tronic

二、学习领域课程方案在德国实施状况的调查与分析

自1996年5月德国各州文教部长联席会议修订、颁布职业学校的框架教学计划编制指南，建议在职业学校实施“学习领域”课程改革至今已经10多年的。学习领域课程方案在德国的实施状况如何，在实施过程中遇到哪些问题？是否达到了人们预想的改革目标，为了探讨这些问题，笔者利用在德国访学的机会，于2009年12月在德国的不莱梅、下萨克森州和北莱茵-威斯特法伦州三所职业学校对部分教师与学生进行了问卷调查。

(一) 研究方法

笔者设计了教师和学生问卷。教师问卷主要围绕着“教学准备”、“教学条件”“教学设计与实施”、“教师的素质与进修”以及“评价学生完成工作任务的标准”等主题；学生问卷主要围绕着“对教师的评价”、“教学条件与资源”、“课堂教学”以及“完成工作任务的评价标准”等主题。通过这些问题的设计一方面了解学习领域课程在德国职业学校的实施情况，另一方面了解学习领域课程的实施效果。

本次调查问卷分别在德国不莱梅州、下萨克森州和北莱茵-威斯特法伦州的三所职业学校实施，共计发放学生问卷290份，回收285份，有效问卷282份，问卷回收率98.3%；发放教师问卷45份，回收34份，有效问卷34份，回收率75.6%。

（二）问卷调查对象的基本特征

1. 学生的基本特征

（1）地区分布

本次参加问卷调查的被试学生来自不莱梅、下萨克森州和北莱茵-威斯特法伦州三地，共回收有效问卷 282 份，其中不莱梅 41 份，占总调查样本的 15%；下萨克森州 97 份，占总调查样本的 34%；北莱茵-威斯特法伦州 144 份，占总调查样本的 51%。

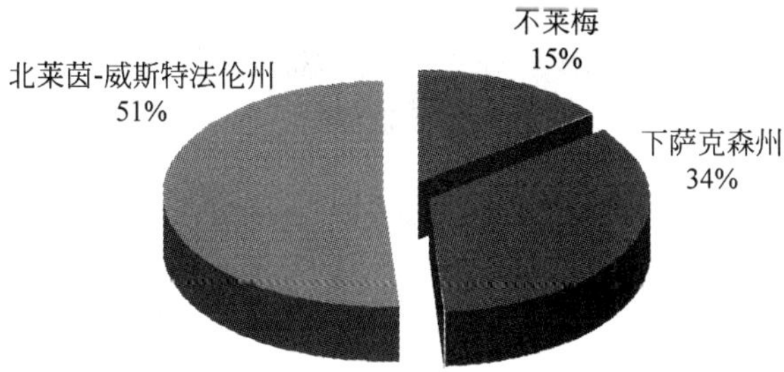

图 3-3　学生所在的地区分布

（2）性别分布

在所有被调查的学生中，男生 274 人，占总数的 97%，女生 8 人，仅占总数的 3%，性别分布体现了男生占绝对优势的特点，这与

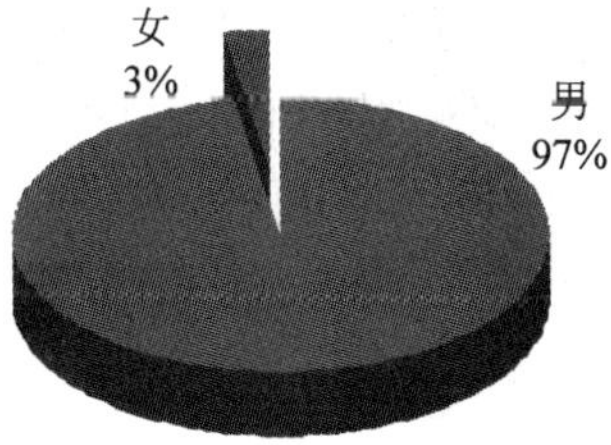

图 3-4　学生的性别分布

本次调查学生就读的专业全部为工科专业有关。

（3）年龄分布

本次调查的学生年龄多集中于19-21岁，共140人，占总数的49%，16-18岁的被试占到37%，21岁以上的被试总计在14%左右。

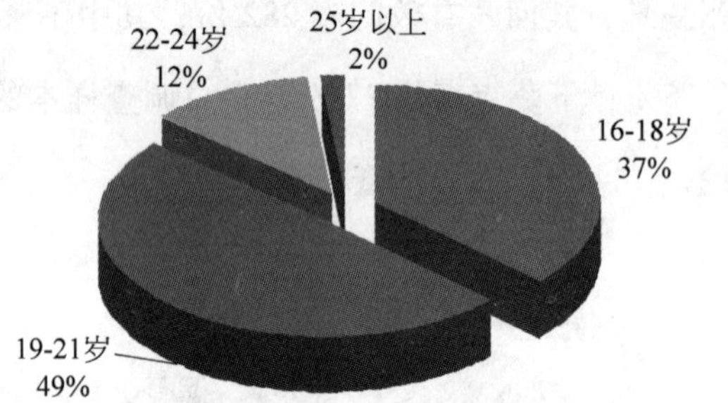

图3-5　学生的年龄分布

（4）受教育水平分布

在普通教育的毕业水平方面，大部分的学生被试毕业于实科中学，其人数占总人数的64%，16%的被试毕业于主体中学，具备高等学校入学水平（包括高等专科学校和普通大学）的学生占到15%，

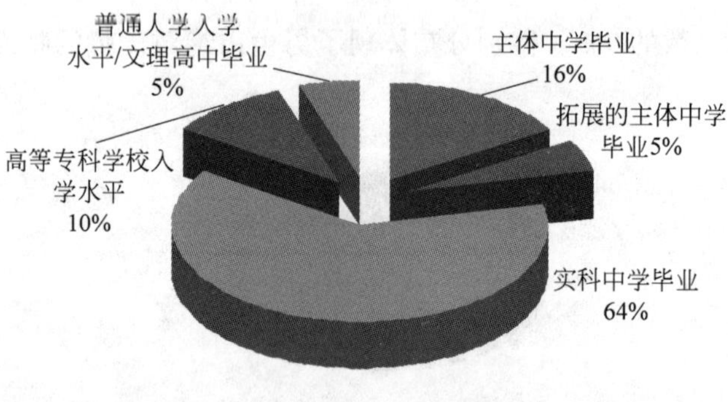

图3-6　学生获得普通教育的毕业水平分布

其余5%的学生毕业于拓展的主体中学。这大致体现了在德国接受双元制职业教育的生源构成。生源主体由原来以主体中学毕业生为主转为以实科中学毕业生为主，同时有15%的具有高校入学资格的青年选择接受职业教育。

（5）培训职业的分布

本次调查的282名学生来自9个培训职业，最多的为工业机械工和加工机械工，各占到总数的14%，能源与楼宇技术电子工为13%，工业电子工、机电一体工、设备机械工和精密机械工各占11%，金属工为8%，工具机械工最少，仅为7%。

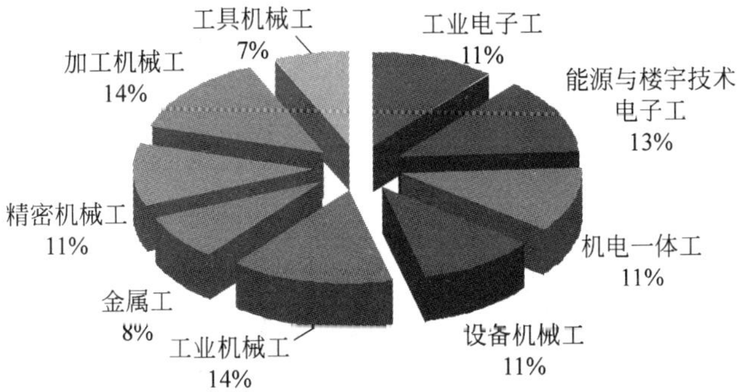

图3-7　学生接受的培训职业分布

（6）年级分布

本次调查的学生被试来自四个年级，其中一年级49人，占总数的17%，二年级99人，占总数的35%，三年级72人，占总数的26%，四年级62人，占总数的22%。除二年级被试较多以外，其余三个年级的被试较为平均。

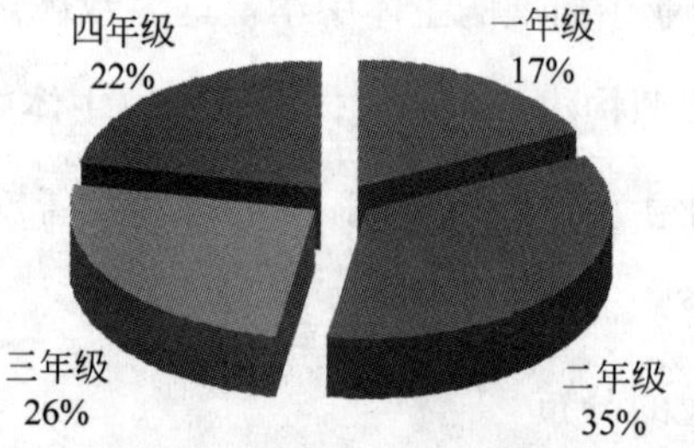

图 3-8　学生的年级分布

2. 教师的基本特征

（1）教师的地区分布

本次调查的教师被试同样来自不莱梅、下萨克森州和北莱茵-威斯特法伦州三地，共回收有效问卷 34 份，其中不莱梅 3 份，下萨克森州 8 份，来自北莱茵-威斯特法伦州最多，为 23 份，占到总数的 67%。

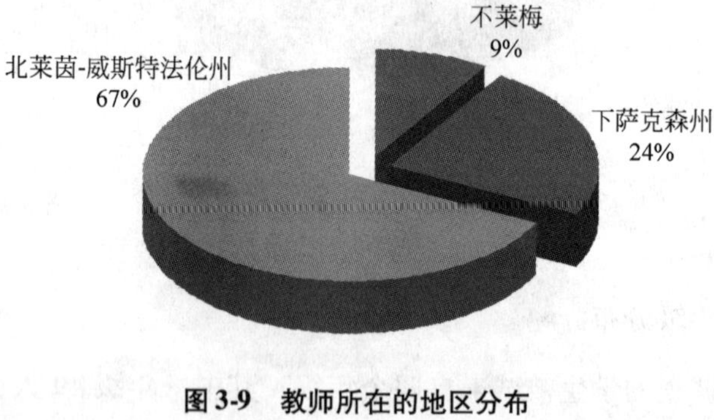

图 3-9　教师所在的地区分布

（2）教师的性别分布

由于本次调查学生就读的专业全部为机械、电子等工科专业，男教师数量远多于女教师，所以被试教师的性别分布也呈现出明显的男多女少的现象。在所有被调查的教师中，男性教师占总数的 94%，女性教师仅占总数的 6%。

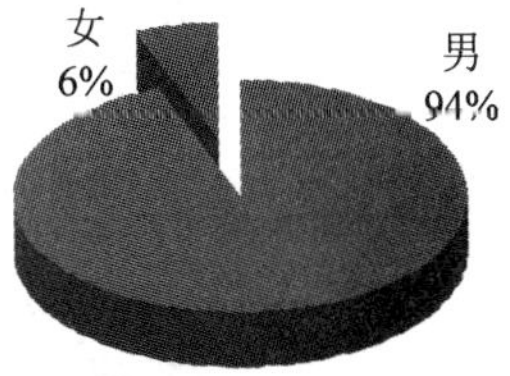

图 3-10　教师的性别分布

（3）教师的年龄分布

由于德国职业教育的教师培养周期较长，需十年左右的时间，故本次调查的教师年龄多集中于 41-50 岁之间，共 16 人，占总数的 49%，51-60 岁的教师占到 39%，40 岁以下的被试为 9%，60 岁以上的被试仅有一人。总体而言，以 50 岁为分界线，50 岁以下的教师略多于 50 岁以上的教师。

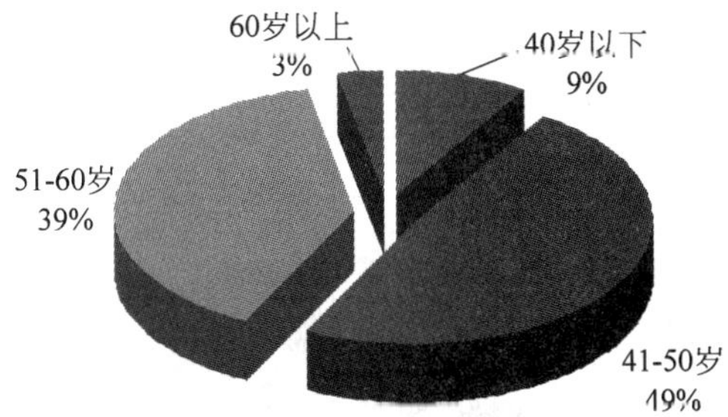

图 3-11　教师的年龄分布

（4）教师的专业分布

被调查的 34 位老师有 32 人回答了所在培训职业的问题，他们分别在 8 个培训职业授课，分别为工业机械工 8 人，工具机械工和机电一体工各 6 人，能源与楼宇技术电子工 4 人，设备机械工和工业电子工各 3 人，金属工和精密机械工各 1 人。

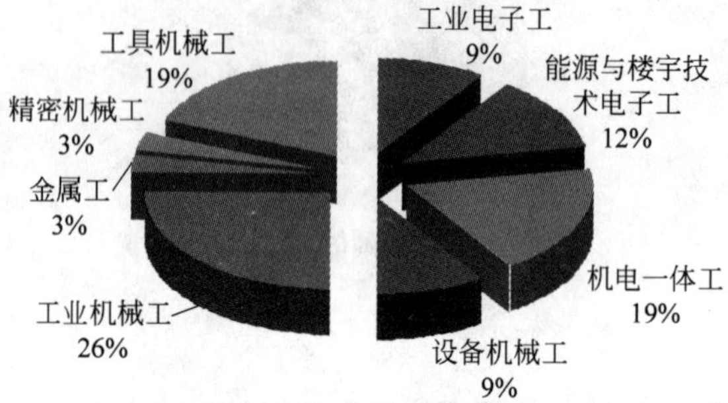

图 3-12　教师接受的培训职业分布

（5）教师的工作年限分布

在工作时间方面，本次调查的教师工作时间在 10-15 年和 10 年以下的最多，分别有 10 人和 9 人，各占总数的 29% 和 26%，工作时间在 26-30 年和 30 年以上的分别占到 18% 和 12%，工作时间在 16-20 年和 21-25 年的不到 10%。

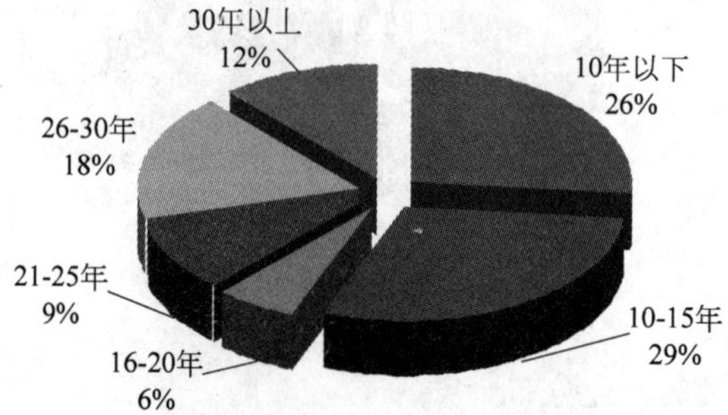

图 3-13　教师的工作年限分布

（6）教师教授学习领域课程年限

按照学习领域课程方案授课时间划分，回答该问题的 32 名教师中讲授时间在 5-10 年的教师最多，为 25 人，占总数的 78%，而不足 5 年和 10 年以上的分别仅有 5 人和 2 人。这主要是因为学习领域课程方案是于 2003 年开始在全德国推行，之前，仅是在部分地区的部分培训职业进行试点试验。

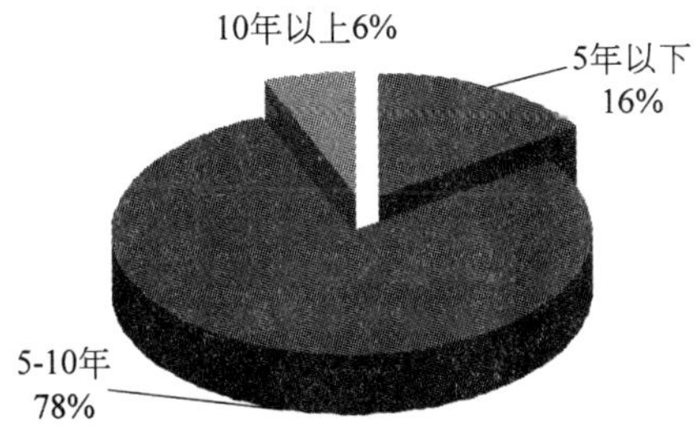

图 3-14　教师按照学习领域课程方案授课的时间分布

（7）教师教授学习领域的数量

在德国大多数培训职业的教学内容由 12-16 个学习领域构成。

本次调查的教师个人所教授的学习领域数量差异较大，从 1 个到 15 个不等，其中讲授 5 个学习领域的教师较多，为 7 人，占总数的 23%，教授学习领域数量为 2 个、12 个、13 个和 14 个的教师分别有 3 人，数量为 6 个、10 个、11 个和 15 个分别有 2 人，数量为 1 个、3 个、4 个、8 个和 9 个的各有 1 人。可见，教师教授的学习领域数量没有较为集中的分布，但总体而言，教授学习领域数量在 10 个以上的教师稍多一些。

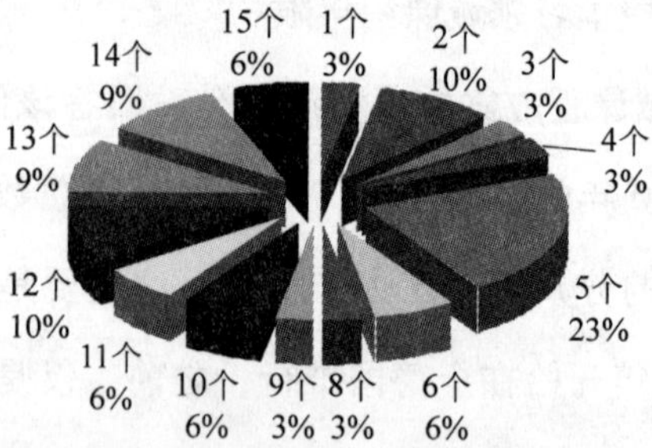

图 3-15　您在几个学习领域里授课？

（三）学习领域课程方案在德国职业学校的实施现状分析[①]

1. 关于教师

学习领域课程中的教师不再主要是知识的传授者，而成为教学的组织者、引导者、咨询者和评价者。虽然教师不是决定课程实施成败的唯一因素，但教师自身的素质能力仍然很大程度上影响着学生的学习效果，这使得教师成为我们关注课程实施现状中最首要了解的对象。学生对于教师的评价，可以为我们进一步认识当前学习领域课程教师的素质能力水平提供参考。

关于教师素质

调查数据表明：近 80% 的学生心目中的教师“具备较好的理论专业知识”，同时，认为教师“具备较好的职业实践能力”和“对待学生很严厉”也分别占到了 60% 左右，认为教师“对企业现状有比较好的了解”和“关心每个学生”也超过 50%；而认为教师能够

① 徐涵．学习领域课程方案在德国的实施现状的调查与分析［J］．现代教育管理，2010（11）：111-114.

“设计的教学过程有趣”和“能很好地调动学生的学习积极性”方面，40%左右的学生观点处于中间水平，表示“基本赞同”和“赞同”的学生分别只有22.5%和31.4%，说明学生心目中的教师在这两方面尚未达到他们心中理想的程度。

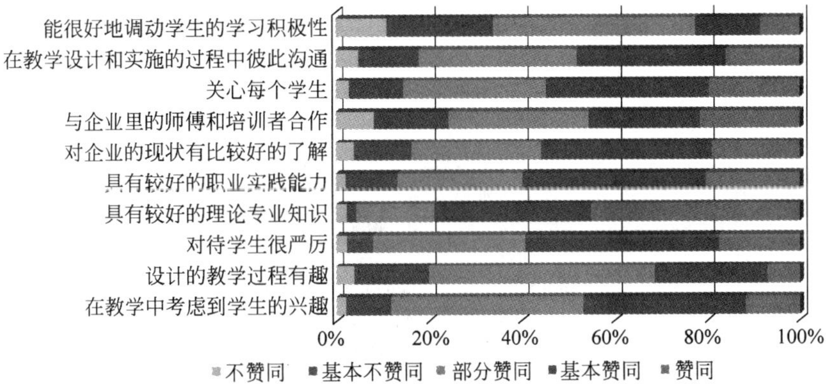

图3-16　学生对于教师的评价分布

结合问题分析表明，学生对于教师的评价在各维度上分布差异较大。学生普遍认为教师的理论专业知识和职业实践能力较好、对于学生的要求较为严厉、关心学生并了解企业现状，虽然部分教师在教学中考虑学生的兴趣，但是在设计教学过程生动有趣和调动学生积极性方面表现不能让学生满意。

关于教师培训

教师对课程和教学的认识和把握能力的提高主要通过相关的课程培训，其培训质量很大程度上影响着教师下一步进行教学的效果与质量。

被问及是否参加过“如何实施学习领域课程方案方面的培训”

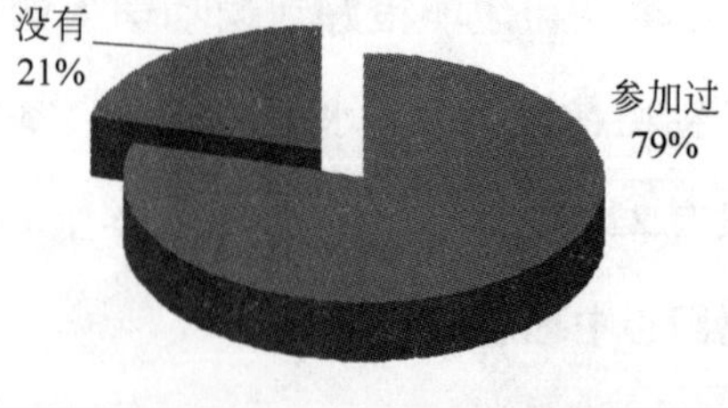

图 3-17　您参加过如何实施学习领域课程方案方面的培训吗?

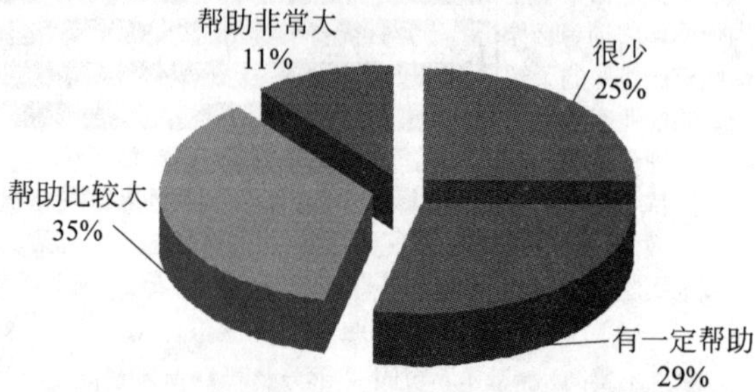

图 3-18　如果参加过，培训对您有帮助吗?

的问题时，34 名教师回答了该问题，其中有 27 人表示“参加过”，占总数的 79. 4%，另外 7 人表示“没有”，占总数的 20. 6%；而对“培训对您是否有帮助”的问题回答，7 人表示“很少”，占总数的 25%，认为“有一定帮助”的为 8 人，占到 29%，分别有 10 人和 3 人表示“帮助比较大”和“帮助非常大”，共计占总数的 46. 4%。

以上数据表明，尽管参加过实施学习领域课程方案培训的教师占大多数，但并未覆盖所有教师，仍有五分之一的教师没有参加过任何关于实施学习领域课程方案方面的培训，这些教师完全靠自身对学习领域课程方案的理解实施教学。就培训效果而言，尽管 46. 4% 的教师表示：培训确实对学习领域课程方案的实施产生了积极促进作用，但仍有四分之一的教师对培训的效果持否定态度。这表明：许多关于学习领域课程的培训项目缺乏实效性和针对性。

2. 学校的教学条件

关于学校的教学条件

学校的教学条件是课程教学顺利进行的物质保证，其质量的高低很大程度上影响着教学效果。学习领域课程对学校教学条件的要求是多方面的，主要包括教学材料、实训室、教室、计算机室和实验室，我们设计了对现有上述教学条件进行评价和对其利用情况的问题，来了解现有的这些教学条件能否满足学习领域课程的教学要求，这是我们十分关注的。

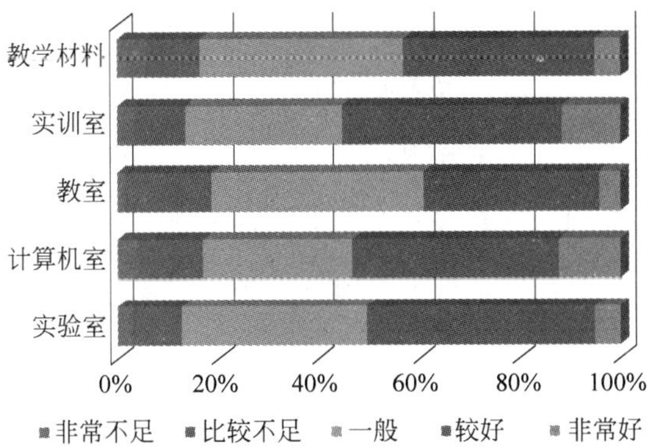

图 3-19　学生对于学校教学条件的评价分布

调查数据显示，学生和教师对学校教学条件的评价基本较高，意见较为一致。其中认为实训室、计算机室和实验室的条件在“较好”水平以上的学生超过 50%，而教师中认为三者处于“较好”水平以上的占到 60%，认为三者水平“一般”的均在 30% 左右；而对于教

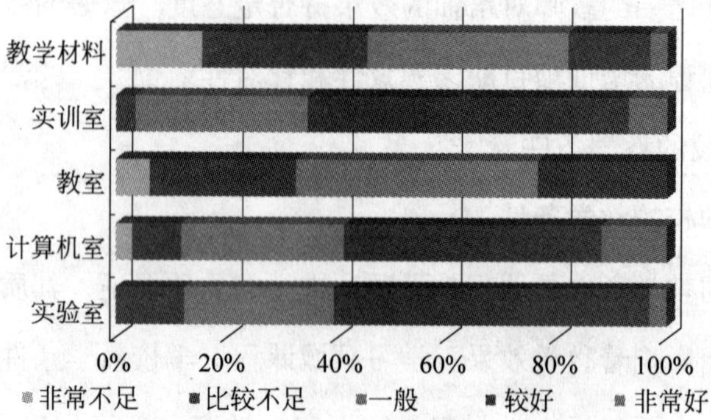

图 3-20　教师对于学校教学条件的评价分布

室和教学材料而言，只有 40% 的学生较为满意，认为其在“较好”水平以上，教师的比例更低，只有 20% 左右，另有 40% 的学生和教师认为二者处于一般水平，分别有 30% 和 40% 的教师认为二者处于“比较不足”和“不足”的状态。

以上数据表明，学生和教师对于实训室、计算机室和实验室的条件还是比较满意的，三者普遍得到了较高评价，而对于教室和教学材料而言，无论是教师还是学生，均对二者满意度很低，尤其是教学材料，表现出其明显不足的状况。这说明德国职业学校在实训室、计算机室和实验室的建设较为到位，得到了学生和教师的认可，但对于教室的建设和完善以及教学材料的供给明显不能满足师生需求，二者应成为学校下一步建设中关注的重点。

关于教学条件的利用变化

以上数据显示，对“计算机室”及“实验室”的利用上，有近 40% 的教师认为是“增加”和“明显增加”，而仅有 10% 的教师认为是“降低”和“明显降低”，另有 50% 的教师认为是“基本一样”；对“实训室”和“教室”的利用上，60%以上的教师都表示是“基本一样”，认为“增加”或“减少”的教师所占的比例均低于30%。

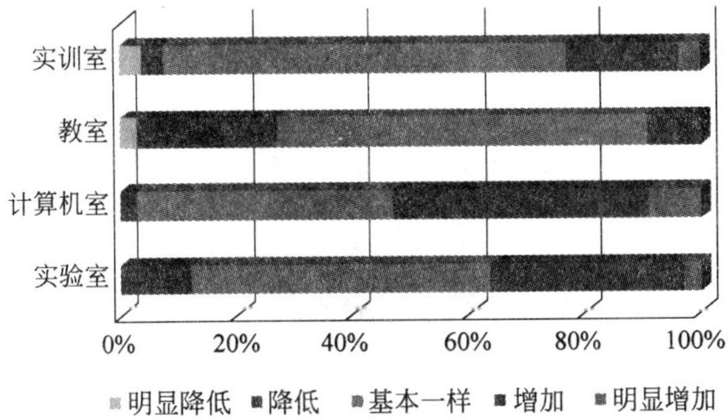

图 3-21　通过学习领域课程的实施，下列教学条件的利用上发生了怎样的改变？

以上分析表明，学习领域课程的实施对计算机室和实验室的利用上明显增加，而对传统的教室和实训室的利用变化不大，可见，实施学习领域课程的职业院校应进一步加大对于计算机室及实验室建设的投入，为取得更好的教学效果提供物质上的保证。

3. 教学准备

学习领域课程方案要求教师能将典型的职业工作任务转化为适合教学、具有教育价值的学习任务，并设计教学过程，以及为学生创设能充分发挥其潜能的学习情境的能力，并应具有跨学科和团队工作能力。可以说，课程准备的时间与难度大大增加，备课与授课形式也将发生重大转变。但对于教师来说，真实的状态又是如何的呢？我们设计了以下问题来试图了解其中的状况。

关于课程准备与教师团队

教师是否需要比以往更多的备课时间，能够反映出教师对于教学准备的精力投入多少，也可以反映出学习领域课程在教师工作量上的变化趋势。

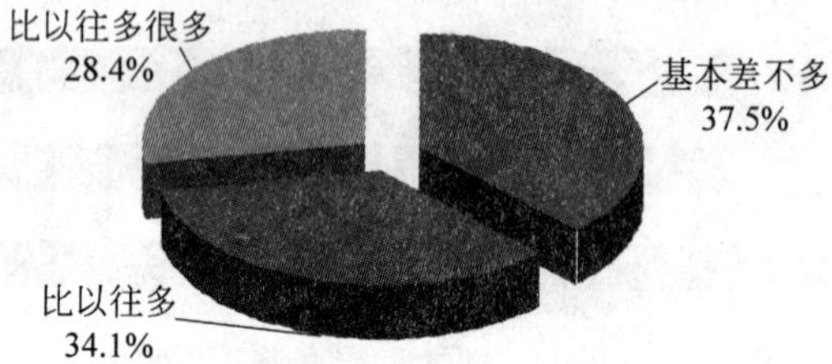

图 3-22 与传统的专业系统化课程比较，在准备学习领域课程时您需要更多的备课时间吗?

关于“与传统的专业系统化的课程比较，在准备学习领域课程时，您需要更多的备课时间吗”这一问题，有 12 名教师表示“基本差不多”，占总数的 37.5%，20 人表示“比以往多”和“比以往多很多”，占总数的 62.5%。这表明学习领域课程的实施需要教师花费更多的时间设计学习情境，开发学习任务或工作任务，同时也需要教师花费更多的时间了解企业的生产实际，因为只有这样，教师设计的学习情境才能反映企业真实的工作世界。

教师是否以教师团队的方式来组织教学和备课，与教师的团队合作意识密切相关，通过教师团队的方式组织教学和备课不仅可以提高教师的工作效率，更可以使教师互相了解相邻学科、相关学科及跨学科的知识与技能，从而优化教学效果。

在教师以团队的方式组织教学方面，14 位教师表示他们“从不”

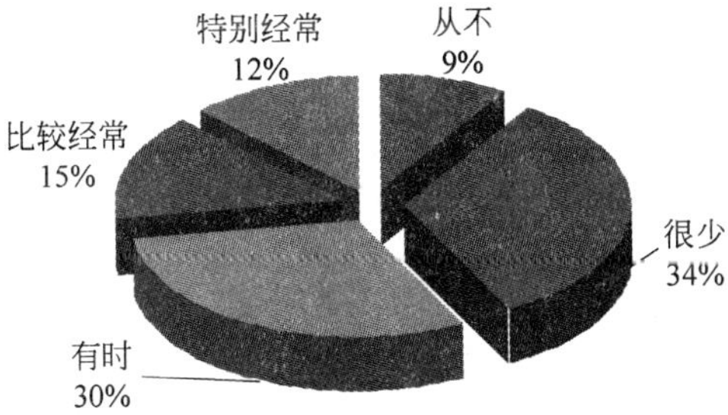

图 3-23　您以教师团队的方式组织教学吗?

或“很少”以教师团队的方式组织教学，占总数的 42.4%，有 30%左右的教师表示“有时”会，而有 9 位教师认为他们是“比较经常”或“特别经常”以教师团队的方式组织教学，占总数的 27.3%。这表明：一方面以教师团队的方式组织教学已经成为实施学习领域课程的教学组织形式之一；另一方面这种行之有效的教学组织形式尚未成为主体的教学组织形式，仍有五分之二的教师从未尝试以团队的方式组织教学。

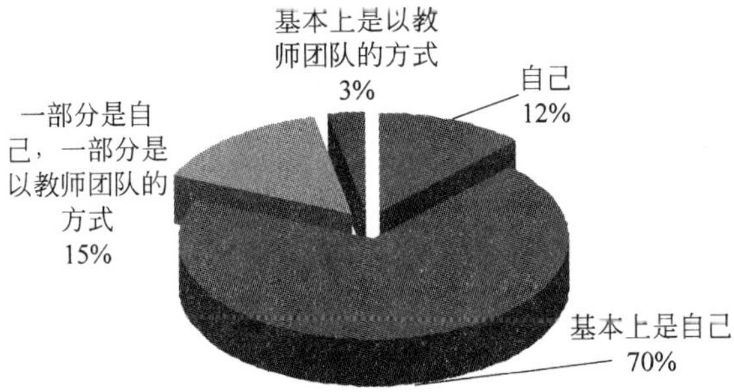

图 3-24　您是自己还是与教师团队一起备课呢?

在被问及“自己还是与教师团队一起备课”的问题是，表示“自己”备课的教师和“基本上是自己”备课的教师共有 27 人，占总数的81.8%，而“基本上是以教师团队的方式”备课的教师仅有1人，占总数的3%。

是否将自己开发的教学项目或学习情境提供给其他同事，可以直接地反映出教师的团队合作意识，以及对教学的热情和奉献精神。

在被问及“自己开发的教学项目或学习情境提供给其他同事吗”的问题时，有21人表示“经常”或“比较经常”，占总数的61.7%，有5%的教师表示“有时”会，仅有1人表示“从不”，占总数的2.9%。

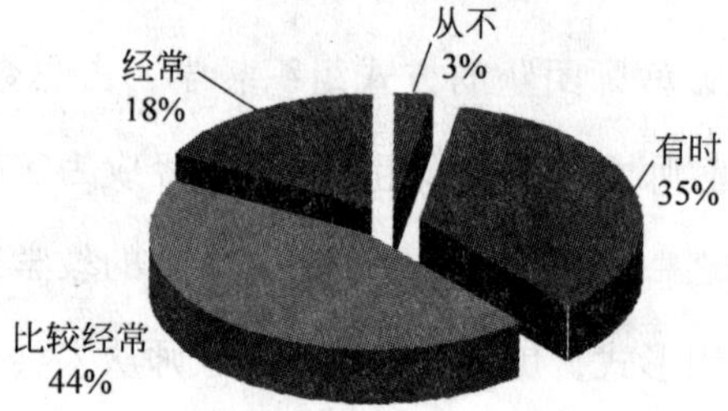

图3-25 您自己开发的教学项目或学习情境提供给其他同事吗？

分析可见，绝大多数的教师都认为与传统的专业系统化的课程相比较，在准备学习领域课程时需要化费更多的备课时间；部分教师偶尔会以教师团队的方式进行教学，大部分教师则更多地采取个体教学方式；被调查的教师多数是靠自己独立完成备课过程的，但对于自己开发的教学项目或学习情境是乐于提供给其他同事的。

关于教学资料库

学习领域课程要求教师能将典型的职业工作任务转化为适合教学、具有教育价值的学习任务或项目，并能够为学生创设能充分发挥其潜能的学习情景，从而使学生在真实的情境下完成任务或项目获得工作过程知识。教学资料库就是教师收集并创设的学习情境或教学项目等资料的集合，是教师设计教学过程中宝贵的资源财富，既可以为教师团队实施教学提供便利，也可以满足学生学习的需要。教学资料库的建立与使用状况可以反映出教师与学生对于学习领域课程情境教学的基本认识。

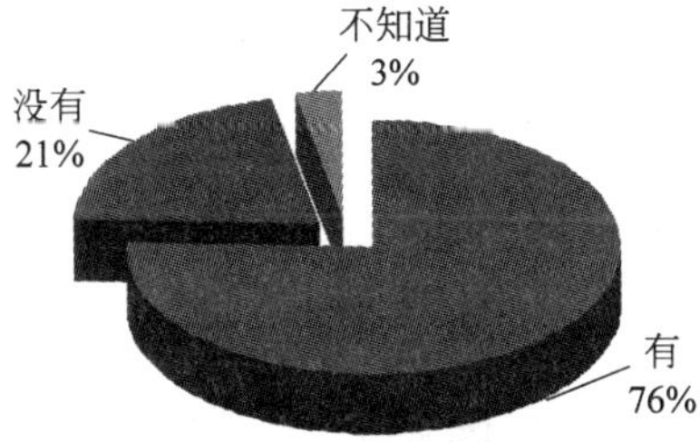

图 3-26 在您的工作部门有关于教学项目或学习情境的资料库吗?

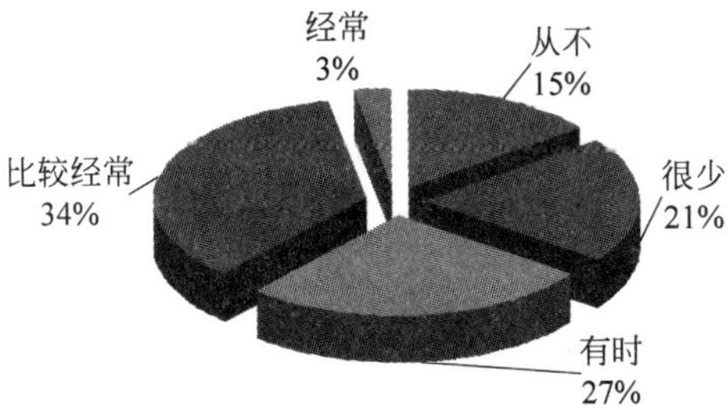

图 3-27 您在备课时利用现有的这些教学项目或学习情境的资料库吗?

关于“在您的工作部门有关于教学项目或学习情境的资料库吗”的问题，有 33 人做出了回答，其中表示“有”的为 25 人，占总数的 75.8%，7 人表示“没有”，占总数的 21.2%，还有 1 人表示“不知道”，占总数的 3.0%。

在被问及“在备课时利用现有的这些教学项目或学习情境的资料库吗”的问题时，表示“从不”或“很少”的共有12人，占总数的35.3%，13人表示“比较经常”或“经常”，占总数的38.2%。

可见，多数工作部门具有教学项目或学习情境的资料库，以供教师参考和借鉴，但是资料库的利用效率并不乐观，只三分之一的教师经常地用到。实际上，资料库的建设和教师团队的合作密切相关，只有教师愿意奉献出自己的备课成果，资料库才能越来越丰富，使教师和学生成为最终的受益者。

4. 教学与学习方法

学习领域课程方案不再强调教师的讲授，而看重学生的主动学习，学生不再是知识的被动接受者，而成为知识的主动建构者。完成任务或项目的过程就是知识建构的过程。这势必引发教师的教学方式和学生学习方式的转变，包括学生如何利用信息源，教学方法的选择和使用。

关于利用的信息源

在完成任务或项目的过程中，很多环节或过程内容教师是不提供给学生的，需要学生自己去查找相关的信息，发现解决问题的策略与方法，势必引发学生利用各种查找的手段搜寻信息。学生利用信息源的途径可以反映出目前学习领域课程方案下的学生学习的信息来源情况。

数据显示，学生对于城市和学校图书馆的利用效率极低，90%以上的学生“从不”或者“很少”去图书馆，“有时”去和“经常”去的学生总计不到总人数10%；60%左右的学生“经常”和“特别

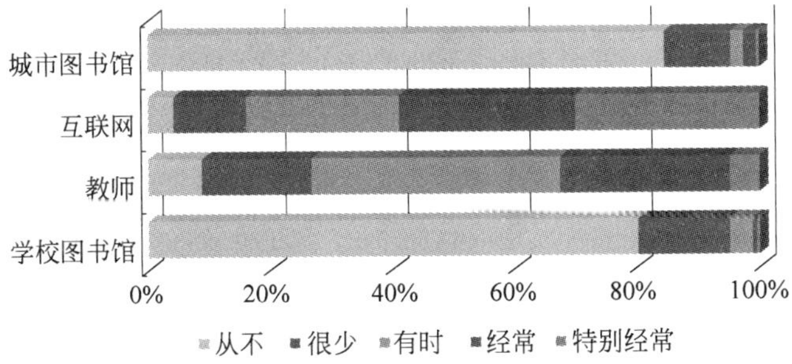

图 3-28　学生利用信息源的分布

经常”使用互联网，25% 的学生“有时”会使用互联网获取信息；40% 的学生“有时”也会去教师那里获取信息，“经常”和“特别经常”通过教师获取信息的学生占总数 40% 左右。

以上分析表明，利用图书馆获取资源的学生越来越少，绝大多数学生获得信息的方式转向了互联网和教师。可见，目前在职业学校中建设图书馆的意义显然不如计算机教室和互联网的建设，职业学校要注意到学生信息源利用方式的转变，应更好地建立设备齐全的网络，为学生提供更加便利的获取信息的平台。

关于教学方法

学习领域课程倡导“行动导向”的教学方法，除了某些知识需要用讲授的方法之外，主要是通过完成教师设计的教学项目或任务来进行学习。各种教学方法的使用频率，可以反映出教师对于教学方法的掌握情况以及对于学习领域课程的理解程度。

调查结果显示，问及“教师在教学过程中采用的各种教学方法的使用频率”问题时，学生被试与教师被试反馈的结果差异较为明

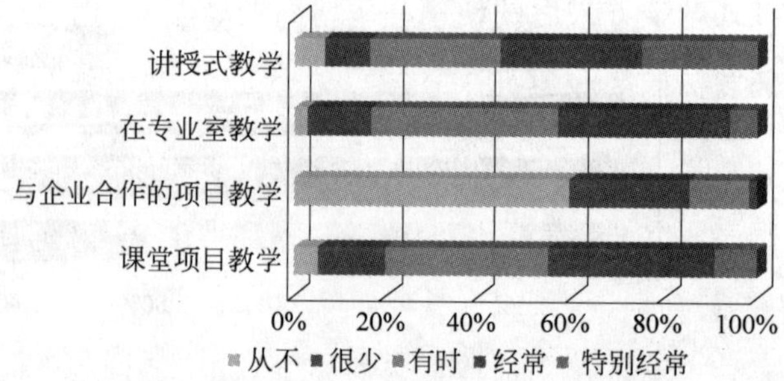

图 3-29　教师在教学中各种教学方法使用频率的分布——学生反馈

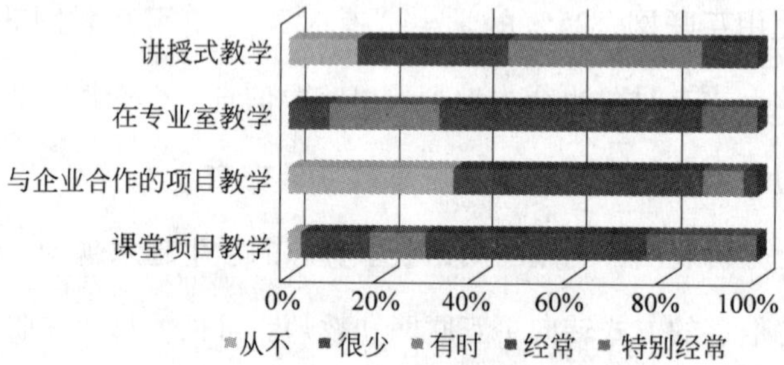

图 3-30　教师在教学中各种教学方法使用频率的分布——教师反馈

显。关于讲授式教学的使用频率，有近 60% 的学生表示是教师“经常”或“特别经常”地运用的方式，认为“有时”的也占到 28%，仅有 6.5% 和 10% 的学生表示“从不”和“很少”使用；而对于教师本身来说，分别有 32% 和 40% 的教师表示“很少”或只是“有时”运用该方式，甚至 10% 的教师表示“从未”使用讲授的方式进行教学，只有 11.8% 的教师会“经常”运用讲授的方式。

课堂项目教学和专业室教学的运用频率在学生和教师中反馈的差异则没有那么明显，在学生眼中，课堂项目教学和专业室教学是排在仅次于讲授式教学方式后的使用频率较高的教学方式，分别有 40%的学生认为其运用的频率处于“经常”或“特别经常”，而另外有 30%-40%的学生认为只是“有时”运用，而对于教师而言，超过 70%的教师表示会“经常”性地运用，而且无论是选择“经常”还是“特别经常”的比例均明显高于学生。

而对于与企业合作的项目教学方式，学生和教师的态度较为一致。分别有 59.4%和 25.7%的学生表示该方式“从不”和“很少”运用，教师选择二者的比例为 35.3%和 52.9%。

上述数据表明，职业学校的教师更多地采用课堂项目和在专业室的方式进行教学，传统的讲授式教学仍占据较大的比重，而采用与企业合作的项目教学方式不够普及。

事实上，项目教学尤其是与企业合作的项目教学是与职业工作联系最为直接的，也最能够帮助学生获得较为真实的工作过程体验，教师最应发挥能动性，设计并实施与企业合作的教学项目。可是，实际的状况却并非如此，与企业合作的项目教学只占有很小的比例，这其中有教师自身教学能力不足的原因，也有现实条件下教学资源不能满足教学要求的因素。

5. 教学内容

学习领域课程以学生获得工作过程知识为主要目的，主要通过完成针对典型的职业工作任务设计的教学项目来实现，这势必要求教师设计的学习任务与真实的工作任务具有一致或相似性，其相似与协调的程度越高，对于学生快速融入企业工作的帮助就越大。所以，教师设计的学习任务能否帮助学生解决企业中的工作任务与问题是考察教师对于职业实践的了解程度以及教学设计能力高低的重要途径和手段。

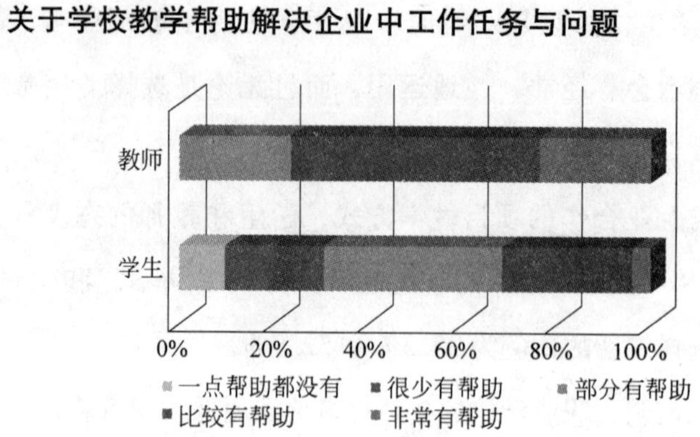

图 3-31　课堂上的学习任务能够帮助学生解决企业中的工作任务与问题吗？

当问及"学校教学对解决企业中的工作任务与问题是否有帮助"时，学生与教师的反应差别迥异。学生中表示"比较有帮助"和"相当有帮助"共有 88 人，占总数的 31%，认为"部分有帮助"和"很少有帮助"的合计占总数的 59%，甚至有 10% 的学生认为"一点都没有帮助"！而教师中分别有 52. 9% 和 23. 5% 的教师表示"比较有帮助"和"非常有帮助"，总计占到 76. 4%，其余 23. 5% 的教师表示"部分有帮助"。

教师的乐观与学生的悲观形成反差，教师认为教学与真实工作任务有较好的结合，可以帮助学生解决企业中的工作任务与问题，但学生持相同观点的比例并不多。这很大程度上是由于教师自身对职业实践不够了解，而设计的学习任务与工作世界相脱离造成的。

关于教学内容与企业中工作任务协调程度

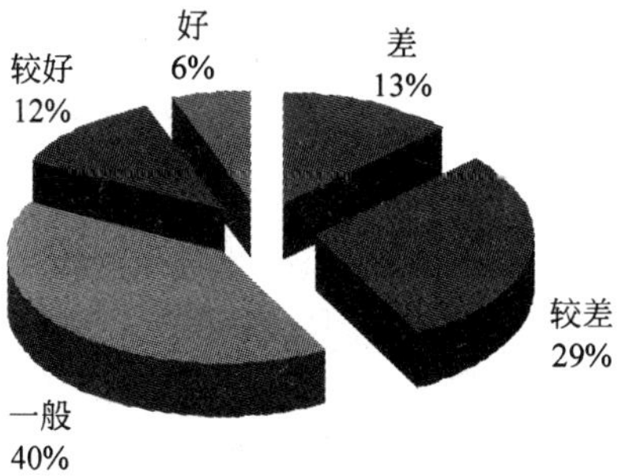

图 3-32 课堂上的教学内容与企业的工作任务的协调程度怎样?

调查数据显示，在被调查的 282 名学生中，分别有 12% 和 6% 的学生认为教学内容与企业中的工作任务的协调程度“较好”和“好”，有 40% 左右的学生认为“一般”，另外分别有 29% 和 13% 的学生表示这种协调性“较差”和“差”。

分析表明，绝大部分的学生对于学校教学不满意，多数学生认为课堂教学内容与企业的工作任务的协调程度不高，消极评价明显多于积极评价。这说明目前学校教学内容与企业实际工作的联系并不十分紧密，存在着二元分割的状况。教师应注重使教学内容和企业工作任务紧密联系，融入更多的工作情境和工作任务，提高学生的积极性和综合职业能力，为学生顺利而快速地融入工作世界提供帮助。

6. 教学效果

学习领域课程注重学生综合职业能力的养成，其课程设计不仅注重知识与技能的传授，其一体化的教学思想更关注职业态度、解决实际问题能力与团队协作能力的形成。但在实践过程中，教师如何看待学习领域课程所取得的教学效果？上述能力是否得到了发展？与传统的专业系统化教学相比是否具有明显优势？这些问题也是本次研究的关注点之一。

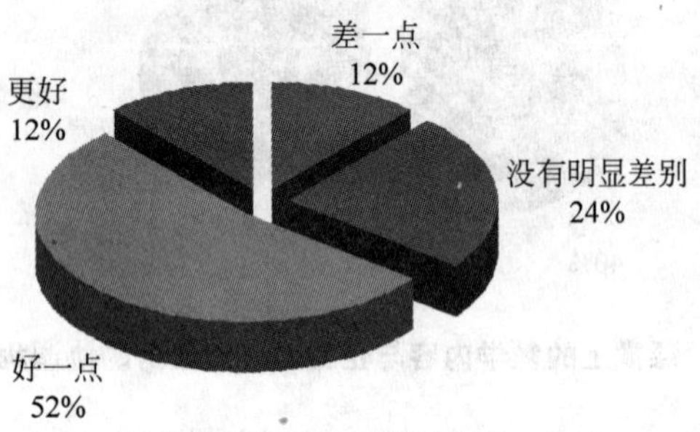

图 3-33　与传统的专业系统化教学相比，您怎样评价学习领域课程的教学效果？

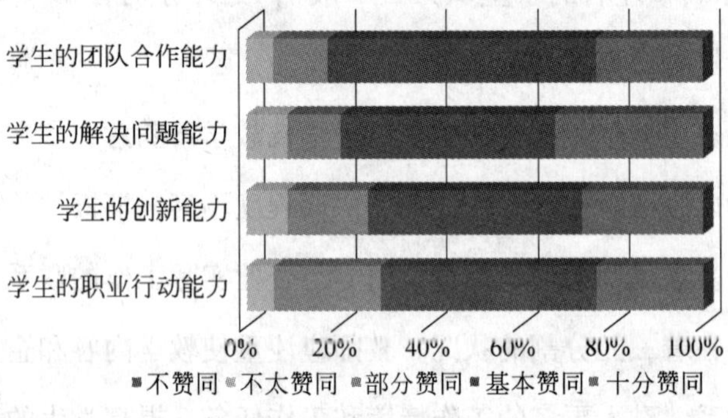

图 3-34　您怎样评价下面的表述？"学习领域课程有助于促进……"

被问及"与传统的专业系统化教学相比，您怎样评价学习领域课程的教学效果"的问题上，有 4 人表示"差一点"，占教师总数的 12%，8 人表示"没有明显差别"，占 24%，64.7% 的教师表示要比过去的传统教学更"好"。

具体说来，学习领域课程对于促进学生的团队合作、解决问题、创新和职业行动能力四个方面，平均分别有80%左右的教师表示“基本赞同”，超过20%的教师表示“十分赞同”，表示“部分赞同”的教师平均也在20%左右，这说明绝大多数的教师对学习领域课程的教学效果都给予了肯定的评价。

可见，绝大多数的教师对学习领域课程的教学效果都给予了肯定评价，在教师眼中，学习领域课程对于提高学生在四个方面的能力起着相当重要的作用，当然，我们也要看到，对于创新和职业行动能力的促进方面，有部分教师还是持“部分赞同”的观点，说明学习领域课程在这两个方面能力的促进上，还有待于进一步加强。

7. 课程实施的阻碍与关键

学习领域课程设计打破学科界限，从工作世界对职业人才的需求实际出发，以典型工作任务和工作流程等为依据编制课程，使课程内容和顺序更贴近工作世界，其理论设想十分完善。但在实际的教与学过程中，教师和学生仍然面临着种种困难和阻碍，这些障碍大大影响着教学过程。对这些问题的归纳与总结，对于进一步完善学习领域课程的教学，构建框架性的教学条件具有十分重要的意义。

在被问及“您在实施学习领域的课程方案中遇到哪些困难”的问题时，超过60%的教师表示面临着“工作压力大”和“学生的学习基础差”的境况，有40%左右的教师表示“学习领域与企业中的工作领域缺乏协调”和“缺乏相应的教师进修与培训”成为他们实施课程方案的阻碍，而对于“教师素质能力不足”、“学校缺少教学设备”以及“教师间缺乏交流”等只有少数教师较常遇到，大部分

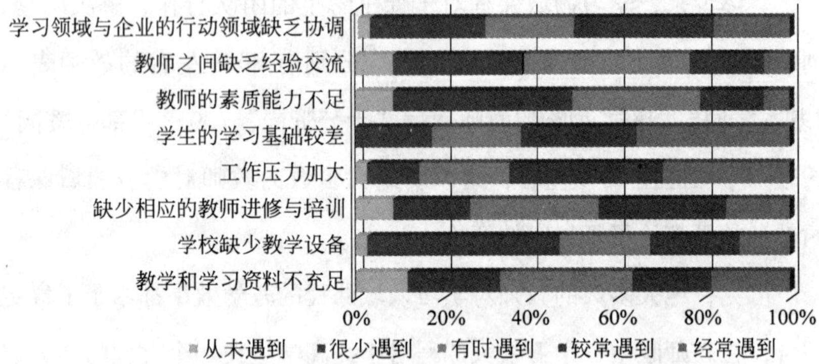

图 3-35　您在实施学习领域的课程方案中遇到哪些困难？

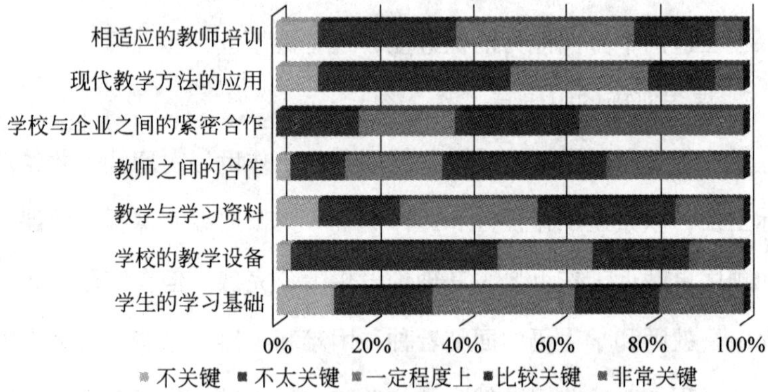

图 3-36　您认为哪些是对于实施学习领域课程方案的关键因素？

教师表示很少遇到这样的问题。

对于实施学习领域课程方案的关键因素的看法上，60% 左右的教师把“教师之间的合作”和“学校与企业之间的合作”列为比较关键和非常关键的因素，近 40% 的教师认为“学校与企业之间的合作”是最为关键的因素！同时，40% 的教师认为“教学与学习资料”和“学生的学习基础”也比较关键。相应的，对于“现代教学方法的应用”、“学校的教学设备”和“相适应的教师培训”等，教师普遍认为其并不是实施学习领域课程方案的关键因素。

以上数据表明，德国职业学校教师普遍感到工作压力大、学生基础差和学习领域与企业中的工作领域缺乏协调，并且普遍认为实施学习领域课程关键在于加强教师之间和学校与企业之间的合作，以及建设更加完善的教学和学习资料。

面对上述问题，需要我们认真总结和思考，重新审视和理解学习领域课程，分析其框架性教学条件的要求，建构相适应的条件平台，为更好地实施学习领域课程提供基础保证。

(四) 学习领域课程方案在德国职业学校的实施效果[①]

1. 学习领域课程方案实施效果的评价标准

学习领域课程方案自 2003 年在德国全面推行以来已经有七、八年的时间了，经过多年的实践，学习领域课程方案的实施效果如何？是否达到了学习领域课程方案的目标——培养学生的综合职业能力？为了研究这一问题，笔者在设计调查问卷时，采用了由德国不莱梅大学职业技术教育的著名学者劳耐尔教授及其团队开发的测量职业能力的 8 项指标，即：功能性、理解与表达、使用价值导向、经济性、工作及经营过程导向、社会可接受性、环境承受性和创新性[②]。通过向教师提问“当您对学生完成的项目进行评价时，下列八项标准起着

① 徐涵．学习领域课程在德国实施效果的实证研究［J］．教育与职业，2011（2）．

② 该 8 项标准是在原来的 GAB（以工作过程和经营过程为导向的职业教育）研究项目的基础上总结提炼出来的。

怎样的作用?”和向学生提问“当你完成学习和工作任务、或实施项目时，下列8项标准起着怎样的作用?”这两个问题来研究教师和学生对衡量职业能力的8项标准的主观态度，从中可以看出教师在教学过程中是否按照这8项标准来设计和组织教学的。

(1) 功能性①

“功能性”是指工具性的专业能力，包括去情境化的、专业系统化的知识以及专业技能。功能性是评价所提出的解决工作任务方案的关键性指标，对解决任务的所有进一步的要求来讲是重要的、具有决定意义的。

(2) 理解与表达②

在计划和准备工作任务阶段，应该能明确地描述和表达预期获得的职业任务的结果；能够与任务委托方（领导或顾客）沟通并清楚地描述解决任务的建议方案。理解与表达是职业工作和职业学习的基本形式。通过语言或文字描述，利用图纸能够条理清晰、结构合理地向任务委托方展示完成工作后的结果，是工作交流中必不可少的能力。

(3) 使用价值③

职业活动、活动程序、工作过程以及工作任务最终总是以顾客为

① Rauner, Felix. u. a.: Messen beruflicher Kompetenzen, Band I, Grundlagen und Konzeption des KOMET-Projektes [M]. LIT, 2009: 91.

② Rauner, Felix. u. a.: Messen beruflicher Kompetenzen, Band I, Grundlagen und Konzeption des KOMET-Projektes [M]. LIT, 2009: 91.

③ Rauner, Felix. u. a.: Messen beruflicher Kompetenzen, Band I, Grundlagen und Konzeption des KOMET-Projektes [M]. LIT, 2009: 92.

导向的，因为顾客的利益代表了工作成果的使用价值。而在高度分工的生产和服务过程中，人们在完成部分工作任务时，常常忽略了使用价值的重要性。这也反映在职业教育中。因此，使用价值导向的标准，是强调从工作联系的角度考虑解决任务方案的使用价值。对于具有较高使用价值的解决方案来讲，除了考虑用户直接使用外，还要从保养和维修的角度考虑它的使用性也是非常重要的。解决方案的长久使用性及其功能的进一步拓展的可能性也是使用价值的核心评价标准。

（4）经济性①

从根本上来讲，完成一项职业工作任务必然要考虑它的经济价值。专业人员在解决工作任务时应从联系的角度考虑其经济性，这是专业人员应具备的能力素质。也就是说在工作活动中不断评估它的经济性，包括不同的成本和影响因素。在设计解决工作任务的方案时，还必须考虑到后续成本。也就是说，要从对社会负责的角度出发，考虑解决职业工作任务的经济性问题。

（5）经营及工作过程导向②

经营及工作过程导向是指工作任务的完成要从经营过程的纵向方面考虑其上游和下游的工作领域以及从经营过程的横向方面考虑过程链条中的上游和下游的工作领域，特别是在自动化生产系统内、网络

---

① Rauner, Felix. u. a.: Messen beruflicher Kompetenzen, Band I, Grundlagen und Konzeption des KOMET-Projektes［M］. LIT, 2009: 92.

② Rauner, Felix. u. a.: Messen beruflicher Kompetenzen, Band I, Grundlagen und Konzeption des KOMET-Projektes［M］. LIT, 2009: 92.

化管理和跨企业的生产过程中，这一指标具有十分特殊的意义。一个以经营过程为导向的解决方案要考虑与上游和下游之间的衔接，还要考虑跨越个人工作领域的部门间的合作。

（6）社会可接受性①

社会可接受性首先是指以人为本的工作设计和工作组织，健康保护以及其他超越工作本身的社会因素（例如：要考虑任务委托者、顾客和社会的不同的利益），同时还要考虑到劳动安全、事故防护以及职业任务的解决给社会环境造成的影响等等。

（7）环境可承受性②

环境可承受性对所有的工作过程都是一个相关联的标准。同时它并不是指一般意义上的环保意识，而是指对职业工作过程及其结果的职业特殊的或专业特殊的要求，而这种要求能够符合环境可承受性的标准。在完成工作任务时要考虑运用环境可承受性的材料。进一步而言，要从节能的策略以及从再循环和再利用的视角考虑解决问题的方案。

（8）创新性③

创新性是解决工作任务时非常重要的一项指标，这源于在解决工

---

① Rauner, Felix. u. a.: Messen beruflicher Kompetenzen, Band I, Grundlagen und Konzeption des KOMET-Projektes［M］. LIT, 2009: 93.

② Rauner, Felix. u. a.: Messen beruflicher Kompetenzen, Band I, Grundlagen und Konzeption des KOMET-Projektes［M］. LIT, 2009: 93.

③ Rauner, Felix. u. a.: Messen beruflicher Kompetenzen, Band I, Grundlagen und Konzeption des KOMET-Projektes［M］. LIT, 2009: 93.

作任务时，情境完全不同的设计（建构）空间。同时，“创造性”的标准是以特殊方式进行职业专业性的解释与实施。在设计手工业领域，创新性是专业能力的核心方面。在其他职业中，“创造性”意味着相对自主性地解决所面临的职业工作任务。

2. 调查的结论

通过对教师和学生对测量职业能力的8项标准的问卷调查，获得如下研究结论：

（1）学生对解决职业工作任务的8项要求标准总体上给出了较高的权重

调查数据显示：学生在完成学习或工作任务时，对体现完整地解决工作任务所要求的8项标准给出的评价的均值[①]处于3.23至4.00之间（见表3-9和图3-37），尽管与最高值“5”（代表非常重要），还有一定的差距，但总体上学生认为这8项标准对于解决职业工作任务而言都比较重要，没有一项标准学生认为是不重要的。这表明：教师在教学的设计和实施的过程中向学生传达了这样的信息：这8项标准对于解决工作任务是比较重要的。这也表明经过十余年的实践，学习领域课程方案所倡导的目标，德国教师在观念上已经基本认同，并在教学中得到一定程度上的体现。

（2）学生对8项标准在解决工作任务时所起作用的主观评价在整个学习期间呈现出如下特征：从第一学年到第三学年呈现逐渐下降趋

① 计算出的数值代表8项标准的重要性程度：“1”代表“不重要”；“2”代表“不太重要”；“3”代表“一般”；“4”代表“重要”；“5”代表“非常重要”。

势，第四培训年学生对所有 8 项标准的重要性评价总体上又都有不同程度的提高（详见表 3-10 和图 3-38）。这种变化的特征可以归因于培训动机的变化。

表 3-9　当你完成学习和工作任务或实施项目时，下列标准起着怎样的作用？（学生问卷）

	被试人数	功能性	理解与表达	使用价值	经济性	工作与经营过程导向	社会可接受性	环境可承受性	创造性
总体平均	282	4. 000	3. 678	3. 840	3. 470	3. 340	3. 759	3. 230	3. 752

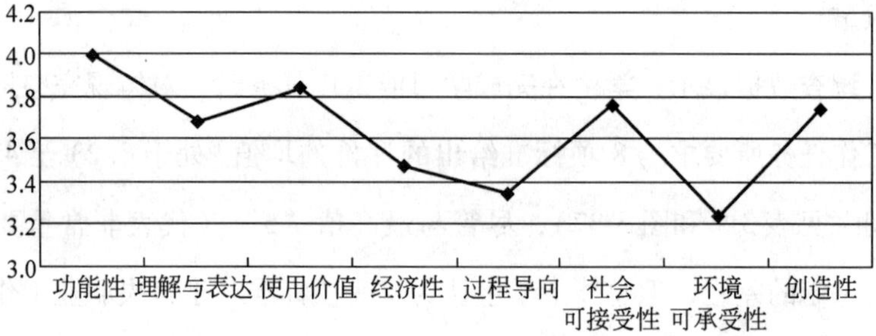

图 3-37　学生在 8 个标准的得分均值分布

表 3-10　当你完成学习和工作任务或实施项目时，下列标准起着怎样的作用？（学生问卷）

年级	被试人数	功能性	理解与表达	使用价值	经济性	工作与经营过程导向	社会可接受性	环境可承受性	创造性
一年级	49	4. 170	4. 007	4. 082	3. 857	3. 520	4. 051	3. 388	3. 959
二年级	99	4. 047	3. 653	3. 879	3. 434	3. 364	3. 707	3. 146	3. 747
三年级	72	3. 907	3. 542	3. 639	3. 201	3. 229	3. 542	3. 146	3. 639
四年级	62	3. 898	3. 618	3. 823	3. 532	3. 290	3. 863	3. 339	3. 726
总体平均	282	4. 000	3. 678	3. 840	3. 470	3. 340	3. 759	3. 230	3. 752

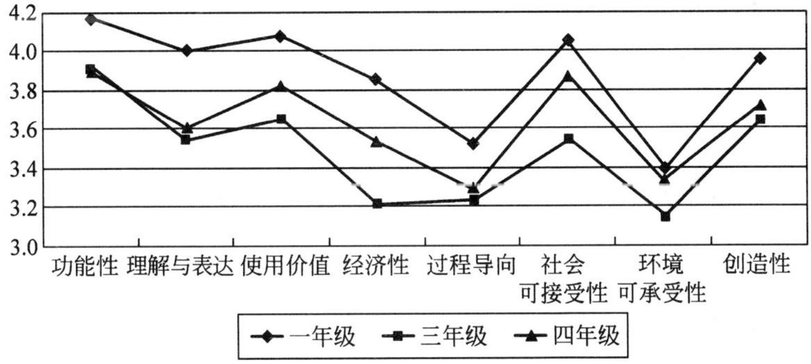

图 3-38　一、三、四年级学生在 8 个标准的得分均值分布

学生在接受职业教育之初，正处于从普通教育向职业教育的转换时期，也处于从学校学习向工作世界转换的初期，对双元制职业教育的学习形式具有较高的期待，因此，对解决工作任务的 8 项标准都赋予了较高的数值。而随着学习的展开，职业学校的实际教学与他们最初对职业教育的学习形式期望产生了落差，使得学生对解决工作任务的 8 项标准的重要性评价逐步回落，三年级时达到最低点，这表明在这一时期的教学过程中，教师在教学的设计与实施方式上对上述 8 项标准如何得以体现，缺乏可操作性的实施方案，学生也就难以体会到在学习解决职业工作任务的过程中这 8 项标准的重要性，这就势必造成学生对该 8 项标准的重要性评价降低。而到第四培训年，学生对所有 8 项标准的重要性评价又都有不同程度的提高，这可以归因于在第四培训年时，一个主要教学任务就是准备参加由行会举行的技术工人考试，该考试的实践部分通常要求学生按照相关要求完成一项职业工作任务，而对学生作品的评价也通常是从上述 8 个维度进行的，所以在这一时期的教学过程，教师对上述

8 个标准的关注程度比以往任何时期都高，并体现在教学过程中，这自然会使得学生对该 8 项标准的重要性的评价都有不同程度的提高。

（3）职业初学者（一年级学生）对 8 项标准中“工作及经营过程导向”和“环境可承受性”的重要性的评价最低（见图 3-42）。

对于“工作和经营过程导向”，可以归因于：职业初学者很难对他未来的职业工作的真实性建构起相应的图像。而对于“环境可承受性”标准可以归因于：职业的初学者，他们对环境保护方面的认识及行为还只是停留在公共生活中对环境问题的讨论而形成的一般意义上的环境保护意识，还没有考虑到他未来的职业工作怎样与环境保护的具体的专业行为联系起来。

（4）如果把此次调查结果与能力测试项目的能力测试结果进行比较就会发现二者的研究结果并不一致。

尽管学生对解决职业工作任务所要求的 8 项标准给出了相对较高的评价，但学生在培训中所获得的能力并没有达到与其主观评价相适应的水平（见图 3-39、图 3-40）。也就是说学生的主观评价与其实际达到的能力水平之间存在着较大的差异。同时，研究结果还表明：无论是在主观评价上，还是在职业能力的实际发展水平上都显示出学生的“功能性的能力”较强，而“过程和设计能力”则非常薄弱。这说明在职业学校的教学中，还缺乏效果显见的促进学生能力发展的教学设计和教学方案。学习领域课程方案所倡导的目标只是非常有限地得到了实现。

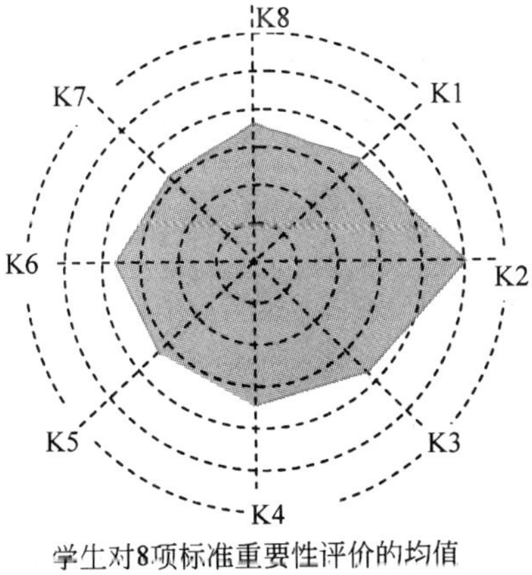

图 3-39　学生对 8 项标准重要性评价的均值

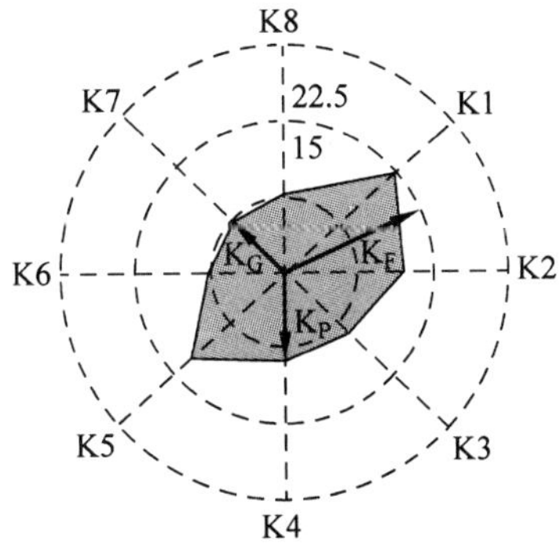

图 3-40　学生职业能力的平均发展水平

K1：理解与表达　　KF：功能性能力
K2：功能性　　KP：过程性能力
K3：使用价值　　KG：设计能力
K4：经济性
K5：经营与工作过程导向
K6：社会可接受性
K7：环境可承受性
K8：创造性

（5）不同培训职业的学生对 8 项标准的重要性的评价不同吗？

调查结果表明：在本次调查中涉及的 9 个培训职业的学生对解决工作任务所要求的 8 项标准的重要性的评价体现出一定的差异（见表 3-11）。为了进一步分析造成差异的原因，我们对数据做了进一步的处理，选取一年级和三年级的不同培训职业的学生进行比较，以排除由于受培训时间长短的不同而造成的差异。

表 3-11　9 个不同培训职业的学生对 8 项标准重要性的评价

培训职业	被试人数	功能性	理解与表达	使用价值	经济性	工作与经营过程导向	社会可接受性	环境可承受性	创造性
工业电子工	31	4.215	3.957	4.194	3.597	3.468	4.065	3.323	3.645
能源与楼宇技术电子工	37	4.207	3.955	4.081	3.865	3.541	3.878	3.446	4.135
机电一体工	32	4.167	3.750	3.906	3.234	3.609	3.906	3.484	4.094
设备机械工	30	3.533	3.378	3.267	3.317	2.900	3.333	3.050	3.400
工业机械工	42	3.889	3.476	3.786	3.167	3.071	3.655	3.000	3.595
金属工	22	4.152	4.000	4.455	4.068	3.614	4.273	3.636	4.182
精密机械工	31	4.086	3.538	3.903	3.581	3.597	3.823	2.984	3.452
加工机械工	38	3.719	3.325	3.421	3.224	3.079	3.408	3.171	3.579
工具机械工	19	4.193	4.053	3.737	3.421	3.368	3.684	3.079	3.842
总体平均	282	4.000	3.678	3.840	3.470	3.340	3.759	3.230	3.752

进一步研究结果表明：不同培训职业的学生在学习初始阶段（一年级）和经过一段时间学习后（三年级学生）对 8 项标准重要性的评价上均存在一定程度的差异（见表 3-12、表 3-13 图 3-41 和图 3-42）。

表 3-12　不同职业的一年级学生对 8 项标准重要性的评价

	被试人数	功能性	理解与表达	使用价值	经济性	工作与经营过程导向	社会可接受性	环境可承受性	创造性
金属工	22	4.152	4.000	4.261	4.068	3.614	4.273	3.636	4.182
工具机械工	19	4.193	4.053	3.632	3.421	3.368	3.684	3.079	3.842

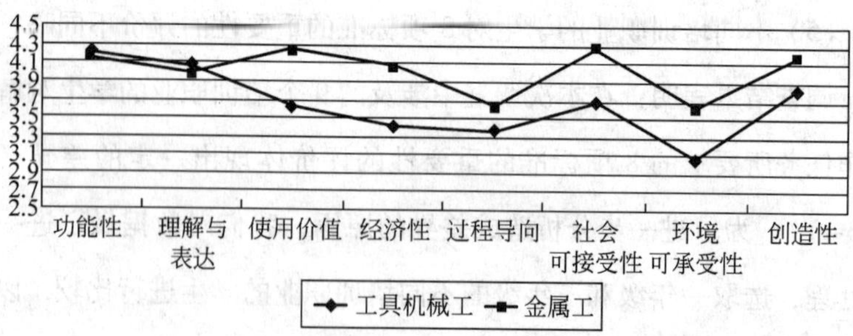

图 3-41　不同职业的一年级学生对 8 项标准的评价

表 3-13　不同职业的三年级学生对 8 项标准重要性的评价

	被试人数	功能性	理解与表达	使用价值	经济性	工作与经营过程导向	社会可接受性	环境可承受性	创造性
工业电子工	28	4.238	3.952	4.018	3.500	3.393	3.857	3.143	3.643
机电一体工	17	4.059	3.667	3.603	3.000	3.500	3.618	3.206	3.824
加工机械工	37	3.703	3.315	3.203	3.203	3.041	3.378	3.149	3.568

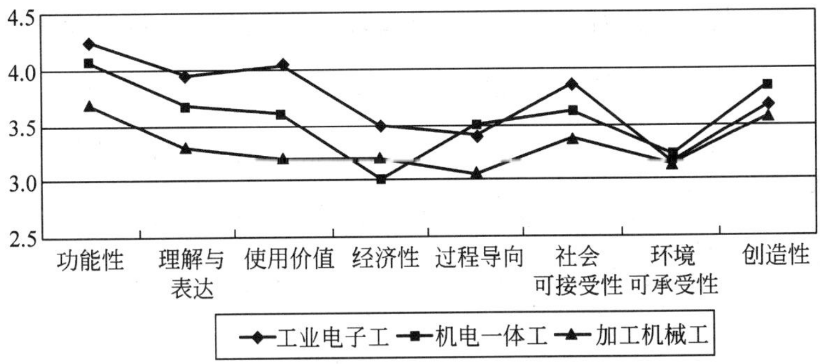

图 3-42　不同职业的三年级学生对 8 项标准重要性评价

造成这种差异的因素有：一是职业自身的差异：职业发展前景与职业吸引力；二是学生的职业愿望与职业选择；三是不同的教育实践。如教师的教学水平、企业里的学习情境等。

本次调查的结果尚不能确认是由于上述哪些具体因素造成不同培训职业的学生对 8 项标准重要性的评价上的差异。

(6) 总体而言，教师对解决职业工作任务所要求的大多数标准（除了经济性与实用性）的重要性的评价明显地高于学生。

特别是在"工作与经营过程导向"、"环境可承受性"以及"理解与表达"三项标准上体现得尤为明显。在这三个标准上，教师的评价比学生高出 0.4-0.6 分值。教师对"工作与经营过程导向"这一标准的评价明显地高于学生，可以归因为："工作与经营过程导向"是学习领域课程方案的主要特征，在德国，尽管大家对学习领域课程方案的理解并不完全一致，但都把工作与经营过程导向作为学习领域课程方案的重要特征来看待。经过十余年的推行，教师对这一标准已有一定程度的理解和把握。关于"环境可承受性"这一标准，可以归因于：由于教师对专业了解，熟悉职业实践，因此更能理解"环境可承受性"的内涵，也能将环保要求与具体职业工作联系起来。对于"理解与表达"这一标准，一直是教师在教学中比较注重的，对所学知识是否理解以及能否很好地表达出来一直被教师视为学生是否掌握了所学知识的验证标准。因此，对上述三项标准的评价，教师明显地高于学生。

而在"使用价值"和"经济性"两项标准上，教师与学生给出的分值基本一致，而且教师与学生对这两项标准重要性的评价给出的分值与其他标准相比较明显偏低。这说明"使用价值"和"经济性"这两项标准在教师的教学中还没有得到充分的重视。

表 3-14　教师与学生对 8 项标准重要性评价的均值比较

	被试人数	功能性	理解与表达	使用价值	经济性	工作与经营过程导向	社会可接受性	环境可承受性	创造性
教师均值	33	4.1414	4.1009	3.7197	3.4242	3.9697	3.9091	3.6364	3.9697
学生均值	282	4.000	3.678	3.840	3.470	3.340	3.759	3.230	3.752
二者之差		0.1414	0.4229	-0.1203	-0.0458	0.6297	0.1501	0.4064	0.2177

（7）进一步研究表明：引人注目的是教师对"功能性"标准的重要性的评价趋于一致，而在其他 7 个标准的重要性的评价上存在较

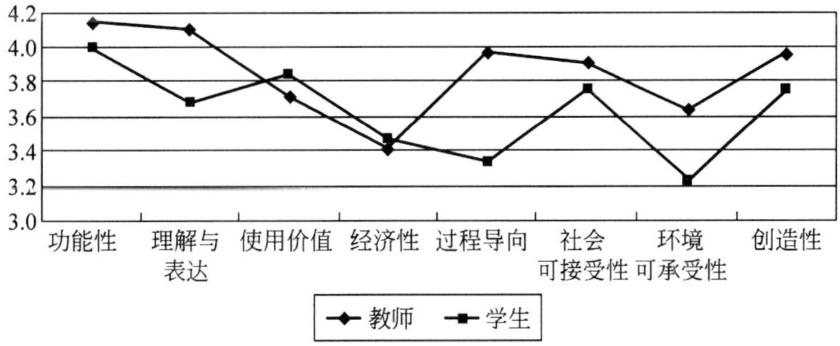

图 3-43　教师与学生对 8 项标准重要性的评价

大差异（见表 3-15）。

表 3-15　教师对 8 项标准重要性评价的中值和标准差

	功能性	理解与表达	使用价值	经济性	工作于经营过程导向	社会可接受性	环境可承受性	创造性
均值	4. 1414	4. 1009	3. 7197	3. 4242	3. 9697	3. 9091	3. 6364	3. 9697
中位数	4. 3330	4. 3330	4. 0000	4. 0000	4. 0000	4. 0000	3. 5000	4. 0000
标准差	0. 43325	0. 62625	0. 71468	0. 98521	0. 51447	0. 80482	0. 89506	0. 84723

表 3 15 显示：教师不仅对“功能性”标准的评价给出的均值（4. 1414）最高，而且反映其差异程度的标准差（0. 43325）在所有标准评价中最低，这表明，教师群体对“功能性”标准的重要性的认同度不仅较高而且也比较统一。这可以归因于：在所有的职业领域里，“功能性”这一标准在解决工作任务时是最根本、最重要的，同时也表明职业学校的教学一直以来都非常重视这一标准，并按照这一标准进行教学设计与实施。

教师在其他标准的评价上则显示出教师群体之间存在着较大的差异，特别是在“经济性”、“环境可承受性”和“创造性”三项标准上体现得非常明显，教师对这三项标准重要性评价的标准差分别达到0.98521，0.89506和0.84723。这表明教师对这些标准在解决工作任务时的重要性的认同程度存在着较大的个体差异，而这种差异也会通过教师个体反映到教学设计和教学实践中。

（五）从职业能力测试结果看学习领域课程方案在德国的实施效果①

学习领域课程方案是20世纪90年代中期以来，开始在德国职业学校推行的职业教育课程改革方案，该方案面世以来，不仅对欧洲职业教育的课程改革产生了深刻的影响，而且新世纪以来我国职业教育的课程改革也深深地打上了学习领域课程的烙印。在德国学习领域课程改革至今已经十多年了，其效果如何，是否达到了人们的预期目标，一项由职业教育的著名学者德国不莱梅大学的劳耐尔教授主持的研究项目——能力测试的研究结果表明：学习领域课程方案所倡导的培养目标——使学生具有建构或参与建构工作世界的能力——并未得以完全实现。

1. 德国职业学校的教师并未完全领会学习领域课程方案所蕴涵的新的职业教育的指导思想。

尽管学习领域课程方案在德国已经推行十余年，但近期的一项能力测评项目②的研究结果表明：在职业教育的教学实践中教师对学习

---

① 徐涵．学习领域课程方案在德国的实施效果-基于最新职业能力测试结果的分析［J］．中国职业技术教育，2010（6）：24-28.

② Felix Rauner u. a.：Messen beruflicher Kompetenzen，Band II，Ergebnisse KOMET 2008［M］．LIT，2009.

领域课程方案的理解和把握是有限的。

由德国不莱梅大学职业技术教育的著名学者劳耐尔教授主持的能力测评项目把职业能力细化为 8 个标准，即：理解与表达、功能性、使用价值、经济性、经营及工作过程导向、社会可接受性、环境可承受性和创新性。由于教师对职业能力的理解不同，他们在教学实践中对学生的能力培养的侧重点也不同，也就是说不同的职业能力观决定着教师的教学行为，从而也影响着学生职业能力的发展。学习领域课程方案是以培养学生建构或参与建构工作世界的能力为目标的，为了了解教师对职业能力的理解，该项目对教师就职业能力的 8 项标准在职业能力中所占的地位及比重的主观评价进行了研究，结果表明：从教师对 8 项能力标准的主观评价可以看出，尽管学习领域课程方案在德国已经实施十余年，但教师对学习领域课程方案的理解是有限的，具体表现在：

（1）教师特别强调“功能性解决方案”的意义，这说明：在职业学校教育中专业理论的教学是以传授专业的工具性技能为导向的。

在 8 项能力标准中，教师对“功能性”的评价给出了 27.5% 的比重，比居于第二位的使用价值导向高出 11.2 个百分点，0.35 的差异系数在所有的 8 项标准中最低，这也说明教师对“功能性”在职业能力中所占的比重的评价趋于一致。而功能性是传统职业教育中教师最关注的一点，这一点在新课程方案实施以后并没有发生根本性的改变。

（2）代表学习领域课程方案的四项能力标准：经营及工作过程导

向、社会可接受性、环境可承受性以及创新性在教师对能力标准的主观评价中占据了一定的位置，但距学习领域课程方案所倡导的能力观还有较大的差距。德国教师对上述四项标准所给出的权重分别是10.2%、7.1%、8.0%、6.4%，四项之合也仅占到31.7%的权重。这表明，虽然教师已经意识到这四项标准对职业能力的意义，但对他们的重要性认识仍然不足。

关于经营及工作过程导向

在德国，尽管大家对学习领域方案的理解并不一致，但都把经营及工作过程导向作为学习领域方案的重要特征来看待。在州文化教育部长联席会议“关于按照学习领域方案开发框架教学计划的指导手册”中，一个明确的视角转换是课程的开发由学科体系转向工作导向，而这一转换是以经营及工作过程导向这一核心概念为特征的。德国教师对这一标准给出10.2%的权重，明显地对这一标准给予了过低的评价；而0.41的差异系数也表明，教师对这一标准的主观评价也存在着较大的差异性。这说明教师还没有完全理解经营及工作过程导向的教学意义。

关于社会可接受性

德国教师在这一标准上给出了7.1%的相对较低的权重，这表明，这一标准对于分析和描述技术及工作世界的意义还仅处于政策层面上的讨论，在职业教育领域还没有找到进入教师的教学行为的切入点。同时相对较高的差异系数0.49也表明：教师对这一标准的教学意义在主观设想上彼此相差较远。

关于环境可承受性

面对众多的要解决的环境问题，生态主题在所有学校的教学中已成为一个高度关注的议题。这就对职业教育提出了这样的挑战，如何把一般的环境意识应用于特定领域的环境保护。在德国虽然环保法规和标准在工作场所随处可见，德国教师对这一标准却只给出了8.0%的比重，而0.43的差异系数也表明，教师对该标准的评价不够一致。

关于创新性

学习领域课程方案所倡导的培养目标最核心的体现是能够创造性地解决职业工作任务。创新性不仅是在创新研究中，而且在工作场所和职业教育中也是作为一项特别重要的教育目标，布哈特（M. Brater）曾指出：在职业教育中，恰恰必须要求设计性的创新行为（Brater 1984）。但在职业教育的实践中这一标准常被忽视，德国教师对这一

表3-16　德国职业学校教师对8项能力标准的评价

您怎样确定8个能力标准的重要性？（请给出百分比）	中值	差异系数
理解与表达能力	13，1	0，43
功能性	27，5	0，35
使用价值	16，3	0，37
经济性	11，5	0，42
经营及工作过程导向	10，2	0，41
社会可接受性	7，1	0，49
环境可承受性	8，0	0，43
创新性	6，4	0，75

标准的评价只给出了6.4%的权重，在所有的8项指标中排在了最后，而且0.75的差异系数也表明教师对这一标准的评价存在着高度的不一致。这也同样说明，尽管学习领域课程方案在德国推行了十余年，但对创新性——学习领域课程方案所倡导的重要能力之一并没有得到德国教师的普遍认同。

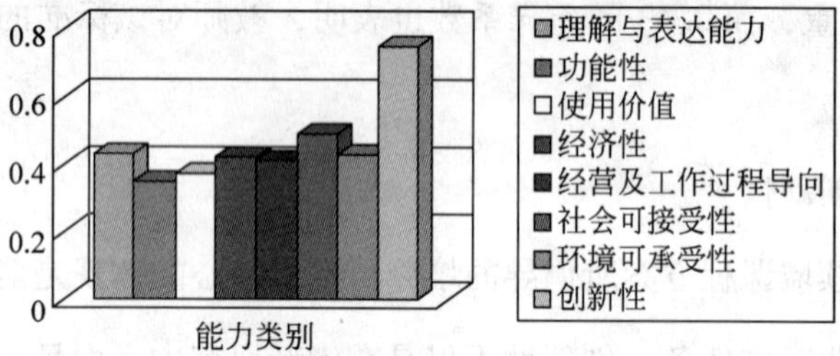

图3-44　德国职业学校教师对8项能力标准评价的差异系数分布图

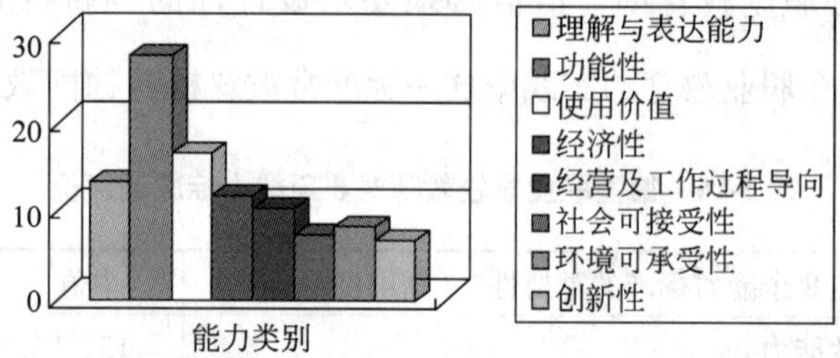

图3-45　德国职业学校教师对8项能力标准评价的中值分布图

2. 学生的能力水平表明：学习领域课程方案的培养目标并没有得以实现。

参照普通教育PISA项目对学生能力水平的划分，能力测试项目将学生的职业能力水平划分为四个水准，详见表3-17。

表 3-17　职业教育能力的四个级别①

能力水平	标准内涵
表面的能力	表层的不能引导行为的概念性知识；职业概念的意义停留在语言范围的意义层面上。
功能性的能力	能够阐明专业的工具性能力的基本专业知识；“专业性”意味着去情境化的专业性知识及其相适应的能力（知道是什么，know what）。
过程性的能力	职业工作任务是通过企业的工作过程和工作情境来表述并被完成的。工作过程知识阐释职业的行动能力（知道怎样，know how）。
整体的设计能力	职业的工作任务被整体性地完成，并且考虑到并以聪明的方式协调各方面对工作的要求。

职业能力测试项目对德国的黑森和不莱梅的手工行业和工业领域的电子培训职业的学生进行了能力水平测试，测试结果参见表 3-18 和表 3-19。

研究结果表明：近一半学生的职业能力没有得到发展；另 50% 左右的学生分别达到三个职业能力水平中的测试结果表明：学习领域课程所倡导的培养目标与指导原则并未得以实现。学习能源与楼宇技术电子工（手工业）的学生中有一半左右（黑森 47%；不莱梅 50%）的能力水平处于表面的能力，只有 7% 的学生达到了过程性能力，而达到设计能力水平的学生的比例非常小（黑森 1%，不莱梅 2%）（参见表 3-18 和图 3-46）。工业电子工学生的能力测试结果略

① 根据 KOMET 项目整理，In：F. Rauner u. a.：Messen beruflicher Kompetenzen，Band II Ergebnisse KOMET 2008［M］. LIT，2009：109.

好一些（参见表3-19和图3-47），有五分之一左右的学生（黑森20%；不莱梅17%）达到了过程性的能力水平，但是达到最高能力水平（设计能力）的学生的比例仍然很低（黑森3%，不莱梅1%）。这就意味着：1996年由德国各州文化部长联席会议提出的职业教育的基本视角的改变——培养学生参与设计工作世界及社会的能力的指导原则——在该培训职业的教育中没有得到明显地体现。

表3-18　能源与楼宇技术电子工的职业学校学生能力水平分配表①

能力水平	所占比例	
	黑森	不莱梅
表面的能力	47	50
功能性的能力	46	42
过程性的能力	7	7
整体的设计能力	1	2

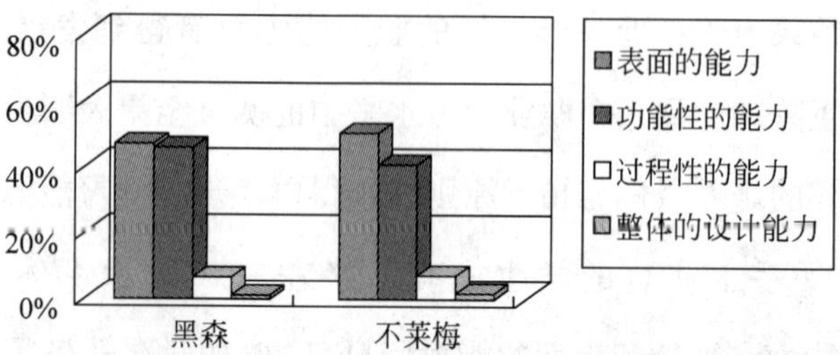

图3-46　能源与楼宇技术电子工职业学校学生能力水平分配图

① 根据KOMET项目调查数据整理，In：Felix Rauner u. a.：Messen beruflicher Kompetenzen，Band II，Ergebnisse KOMET 2008［M］. LIT，2009：114.

表 3.19　工业电子工的职业学校学生能力水平分配表①

能力水平	所占比例	
	黑森	不莱梅
表面的能力	15	33
功能性的能力	62	49
过程性的能力	20	17
整体的设计能力	3	1

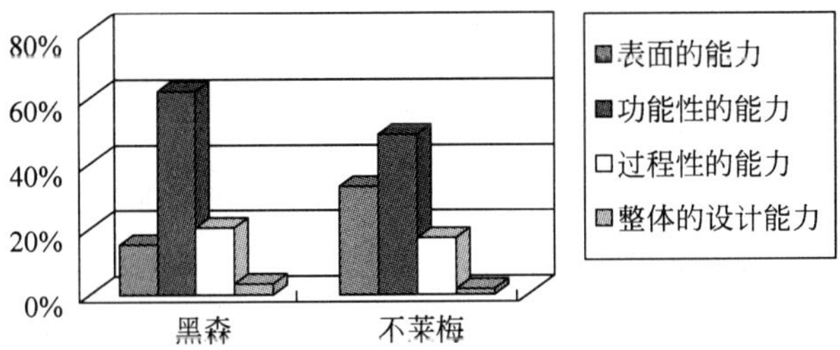

图 3-47　工业电子工的职业学校学生能力水平分配图

在能源与楼宇技术电子工（手工业）中有 46%（黑森）和 42%（不莱梅）的学生、工业电子工中有 62%（黑森）和 49%（不莱梅）的学生的能力水平达到了功能性的能力。这一测试结果表明：专业性的知识以及作为职业知识的基本形式的功能性能力相对较好地得到了传授与培养，就这一点而言，职业学校完成了它的传统职责。但对学习领域课程方案所倡导的指导思想与目标，能力测试结果显示几乎没有达到。也就是说到目前为止，所应用的学习领域课程方案的实施策

① 根据 KOMET 项目调查数据整理，In：Felix Rauner u. a.：Messen beruflicher Kompetenzen，Band II，Ergebnisse KOMET 2008［M］. LIT，2009：115.

略对于职业能力的培养而言是非常明显地不足。从这个角度来讲，能力测试分析工具可以作为教学设计与评估的有效工具。

学习地点企业是以在工作过程中学习为显著特征的。以反思性的工作经验为基础的职业学习（不仅仅是指专业上的学习）是传授职业工作的概念或职业学习的概念的基础。这首先反映在以过程和设计为导向的能力中。只有很少一部分学生达到过程性能力和设计能力水平，这种情况说明：目前的企业培训对促进学生在职业中的成长是非常有限的。学习领域课程的实施以及促进学生达到更高的能力水平只有通过学校学习与企业学习更好地相互衔接才可能实现。

3. 能力测试结果表明：第二学年与第三学年学生的能力发展水平没有发生明显的变化，这表明目前应用的学习领域课程方案在实施过程中存在问题。

表 3-20　黑森电子工业工的第二、第三学年学生能力水平对比①

能 力 水 平	第二学年	第三学年
表面的能力	13%	17%
功能性的能力	62%	61%
过程性能力	21%	19%
整体的设计能力	4%	3%

能力测试结果表明：第三学年学生的能力水平没有得到进一步的促进与发展，这种现象的发生首先意味着，对培训规章中规定的第二

① 根据 KOMET 项目调查数据整理，In：Felix Rauner u. a.：Messen beruflicher Kompetenzen，Band II，Ergebnisse KOMET 2008［M］. LIT，2009：120.

和第三培训年的职业行动领域和学习领域缺乏反思性的工作经验。只有当工作过程中的学习变成了常规性的工作任务的训练时，才会产生这样的结果。

4. 讨论与分析

德国各州文教部长联席会议早在1996年就提出在职业学校进行学习领域的课程改革至今已经10多年了，我们可以假设学习领域课程的实施在职业学校应该成为日常性的工作，而实际上无论是职业学校的实际状况，还是相关的科学文献均表明：许多问题是不清楚的，建立学习领域课程方案的科学标准并没有解决。教学计划委员会的工作几乎很少以科学的标准原则为基础。如果对不同州的某种培训职业的框架教学计划进行比较，就会发现各地之间存在很大的差异。目前的学习领域是从有限的经验知识或从已有的知识基础中衍生而来的。[①] 早在1999年德国学者 Ingrid Lisop 在分析黑森州的培训职业“批发与外贸商”的“人事管理”学习领域时就明确提出了学习领域设计上存在的本质缺陷：在设计教学计划中缺乏足够的能力，缺少教育理论与专业科学知识。造成这种状况的主要原因：一方面是学习领域课程方案本身在设计上存在缺陷，1996年德国各州文教部长联席会议在《编制与培训规章相协调的职业学校框架教学计划指南》中提出的学习领域课程方案缺乏整体构架和相应的理论支撑。学习领域

① Richard Huising/Ulrike Buchmann, Zur empirischen Begruedbarkeit von Lernfeldern und zur gesellschaftlichen Vermittlungsfunktion von Lehrplaenen ［J］. in: ZBW, Beiheft 19, Qualifikationsforschung und Curriculumentwicklung: 29-38.

课程方案打破了原有的学科体系，提出了按照“事物的逻辑”(sachlogisch) 建构专业知识，但是对于什么是“事物的逻辑”，按照什么样的“事物的逻辑”对教学内容进行重新建构等理论问题并没有阐释清楚，由于人们对“事物的逻辑”本身的理解不同，所以不同培训职业的教学计划委员会在开发框架教学计划时遵循的“事物的逻辑”是不同的。这就造成在实践中尽管人们都在实施学习领域课程方案，但人们对它的理解以及把握的程度是有很大差异的。职业教育在打破学科体系的同时，必须建立起新的适应职业教育的逻辑体系，否则课程改革不可能成功，正是这种新的逻辑体系一直没有建立起来，所以职业教育的课程改革难有成就。那么什么是对所有职业都适用的“事物的逻辑”呢？德国职业教育著名学者劳耐尔教授及其研究团队在系列研究项目的基础上明确提出“典型的职业工作任务”是职业的“事物的逻辑”，也就是说用典型的职业工作任务重组教学内容，而典型工作任务的序列化应遵循从初学者到专家的职业成长规律，这一理论可以成为学习领域课程方案的理论基础，而且在德国的典型实验 GAB（以经营和工作过程导向的职业教育）项目中得到了应用并取得了效果，令人遗憾的是目前在全德推行的学习领域课程方案并未建立在该理论基础之上。

另一方面，在学习领域课程方案的推进过程中，如何根据其所倡导的理念和原则进行具体的教学设计，缺乏具体的可行的标准，从而使得学习领域课程方案的实施效果与人们的预期产生较大的差距。而职业能力测试项目所开发的测试标准及工具可以为教师进行教学设计与教学评价提供可参照的标准，提高学习领域课程方案的实施效果。

目前，我国在职业教育课程改革领域，无论是在中等职业教育还是高等职业教育都在积极探索及尝试学习领域课程，由于学习领域在德国就存在着不同的理解，被中国学者介绍到中国后，人们对它的理解与把握也自然不同，同样也造成实践中的五花八门。这里需要指出的是在前期实践的基础上，需要中国的理论工作者和实践工作者共同进行反思，在借鉴德国经验的基础上建构符合中国国情的工学结合的理论与实践一体化的课程模式。

第四章　学习领域课程方案在中国的实践

一、学习领域课程在中国的发展沿革

现代企业运行和社会管理进入了以过程为导向的综合化运作时代，这对技能型人才的素质提出了新的要求。技能型人才要想具备“持久被雇用”的能力，不仅要有岗位能力，而且应当具备综合职业能力。当人们逐渐意识到“理论为实践服务的课程”在培养劳动者综合能力中的缺陷时，探索和引进“理论实践一体化”课程及其开发方法成为课程改革的重要任务。

事实上，随着职业教育事业的进一步发展，人们对处理职业教育课程中理论与实践关系的方式方法也有了更进一步的认识。在工学结合的现代职业教育中，有效学习是指学生在真实工作情境中对技术（或服务）工作的任务、过程和环境所进行的整体化感悟和反思，从而实现知识与技能、过程与方法、情感态度与价值观学习的统一。要想顺利实现这一过程，必须进行整体化的课程设计，其核心是找到学习内容的一个合适载体，让学生不但借此学习专业知识和技能，而且能够通过经历工作过程获得职业意识和方法、通过合作学习学会交流与沟通并最终形成综合职业能力。因此仅仅停留在“理论为实践服务”的层次是不够的，理论与实践只有通过特定的载体有机融合到一起（即发生理论与实践的“化学反应”），通过手脑并用的“做中学”（learning by doing）以及行动导向的理论实践一体化的学习，才有可能促进学生综合职业能力的发展，因此必须在更高一个层面上来探索理论实践一体化课程体系的建构。①

在职业教育课程中，理论与实践的关系始终是一个核心问题。职业教育课程改革和探索的实践，也是正确和有效处理理论与实践关系的实践。纵观新中国成立以来的职业教育课程发展，我们可以将其划分为“理论与实践并行”、“理论为实践服务”和“理论实践一体化”三种类型。② 传统的三段式课程即包括文化（公共）基础课、专业基础课和专业课的课程模式即属于“理论与实践并行”课程模式；而随着改革开放引进的英美文化圈的 CBE 课程、国际劳工组织的 MES 课程等均属于“理论为实践服务”的课程模式；而目前由华东师范大学职业教育与成人教育研究所提出的项目课程，以及北京师范大学职业教育与成人教育研究所借鉴德国学习领域课程而提出的工作

---

① 赵志群，杨琳，辜东莲．浅论职业教育理论实践一体化课程的发展［J］．教育与职业，2008（35）：16-17.

② 赵志群．职业教育工学结合一体化课程开发指南［M］．北京：清华大学出版社，2009：5.

过程系统化课程则均属于理论实践一体化课程模式。

20世纪90年代，德国不莱梅大学技术与教育研究所在所长菲利克斯·劳耐尔教授的带领下，在一系列研究项目的基础上，提出了基于工作过程的职业教育课程理念和设计方法，称为以工作过程为导向的整体化工作任务分析法（BAG），并于21世纪初在德国职业教育中推广。2003年，我国教育部等多部委启动的“技能型紧缺人才培养培训工程”首次在全国范围内引用“工作过程系统化”（亦称“基于工作过程”或“工作过程导向”）[①]课程的理念，提出“学生有机会经历完整工作过程、获得与实际工作过程有着紧密联系的带有经验性质的工作过程知识”。工程还引入了现代职业教育课程理论的一些重要概念，如“学习情境”等。同一时期，原国家劳动和社会保障部科研课题“职业活动导向课程模式的构建”也对职业教育课程开发进行了系统的研究和试验，并在制定课程开发工作流程的基础上，初步引进“工作过程系统化”和“学习领域”课程理念并进行了小规模试验。2006年以来，教育部在其“高等职业教育示范性院校的建设项目”中，正式引进和大规模推广基于工作过程的学习领域课程。2006至2008年间，许多德国海归派学者和从事职业教育研究的相关人士相继出版了基于工作过程课程改革的研究著作。例如，姜大源编著的《职业教育学研究新论》和《当代德国职业教育主流教学思想研究：理论、实践与创新》，赵志群编著的《职业教育工学结合

① 德文 arbeitsprozesssystematick，即工作过程系统化，从英文转译过来出现多种称谓，如“基于工作过程”和“工作过程导向”等。

一体化课程开发指南》，徐国庆编著的《职业教育课程论》和《职业教育原理》，DCCD（*Design of a Curriculum on Curriculum Development*，关于课程开发的课程设计）中国项目组编写的中文版的介绍德国最新职业教育课程开发的书籍《职业教育与培训学习领域课程开发手册》等等，为此次职业教育课程改革提供持续的动力源泉。2008年，高职高专国家精品课程评选要求把“与行业企业合作进行基于工作过程的课程开发与设计”作为高职精品课程评审标准之一，更是把这次课程改革推向了高潮。

二、学习领域课程方案在中国的教学实践

在实践层面，许多职业学校早在2006年前后就已经借鉴德国工作过程系统化的理念展开课程调研，并逐步扩展到课程方案设计、教材开发等层面，使得以工作过程为导向的整体化工作任务分析法（BAG）在我国得到本土化的应用。几年来，有越来越多的职业学校参与到了课程改革的行列中，尤其是在广州和北京等地更是有多所学校组织开展了学习领域课程建设的专题研究，并取得了阶段性成果，开发出了具有中国本土特色的课程学习工作页，并在每一轮教学结束后不断地修正、完善。尤其是广州的多所学校在课程设计的基础上，研究总结出理论与实践一体化的教学模式，使得学习领域课程的教学更加优化。

在取得优异成绩的同时，我们必须清醒地看到，在我国当前的社会经济发展处于转型时期、教育资源分配不均衡等背景下，实施学习

领域课程尚存在着诸多困难与阻碍，上至教学行政管理部门，下至一线教学的教师和实验班的学生，或多或少面临着不同的挑战。同时，对学习领域课程理念的理解的多种维度，也使得学校内部在处理教学和管理问题时出现不同的处理方式。了解学校实施学习领域课程基本情况，梳理教学管理人员、教师、学生各方面在教学、管理、学习过程中遇到的阻碍，分析其中的原因并提出相应的解决策略，成为本项目研究的目的与意义所在。

(一) 调研方法与对象

本次调查采用问卷调查、访谈和信息咨询相结合的方法。通过对课程专家的访谈和信息咨询，构建问卷的总体框架，结合本次研究的目的设计问卷。问卷调查包括学校教学管理人员问卷调查、教师问卷调查和学生问卷调查，问卷被调查的教学管理人员是指从事教学、教务管理的教务处主任、科员等；教师指已经从事学习领域课程教学一个学期以上的一线教师；学生专指已经从事学习领域课程学习一年以上的二年级的学生。其中教师和学生的问卷调查是本次问卷调查的重点。

本次调研选取的调查对象来自广州和北京共 7 所中等职业学校，所有问卷均采用问卷调查方式。同时，对部分教学管理人员和教师进行访谈，修正问卷中难以反映的内容和问题。

由于调查对象不同，所以问卷设计在总体设计框架的指导下略有不同。教学管理人员的问卷基本分为：基本情况、教材与课程开发、教学过程与资源三大部分；教师问卷在此基础上增加了课程设计与安排、教学效果与评价和课程教学与学生学习三部分；学生问卷与教师问卷结构基本类似，只是在问题设计上将视角从教学改为学习。（详

情请参阅附件）

（二）问卷调查对象的基本特征

本次调查共发放问卷400份，其中教学管理人员问卷15份，教师问卷50份，学生问卷335份。回收问卷396份，其中教学管理人员问卷14份，教师问卷50份，学生问卷332份。

表4.1　问卷调查人员的来源与数量

人员类别	普通中专	职业高中	技工学校	合计
教师	40	10	0	50
学生	207	68	57	332
教学管理人员	13	1	0	14

1. 教学管理人员基本特征

被调查的教学管理人员中，来自普通中专的有13人，职业高中的1人，其中教务处主任（包括副主任）3人，教务管理人员11人。

2. 教师基本特征

（1）性别分布

图4-1　教师的性别分布

在教师的性别分布上，男教师34人，占总体的68%，女教师16人，占到32%，男教师的数量是女教师的二倍。这是由于，目前我国实施学习领域课程尚处于起步阶段，已开发课程的专业多是维修、制造等工科专业，因此男教师的数量多于女教师。

（2）工作时间分布

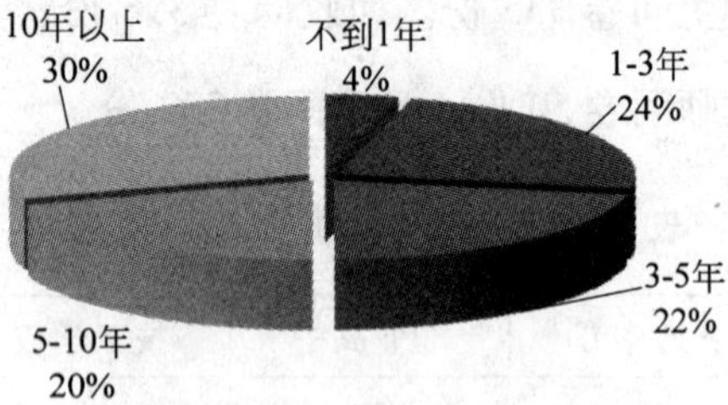

图 4-2　教师从教工作的时间分布

（3）讲授“学习领域”课程时间分布

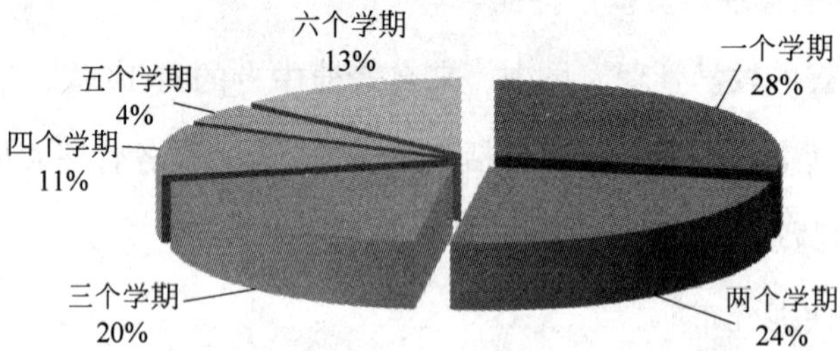

图 4-3　教师讲授“学习领域”课程时间分布

在工作时间的分布上，工作时间在 10 年以上的教师有 15 人，占到总数的 30%，1—3 年的 12 人，3—5 年的 11 人，5—10 年的 10 人，分别占到 24%、22% 和 20%，工作时间不到 1 年的只有 2 人，仅占到 4%。其中教授学习领域课程在一个至三个学期的教师较多，分别占到 28%、24% 和 20%，共占到 72%，四至六个学期的共 12 人，共占 28%。

可见，目前实施学习领域课程的一线教师普遍具有一定教学工作经验，但入职时间较短，10 年以下的教师占据了大多数，而且讲授学习领域课程的时间也较短，多数教师仅仅讲授完一个学年，教师群体年轻化的趋势较为明显，这一方面有利于教师较为迅速地接受与掌握学习领域课程的思想与理念，但同时，教学经验的不足可能会导致对课程的整体把握欠缺，当然，随着学习领域课程的不断实施，目前第一批讲授学习领域课程的教师将成为宝贵教学经验的拥有者。

3. 学生基本特征

（1）性别分布

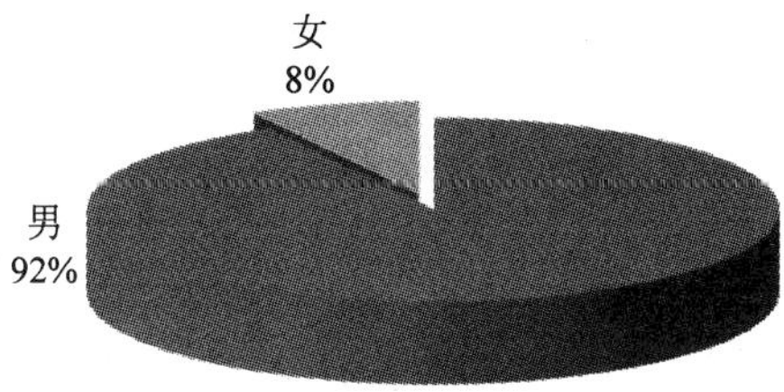

图 4-4　学生的性别分布

（2）专业分布

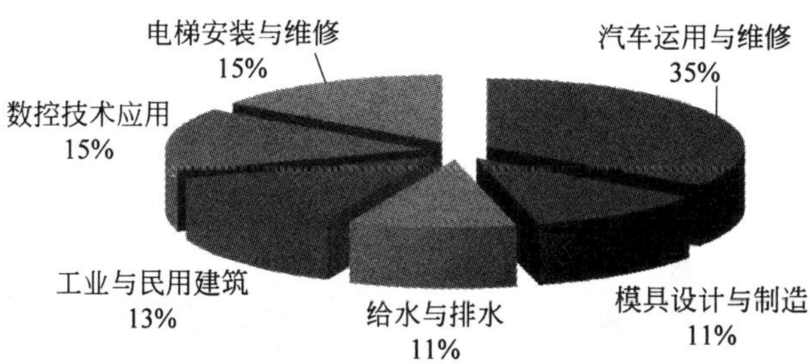

图 4-5　学生专业分布

学生方面，男生 306 人，占总体的92%，女生仅有 26 人，占8%。在专业分布方面，332 名学生来自六大专业，分别为汽车运用与维修专业 115 人、电梯安装与维修专业 50 人、数控技术应用专业 50 人、工业与民用建筑专业 44 人、模具设计与制造专业 38 人和给水与排水专业 35 人。

学生的性别分布也呈现了男多女少的状况，相比教师而言差异更大，当然这与学生被试的专业有关。对教师性别分布的分析中我们提到，目前我国实施学习领域课程的专业多是维修、制造等工科专业，所以在本次调查中，男生多于女生也就不足为奇了。

由于我国目前开发学习领域课程尚处于实验阶段，借鉴德国经验的成分比较多，“汽车运用与维修”专业又是德国实施学习领域课程中最早开发并具有较为完善课程体系的专业，因此我国职业学校在开设学习领域课程时最早开设的也是“汽车运用与维修”等相关专业，其实施时间较长、班级设置较多，所以本次调查问卷选取的被试中来自“汽车运用与维修”专业的学生要比其他专业的学生较多。

（3）学历分布

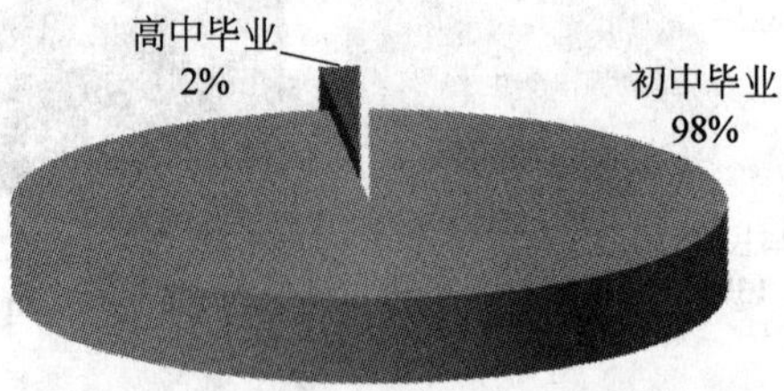

图 4-6　学生入学前学历情况

（4）年级分布

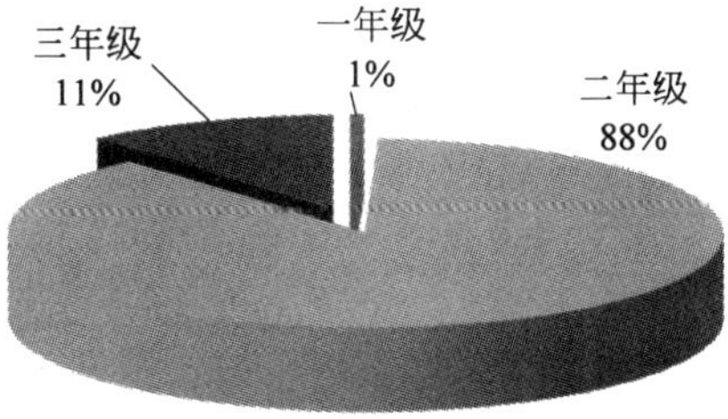

图 4-7　学生年级分布

（5）“学习领域”课程时间分布

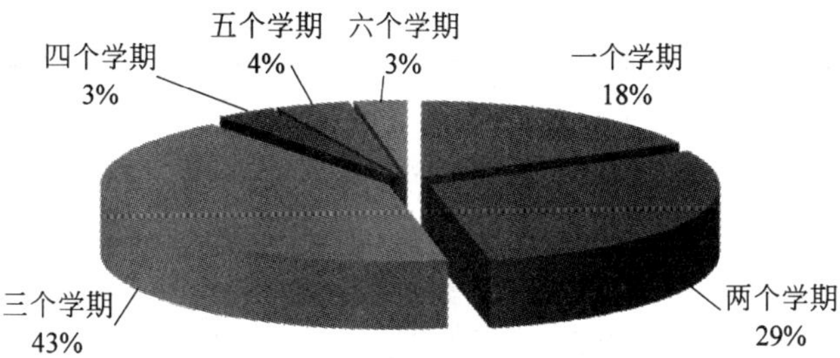

图 4-8　学生“学习领域”课程时间分布

学生被试中有 326 人是初中毕业后进入中等职业学校学习的，有 6 人已经高中毕业。可见，除去少数特殊个体之外，目前接受学习领域课程的学生绝大多数为初中毕业的、年龄在 15—18 岁的青少年。

关于学生就读的年级，由于本次调查的时间为 2009 年 10 月份，一年级学生刚刚开学一个多月，对学习领域课程还未熟悉，不利于问卷信息的收集，而三年级的学生已经进入企业实习，所以大部分调查对象是二年级学生，二年级学生被试共有 292 人，占到总数的 88%，一年级和三年级的学生分别只有 2 人和 38 人，共占到 12%。

由于不同学校开设学习领域课程的时间与所在学期不同，所以学生学习“学习领域”课程的时间不尽相同，已经学习课程两个和三个学期的人数最多，分别占到总数的44%和29%，一学期的占到17%，学习了四个学期以上的人数总计35人，共占到10%。

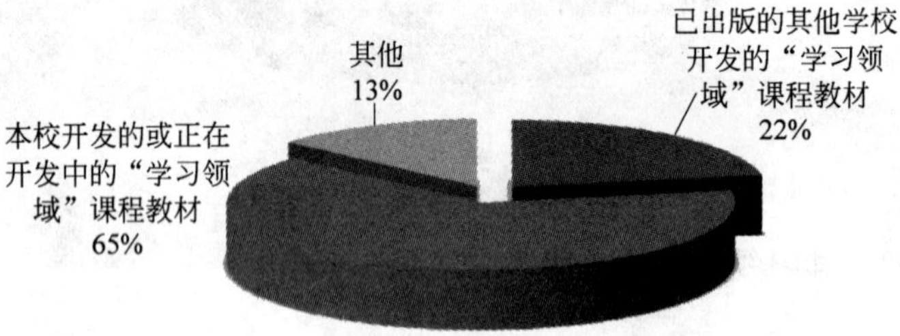

图4-9 目前讲授“学习领域”课程时所使用的教学材料分类

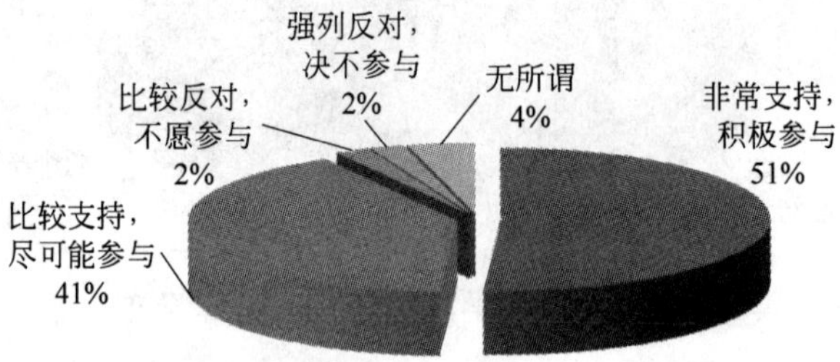

图4-10 教师对开发并讲授“学习领域”课程所持态度

(三) 问卷反馈信息与成因分析①

1. 关于教材与课程开发

调查数据显示，正在使用“本校开发的或正在开发中的‘学习领域’课程教材”的教师有29人，占回答此问题的45名教师的

① 王启龙、徐涵．学习领域课程教学实践现状调查［J］．职业技术教育，2011(2)：47-52.

65%，使用“已出版的其他学校开发教材”的仅10人，占22%，尚有6人选择“其他”，即使用的教材并不是对应的“学习领域”教材。

对于“学习领域”课程的开发与讲授持何种态度，表示“非常支持，积极参与”和“比较支持，尽可能参与”的共计有45人，占总数的91.8%，表示“反对”以及“强烈反对”的仅有2人，另外有2人表示“无所谓”。

分析表明，目前“学习领域”课程教材的开发具有一定的普遍性，大多数教师认可“学习领域”教材校本开发的价值和意义，也支持课程与教材的开发，态度十分积极，参与学习领域课程教材的开发和讲授的热情较高。

中等职业学校具有为本地区域经济服务的独特性，其人才培养目标会依据不同企业的需求和学校当前的教学实力来定位，这也就决定了课程内容和教学过程的差异性，尤其是学习领域课程，更是强调以工作任务分析为前提的课程内容和行动导向的教学方法，这势必要求

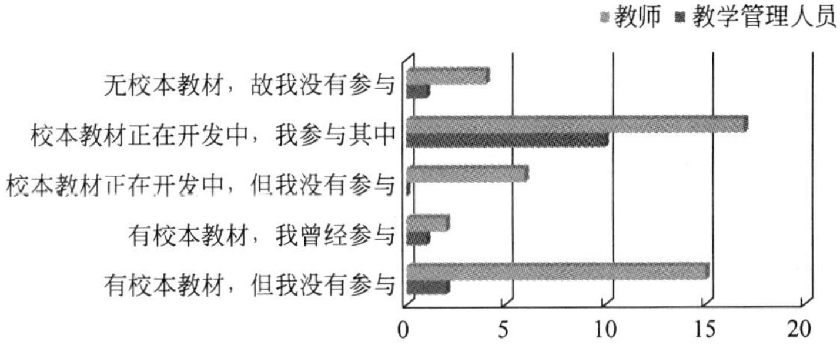

图4-11　贵校是否有已开发的“学习领域”课程的校本教材？您是否参与其中？

教师或教师以团队的方式开发学习领域校本教材（工作页）和校本课程，提高人才培养的针对性和质量。但是，我们应该注意到，少数教师在使用与学习领域课程不相匹配的其他教材，这十分不利于学习领域课程的教学。

在问及“本校是否已经开发‘学习领域’课程校本教材并参与开发?”这一选项时，有 14 名教学管理人员和 44 名教师回答了此问题。其中，表示“我参与了已经开发或正在开发的校本教材”的教学管理人员有 11 人，占总数的 78. 6%，而教师仅为 19 人，占总数的 43. 2%。可见，教师参与教材开发的比重明显低于教学管理人员。

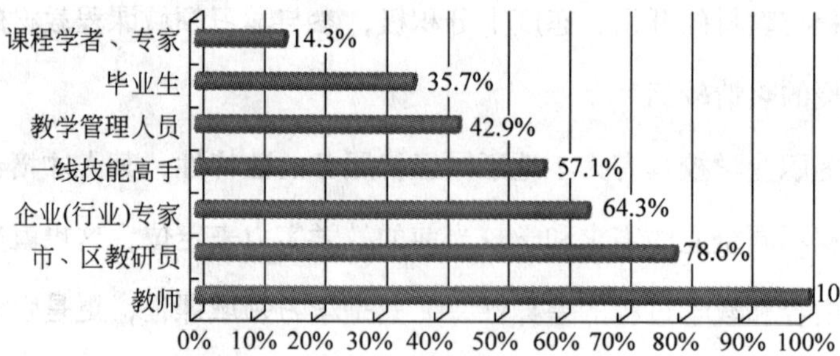

图 4-12　贵校在开发“学习领域”课程校本教材时，主要参与人员有?

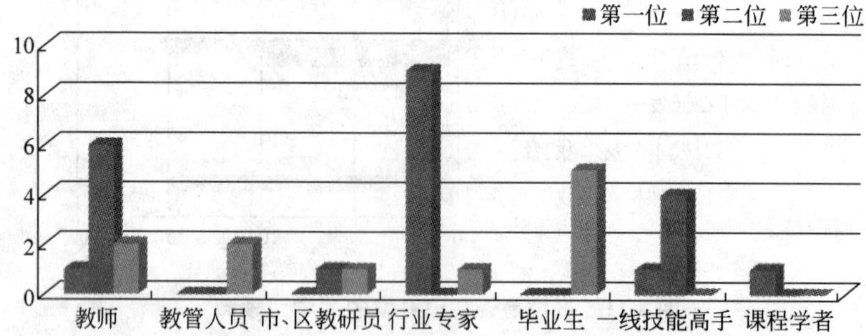

图 4-13　关于课程内容的确定主要采纳哪方的意见?

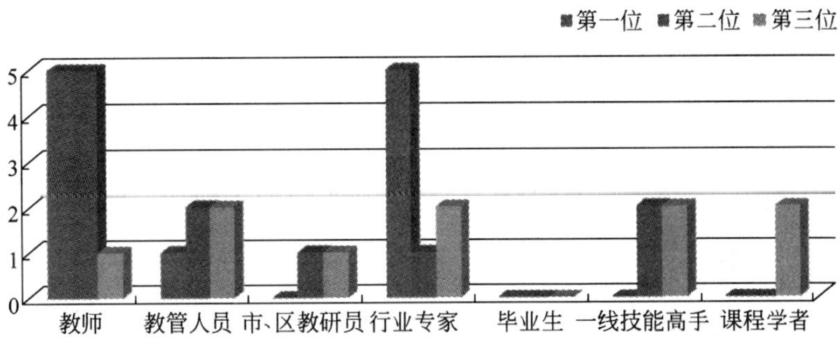

图 4-14 关于课程安排的顺序的确定主要采纳哪方的意见?

学习领域课程的核心内容是工作过程知识，其需要学生通过完成典型的职业工作任务来获得，典型的职业工作任务则是通过行业分析和专家——专业工人——工作会议（也有人称之为实践专家研讨会）来确定的。行业分析主要用于职业和职业领域的界定和结构化；工作会议大多分为三次进行，以确定职业工作任务，并以工作对象、工作方法、工作组织和对工作要求的形式来描述专业工作。其人员主要有以下人员构成：从事专业劳动的技术工人；生产一线的管理者，如师傅、车间主任等；行业专家；教师；教学计划制订人员；职业科学工作者。当然，三次会议的人员在构成上不尽相同。通过会议所确定的典型职业工作任务和相应的描述，则构成了学习领域课程的教学内容。

在回答“开发‘学习领域’课程校本教材主要参与人员”这个问题的14名教学管理人员中，所有人均表示在学习领域课程的开发过程中都有教师的参与，其次是市区教研员、企业和行业专家、教学管理人员和一线技能高手，而以往作为教材开发主体的课程学者、专家只占有较小的比例。值得关注的是，部分被调查的教学管理人员表示，以往教材开发中并不受关注的毕业生也参与到了学习领域课程教材的开发中。

在被问及“课程内容的确定主要采纳哪方的意见?”时，有少部分被试没有回答。回答该问题的被试中，75%的教学管理人员认为企业和行业专家的意见最为重要，而教师和一线技能高手的意见应次要考虑，有45.5%的被试认为要将毕业生的意见列为第三参考。总体上呈现出行业专家——一线技能高手—毕业生的顺序。

在被问及“课程安排顺序的确定主要采纳哪方的意见?”时，被试的回答意见趋于分散。45.5%的教学管理人员认为教师应是安排课程顺序的首要因素，而认为教师占据次要地位的被试占有同样比例；有45.5%的被试认为企业和行业专家的意见应排在首位。

分析表明，在本次被调查的教学管理人员所参与的课程开发过程中，教师与企业、行业专家在课程内容确定和顺序安排上占据重要地位，内容的确定更多听取的是企业、行业专家的意见，而教师是课程

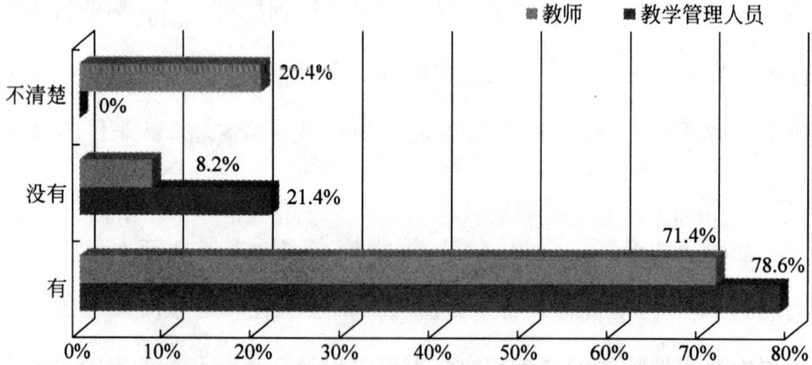

图4-15　贵校是否有鼓励教师参与“学习领域”课程开发的政策措施?

顺序安排的主宰者。

在被问及“贵校是否有鼓励教师参与学习领域课程开发的政策措施?”时，有 78.6% 教学管理人员和 71.4% 教师表示学校有鼓励措施，同时，也有 21.4% 的教学管理人员和 8.2% 的教师明确表示学校没有相关的鼓励政策，还有 20.4% 的教师表示不清楚是否有鼓励政策的存在。

分析表明，大部分学校制定了相关的政策措施，积极鼓励教师参与“学习领域”课程的教材开发。但这一比例稍显不足，在教师总量相对缺乏的中等职业学校中，教师工作量、工作压力较大，如果学校没有鼓励的政策措施，教师本身很难有积极的心态和饱满的热情参与到课程的开发中，势必影响学习领域课程和教学实施的质量和水平。

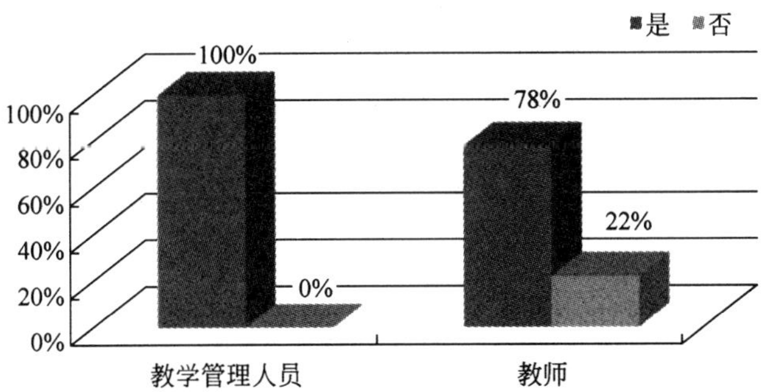

图 4-16　您是否参加过“学习领域”课程方面的培训或课题?

关于参与“学习领域”课程的培训或课题方面，14 名教学管理人员均表示参与过相关培训和课题，而有 20% 的教师表示从未参与过；在参与的培训和课题的级别方面，分别有 85.7% 和 61.5% 的两

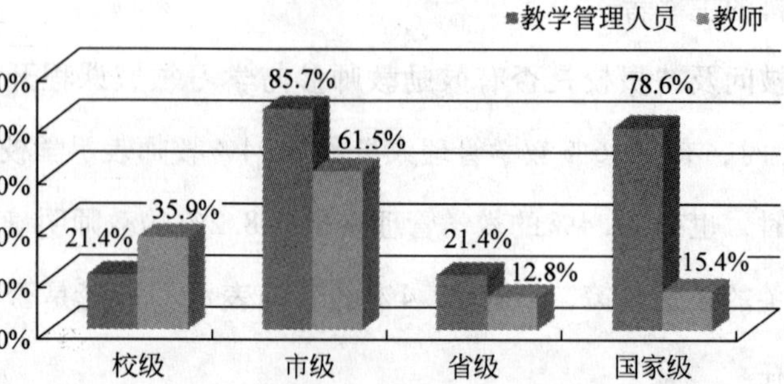

图 4-17　您曾参加过的培训的级别为？

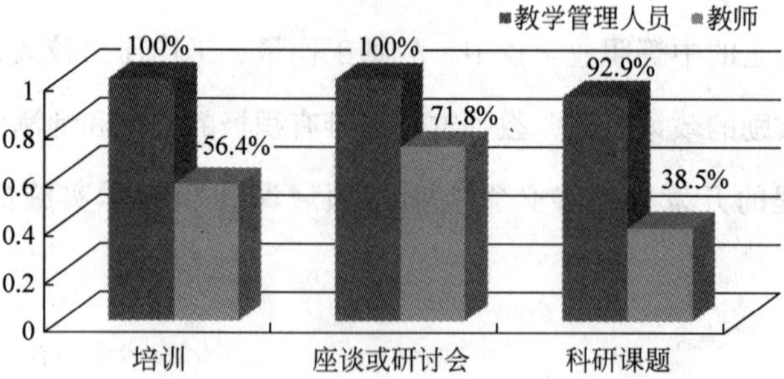

图 4-18　您曾参加过的培训的类型为？

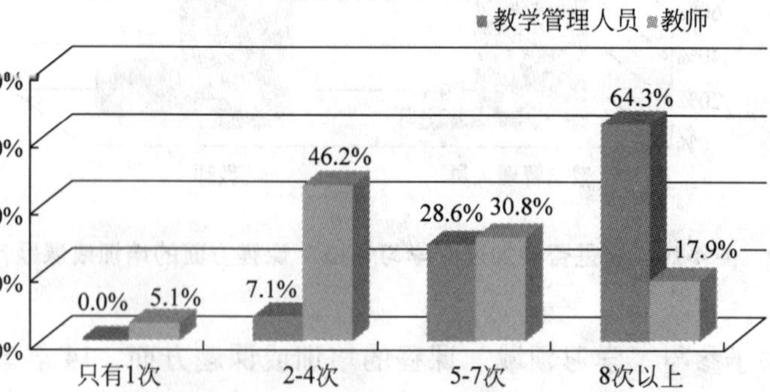

图 4-19　您曾参加过的培训的次数为？

类被试参与过市级的培训和课题，占绝大多数，而参与过国家级的培训或课题的教学管理人员有 71.4%，而教师仅有 10%，另有 35% 的教师参与过校级的培训或课题；而在参与培训和课题的类型方面，14 名教学管理人员几乎均参与过培训、座谈、研讨会和科研课题等多种形式的培训，而在教师中则更多参与的是座谈和研讨会的形式，占总数的 56%，其次为培训，科研课题参与的最少，仅为 26%；在参与的培训和课题的次数方面，64.3% 的教学管理人员参与过 9 次以上的培训或课题，5 次以上的人数更是达到 92.9%，而教师参与的次数则集中于 2 至 4 次和 5 至 7 次，明显少于管理人员。

可见，在参与学习领域课程的培训或课题方面，教学管理人员的情况明显好于教师，不仅参与的比例大，而且等级高、形式多、数量大，说明目前"学习领域"课程对于一线教师的培训还显不足，仍然更多地停留在教学管理层面，教师参与培训的机会较少，大大阻碍了教师参与课改的积极性，也影响到课程开发的质量。

2. 关于课程设计与安排

调查数据显示，分别有 51.2% 和 12.8% 的学生对学习领域课程"比较感兴趣"和"很感兴趣"，即总共有 64% 的学生比较喜欢学习领域课程，而在教师眼中，二者合计比例达到 89.1%，明显高于学生比例，并且仅有 5 名教师认为学生对学习领域课程不感兴趣。可见，对学习领域课程基本态度的看法教师对学生的估计明显偏于积极，而实际情况则是仅有三分之二的学生的态度较为乐观。也就是说，部分教师高估了学生对于"学习领域"课程的态度。

在问及"对一体化模式是否适应"时，教师和学生的答案略有

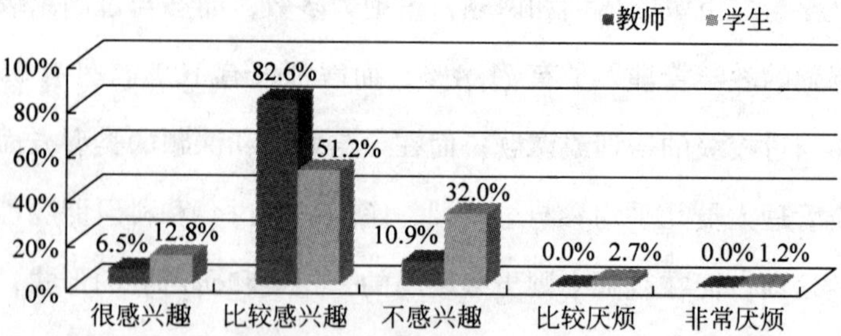

图 4-20　据您的了解，大部分学生对于“学习领域”课程的态度是？

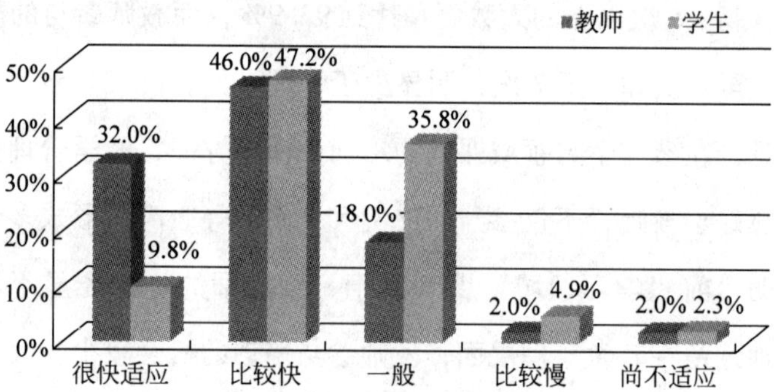

图 4-21　从传统的分科教学模式转向理论与实践一体化的教学模式，您的适应状况如何？

不同。教师中表示可以“很快”和“比较快”适应的分别占总数的32%和46%，选择适应情况“一般”的也仅有9人，占18%，仅各有1名教师表示接受的“比较慢”和“尚不适应”；而学生中感到适应“比较快”的占到总数的47.2%，表示适应状况“一般”的占35.8%，表示“很快适应”的不足10%，另外有少数人表示“比较慢”和“尚不适应”。

可见，在接受“一体化”教学模式时，教师表现出较强的适应和接受能力，这与教师的年龄、阅历有关，更与对学习领域课程的态度密切相关——对课程理念的较高认可、积极的心态等使得教师能够快速地适应新的教学模式。而学生的适应情况则趋向中间水平，这一方面由于学生普遍年龄较小，适应能力较弱，以及中等职业学校的学生普遍存在的学习基础薄弱、学习动力不足有关，但笔者认为，这更大程度上是由于义务教育阶段中分科课程体系和“填鸭式”的教学模式造成的，学生早已习惯于教师作为知识的拥有者和传递者，而自己只是接受者和记忆者的身份，对于突如其来的倡导学生为实践主体、通过完成工作任务来学习的学习领域课程，难免给学生带来不适应的情况，但是，问卷反馈的信息也表明，学生的适应情况还不那么糟糕，总体上教师和学生对于一体化模式的适应状况基本乐观。

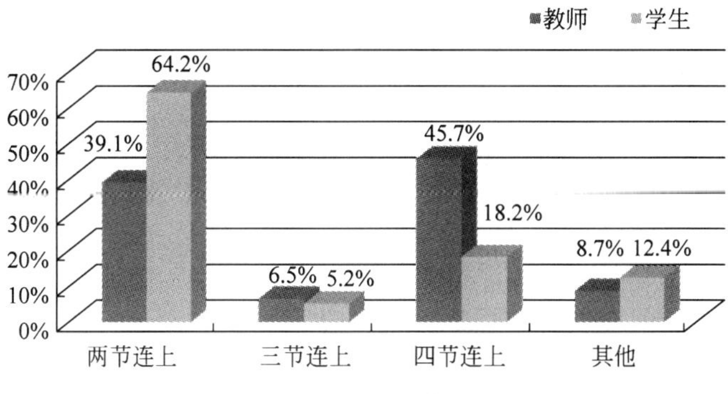

图 4-22 “学习领域”课程每次课的时间是如何安排的?

在课程安排时长的统计上，因涉及 6 个专业、7 所学校，所以情况存在着些许差异。50 名教师中有 45. 7% 的人所在学校实施的一体化教学采用的是 4 节课连上的方式，采用 2 节连上的占到 39. 1% ，还有 8. 7% 的教师选择“其他”，这其中有部分教师填写了补充信息

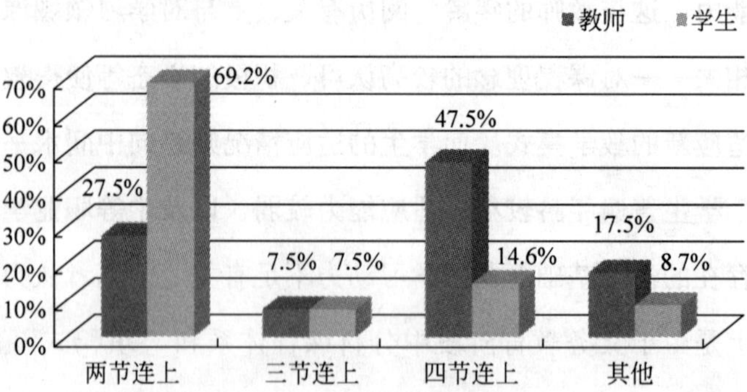

图 4-23　您认为比较好的时间长度为？

为“6 节连上”，这也是笔者没有预料到的；而学生的情况大不相同，有 64.2% 的学生选择“2 节连上”选项，比 4 节连上的 18.2% 超出许多。可见，目前学习领域课程的教学实施，因专业、课程内容、学校教学条件的不同各有差异。

在问及“您认为比较好的时间长度为多少？”时，教师和学生的意见分歧也较大。调查数据显示，19 名教师认为 4 节连上的形式较好，占总数的 47.5%，也有 27.5% 的教师认为 2 节连上的形式更好；而大部分学生则认为 2 节连上的形式更好，其比例占到 69.2% 的。

分析表明，教师普遍期望 4 节连上的形式，而学生更期待 2 节连上。笔者分析，教师之所以更期望 4 节连上的形式，多是出于更好地完成教学任务的目的。我们知道，学习领域课程中的教学内容即“学习领域”是由工作世界中的“行动领域”通过教师的转化而来的，其呈现的形式多是具体的问题情境或是工作任务，教学的过程其实就是教师引领学生解决情境中的问题或是完成工作任务，其中包括信息收集、分析、准备、执行、检查等多个步骤，所以，这就需要较长的教学时间来保证任务完成的完整性，这就是教师期望 4 节连上的原因。而对于学生而言，这势必带来学习任务增加、容易疲劳的感觉，这当然不是他们想要的。不过，教师在一相情愿地为提高教学效果而采取较长课时安排的同时，也要考虑到学生学习能力的问题。

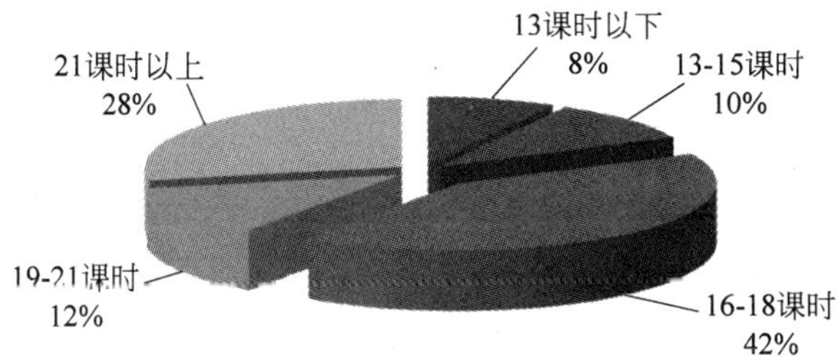

图 4-24　目前您每周的授课时间大约为？

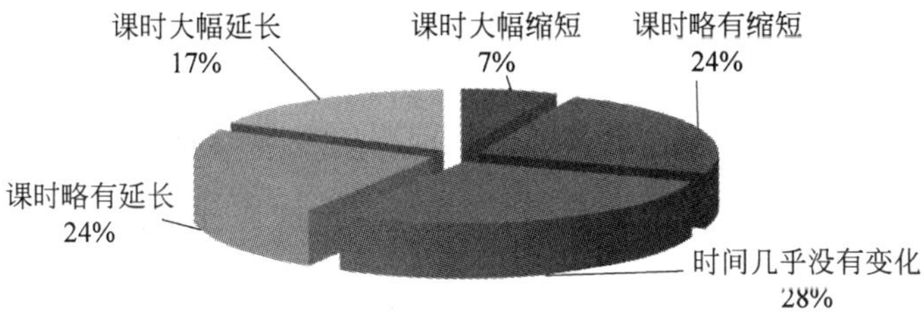

图 4-25　与传统分科课程体系相比，您的课时变化情况如何？

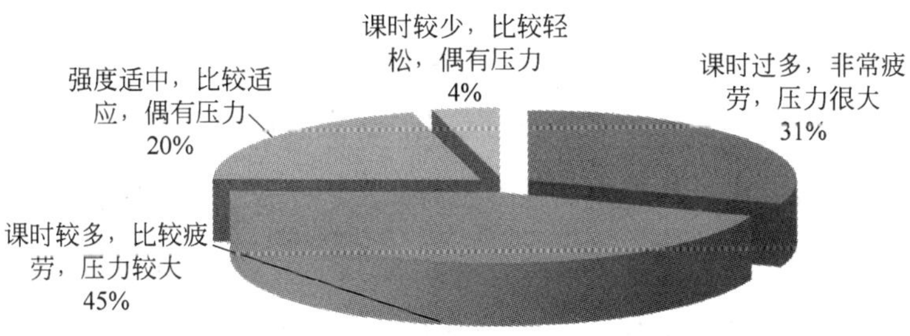

图 4-26　目前的课时量带给您怎样的心理感受？

关于教师对于学习领域课程的接受、认可程度以及心理变化是本研究关注点之一。在统计“每周的授课时间”方面，42%的教师周课时量为16—18课时，选择比例最大，其次是21课时以上的占28%，而选择其他周课时量的教师均在10%左右；与传统分科教学（课程）体系相比，28%的教师表示“时间几乎没有变化”，24%的教师表示“课时略有缩短”，表示“略有延长”的教师也占到24%。可见，学习领域课程并未给教师的周课时带来太多的变化。相比之下，对于目前的周课时量带来的心理感受，教师的反应并不乐观。30.6%的教师认为“课时过多，非常疲劳，压力很大”，44.9%的教师表示“课时较多，比较疲劳，压力较大”，二者合计占到75.5%，而认为“强度适中，比较适应”和“课时较少，比较轻松，偶有压力”的教师仅有10%和2%。

可见，目前教授“学习领域”课程的教师的周课时量并未显著增加，但是普遍感到压力较大，比较疲劳。这是由于学习领域课程倡导的行动导向教学和目前职业学校开展的一体化教学模式，需要教师在备课过程中将理论与实践有机地结合，还担负着教学和学习资料的收集和整理工作，既要将理论知识讲得“必须”、“够用”，并且通俗易懂，还要能够身先士卒地为学生示范、演示，同时，一体化教学模式大多采用的两节和四节连上的方式，这大大地提高了教师备课、授课的要求和难度，使得他们感到压力加大、比较疲劳，这也极不利于课程的教学，容易带来不良的教学效果，值得广大教师和教学管理者关注。开展“学习领域”课程的学校应注重改善教师的教学和生活环境，提高和优化参与课程改革教师的待遇，使他们在一个较为轻松的工作环境中开展教学，以便学习领域课程的更好开展。

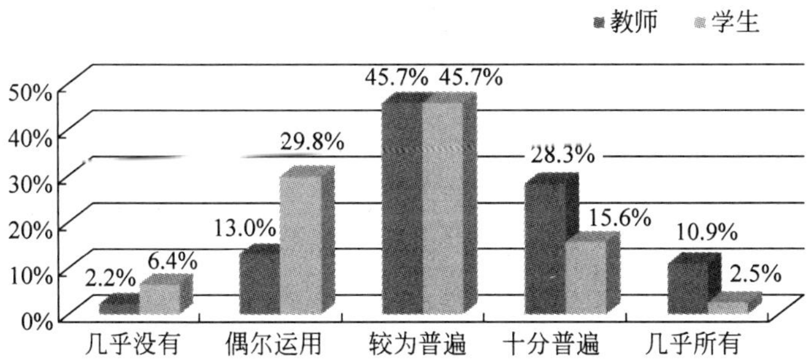

图 4-27　在“学习领域”课程的教学过程中，运用小组合作的方式是否普遍？

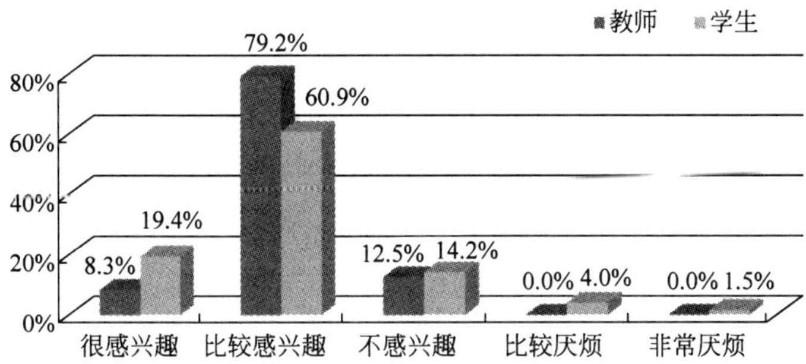

图 4-28　学生对待小组合作学习的态度如何？

学习领域课程的教学中有相当的内容需要运用小组合作学习的方式来完成，贯穿于课前预习、课堂讨论、合作实践（协同操作）、课后练习等多个环节。小组合作学习的方式有利于提高学生的团队合作能力和人际交往能力，是学习领域课程教学设计中的关注点之一，其运用比例与学生的接纳程度影响着教学效果。

调查数据显示，在运用小组合作学习实施教学方面，教师与学生的选择分布均呈现偏态分布，分别有 45.7% 的教师和学生认为运用该方式“较为普遍”，认为“十分普遍”的教师达到28.3%，而学生只有15.6%，认为“偶尔”的学生为29.8%，而教师则为13%，这说明教师自身感觉运用小组合作的比例相对较高，而学生则反映运用+组合方式进行教学并非广泛。

在对待小组合作学习方式的态度上，认为学生“比较感兴趣”和“很感兴趣”的教师总数达到87.5%，仅有6名教师认为学生“不感兴趣”。而学生中感到“不感兴趣”、“比较厌烦”和“非常厌烦”的总计比例达到19.7%，有60.8%的学生感到“比较感兴趣”，“很感兴趣”的学生有19.4%，其明显低于持该观点的教师。分析表明，学生态度较为分散，多数人对学习领域课程和小组合作学习方式感兴趣，而教师的态度更倾向于乐观，在估计学生对二者态度方面过分乐观。

3. 关于教学过程与资源

关于教学资源——包括教师数量与能力、实操设备的数量与质量以及学生的学习资源能否满足学习领域课程教学的需要是本研究关注的重点之一。本部分共设计了相关问题12道，试图能够较为细致地了解相关情况。

调查数据显示，78.6%的教师和46.8%的学生表示，学习领域课堂上有2名教师共同授课，3名以及3名以上教师同时指导的情况也少量存在，而仍然有42%的学生接受的是单一教师授课的方式；在教师平均指导学生的数量上，分别有58.7%的教师和57.3%的学生选择“平均一名教师指导20名以上学生”，这意味着大部分课堂的师生比超过1:20；值得欣慰的是，有19.6%的教师和29.1%的学

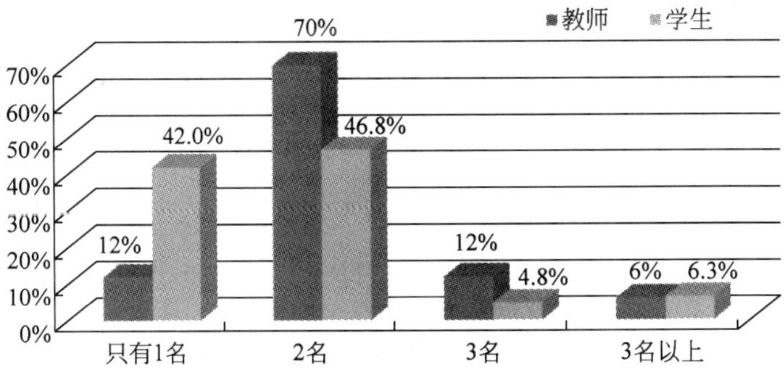

图 4-29　在学习领域课程的课堂上，一般安排几名教师共同指导？

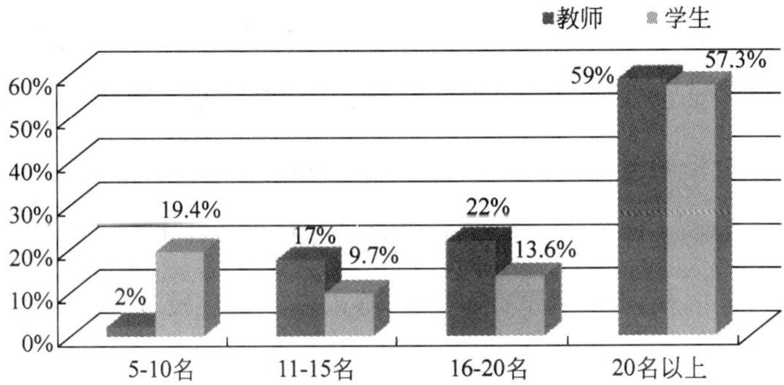

图 4-30　在学习领域课程的课堂上，平均一名教师指导几名学生？

生表示，课堂上平均一名教师指导的学生数在 15 名以下。

多数学生和教师所在的学校一体化教学方式采用 2 名或 2 名以上教师同时指导的方式，这对于传统课堂来说，不得不称的上是巨大的变革。在少数课堂上教师可以指导 5-15 名学生，但是，我们依然看到学生被试所在的学校单一教师授课的比例依旧很大，而且课堂上的师生比例大部分仍然在 1：20 以上。这十分不利于学习领域课程的教学。

学习领域课程强调学习内容与工作世界的相似性，学习内容多为较为完整的工作任务，教师需要创设情境，并引导、指导学生进行分析问题、准备、制订计划、执行计划、检查等一系列的完整的学习过程，使学生获得综合职业能力。在一体化教学模式中，教师不仅担负着理论讲解任务，更需要教师把实践操作演示给学生看，并让学生较多的练习，目前在大部分学习领域课程实施的课堂上配备两名或两名以上教师，正是想弥补一名教师在理论与实践上二者不均衡的问题，同时可以让教师关注到更多的学生。由于不同的专业、课程之间存在着差异，并且教学对象是活生生的个体，所以我们很难定义出一个刚性的标准化的师生比例，但是，1∶20 这样的师生比例实在很难高效率地保证教学质量和效果。职业学校在管理过程中，可以采取缩小班型，减少同时上课的学生数量方式来保证师生比在 1∶15 左右，即在两名教师同时授课的课堂上学生在 30 人左右是比较理想的。

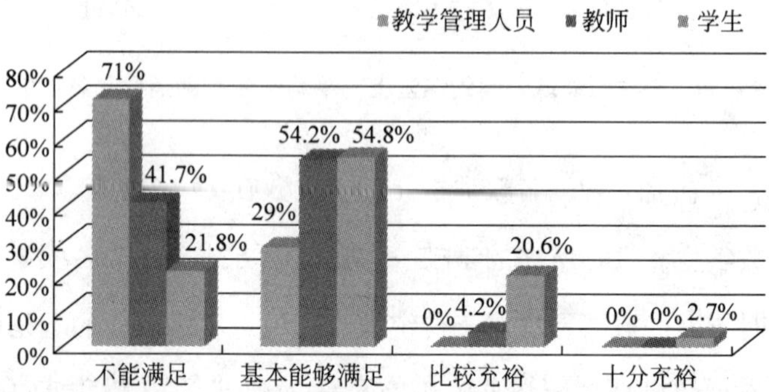

图 4-31　您认为目前教师的数量能否满足“学习领域”课程的需要？

对于“教师的数量能否满足学习领域课程的需要？”这一问题，71. 4% 的教学管理人员和 41. 7% 的教师认为“不能满足”，而学生的

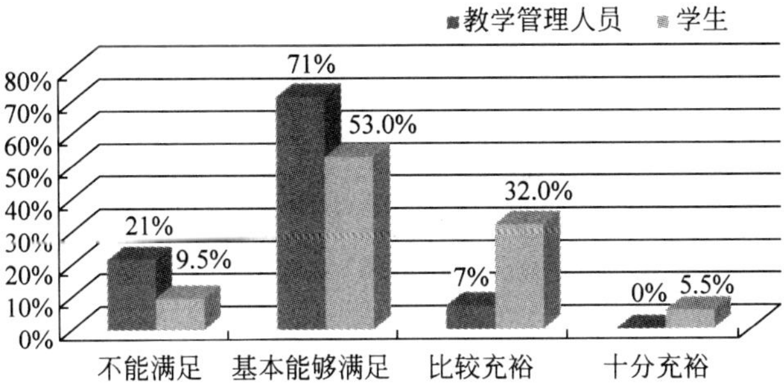

图 4-32 您认为大多数教师的知识和能力能否满足“学习领域”课程的教学需要?

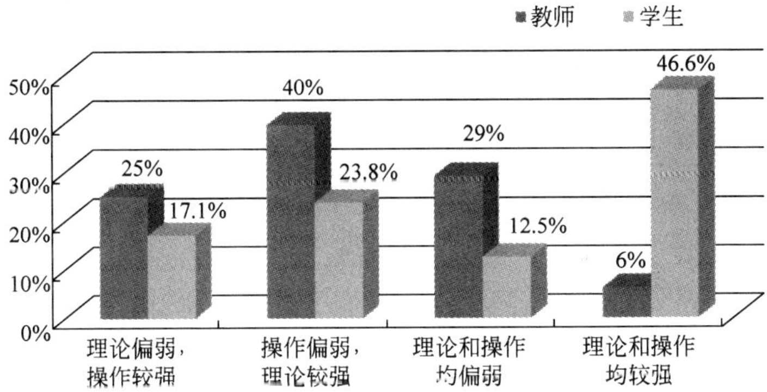

图 4-33 您认为，目前教授“学习领域”课程的教师的能力如何?

选择比例仅为21.8%，选择“基本能够满足”的有54.2%的教师和54.8%的学生，教学管理人员的比例仅为28.6%，并有少数教师和学生认为教师的数量比较或十分充裕。在“知识和能力”方面，71.4%的教学管理人员和53.0%的学生认为“基本能够满足”，认为“不能满足”的仅有21.4%和9.5%，甚至有37.5%的学生认为“比较或十分充裕”；46.6%的学生认为教师的“理论知识和操作能力均较强”，而持相同观点的教师仅为6.3%，认为自身“操作能力偏弱”的教师达到68.8%，而持同一观点的学生仅有36.3%。

被试的反馈差异较为明显，学生对于教师的数量和基本能力均比较认可和乐观；而管理人员对于教师素质比较满意，但认为其数量缺乏；教师本身更倾向于数量的达标，而对自身素质持消极态度。三者对于这一问题的理解和态度反应，一方面是由于各自对于学习领域课程的理解和教学效果的期望不同，另一方面也是由三者所处的角度不同造成的。对于教师而言，多是从教学层面分析该问题，在实际的授课过程中，教师充分认识到学习领域课程对于教师能力提出的新挑战，工作量、工作压力、工作难度的增大、教学方式的转变等切身体会让教师感到身心俱疲和自身素质的不足；教学管理者则是站在管理的层面来看待这个问题。学习领域课程倡导的行动导向的教学方式和理论与实践一体化的教学模式，对教学实训室和教师的质量与数量均有较高要求，实施一体化的教学模式，以现有的情况来看，传统的理论与实践分别教学使得教师的能力趋于单一，要求每次课要有两名或两名以上教师同时指导，一名以理论教学为主，兼顾实践教学，另一名以实践为主，兼顾理论，二者形成优势互补。也正是由此而造成了相对的教师数量的缺乏，教学管理者普遍感到教师数量不足，难以安排；而对于学生而言，一体化的教学模式中两名教师共同授课，比起传统的课堂能够得到更多的指导，学生自然感觉不到教师数量的缺乏；并且在学生眼中，教师仍然是知识的掌控者和权威，而且两名教师的互补性教学正好弥补了各自能力的不足，总体的教学效果得到学生的认可，学生也就感觉不到教师能力的不足了。

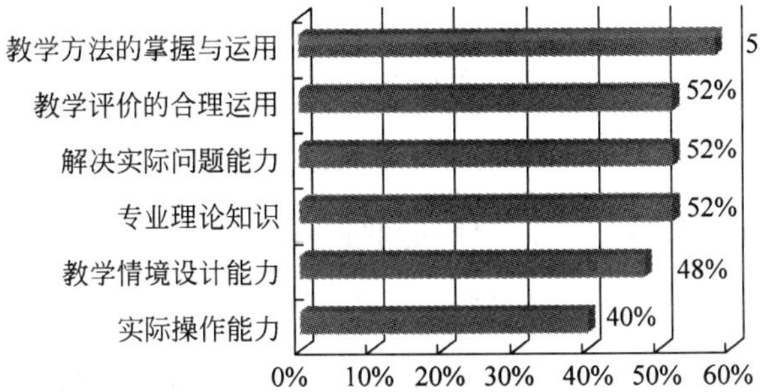

图 4-34　为了更好地进行学习领域课程的教学，
您认为自身还应该在哪些方面进一步完善？

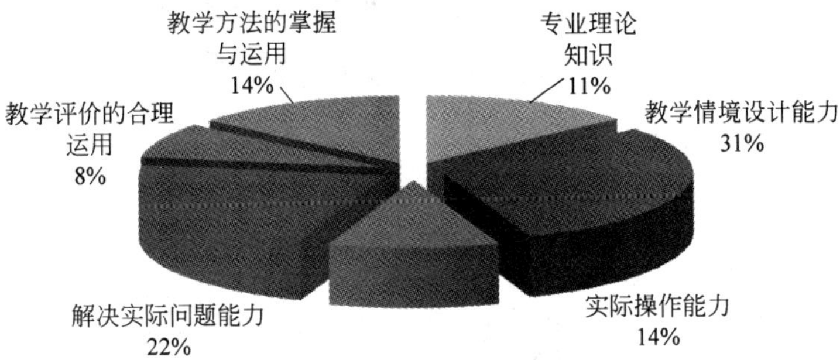

图 4-35　您认为其中最为重要的是？

对于“为了更好地进行学习领域课程的教学，您认为自身还应该在哪些方面进一步完善？”这一问题，大部分教师对于选项中提及的能力均认为应该得到进一步的完善，而相对地对“实际操作能力”的认可程度不是很高，较多的教师关注于“教学方法的掌握与运用”、“专业理论知识”、“教学评价的合理运用”以及“解决工作情境下实际问题能力”；有 31% 的教师认为“教学情境设计能力”最为重要也最应完善，而把“解决工作情境下实际问题能力”排在首位的也有 1/5 左右的教师。

可见，大部分教师对于实践性知识的丰富和技能提高的态度是较为积极的，认识到了自身应在此方面加以完善的必要性。而对于学习领域课程中较为强调的“教学情境的设计”能力和“工作情境下实际问题的解决”能力的认识则显得不够，这说明教师对于学习领域课程的认识有所欠缺，还未能把握课程方案核心思想的精髓，这与相关的课程培训缺失有关。同时，“教学情境的设计”能力和“工作情境下实际问题的解决”能力是建立在其他几项能力的基础上的、有更大难度的能力，对教师而言是超出传统教学要求、超越一般教学能力的，而现有师资的素质在几项基本能力尚欠缺的情况下这两项能力不足也就不足为奇了。

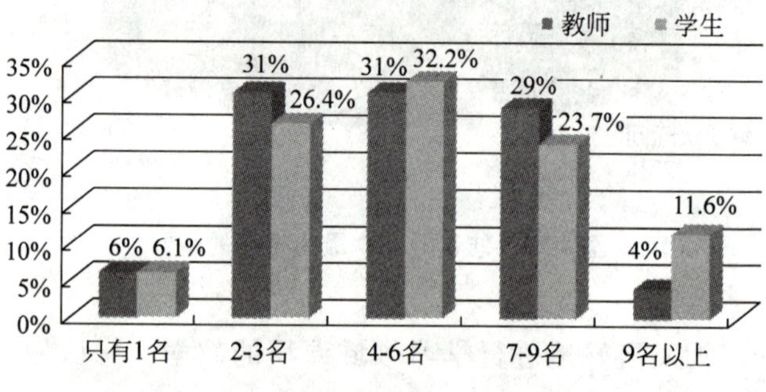

图 4-36　在“学习领域”课程课堂上，每台设备上有几名学生共同使用？

关于实操设备的使用，除了“只有 1 名”和“9 名以上”的被选较少外，只有 1/3 的学生和教师表示每台设备上共同操作的学生为 3 人以下，近 1/3 的被试表示 4-6 名学生共同操作一台设备，还有近 1/3 的被试表示同一台设备上的学生达到 7-9 人，甚至 9 人以上！这表明实操设备的数量存在着严重不足的状况。

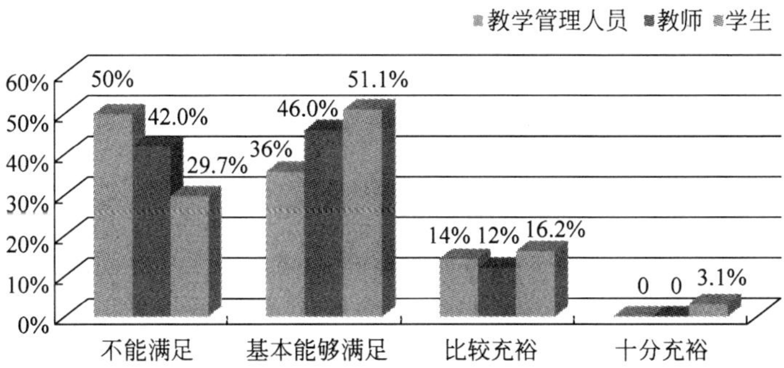

图 4-37　您认为目前的实操设备的数量能否满足“学习领域”课程教学的需要？

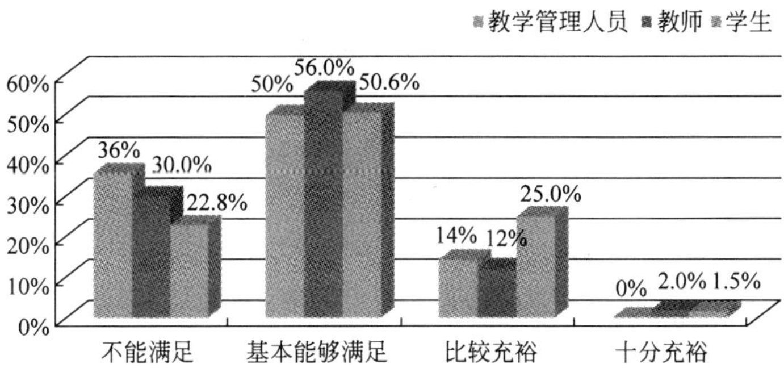

图 4-38　您认为目前的实操设备的质量与功能能否满足“学习领域”课程教学的需要？

而对于“实操设备的数量能否满足教学要求”的提问，被调查人员的反馈令人寻味。有 50% 的教学管理人员和 42% 的教师认为“不能满足”，而学生的选择比例仅为 29.7%，选择“基本能够满足”的有 46% 的教师和 51.1% 的学生，教学管理人员的比例仅为 35.7%，并有少数教师和学生认为实操设备的数量“比较或十分充裕”。而对于实操设备的“质量与功能”方面，64.3% 的教学管理人员、68%的教师和75.6%的学生认为“基本能够满足”和“比较充裕”，认为“不能满足”的分别有35.7%、30%和22.8%。

从被试的反馈中我们可以看出，学生对于实操设备的状况较为满意，而管理人员对于实操设备的质量与功能基本满意，普遍认为其数量缺乏，教师对实操设备的数量和质量均表现认可。这样的看法与近1/3教师和学生被试反馈的实操设备存在着严重数量不足相比，存在着一些矛盾。当然，由于不同专业对于实操设备的要求存在差异，我们很难证明究竟哪一比例更优，但不能否认，实操设备的数量、质量与功能很大程度上影响着学生技能的培养，这是学习领域课程十分强调的。而造成三类被试对实操设备数量能否满足教学要求回答的差异，反映出被试群体对于学习领域课程本身的理解角度和层次的差异。对于教学管理者而言，实操设备的数量很大程度上影响着教学资源的统筹和安排，换句话说，就是根据设备的数量来安排教学日程是管理者较为关注的，而很难体会到教学过程中能否满足教学要求；而教师和学生的是实操设备的直接使用者，更关注其质量与功能，同时，教师是以学生能够直接操作设备的机会和时间来衡量设备能否满足教学的，而学生则因为其认知水平有限并且缺乏同传统课程的比较，又由于现实中设备数量也可以让学生在每一次教学中均有机会进行操作，使得二者难以体会到客观上实操设备的数量不足。

我们也看到部分学校的实操设备基本上可以满足课程教学的需要，但是，对于大多数刚刚起步从传统理论与实践独立授课的中等职业学校而言，在向学习领域课程改革的过程中，至少在实操设备等教学资源的建设方面还有很长的路要走。

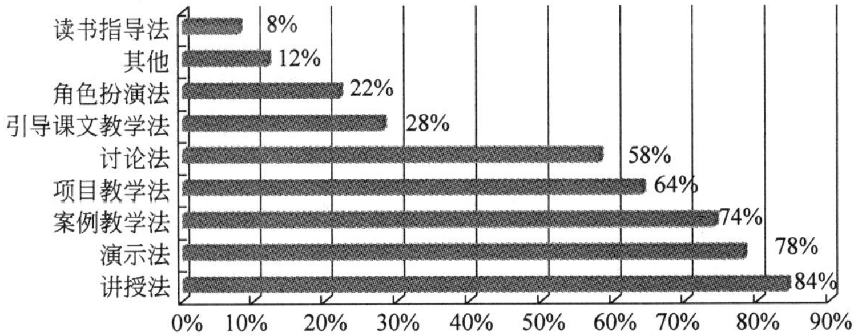

图 4-39　您在授课过程中较为常用的教学方法有哪些?

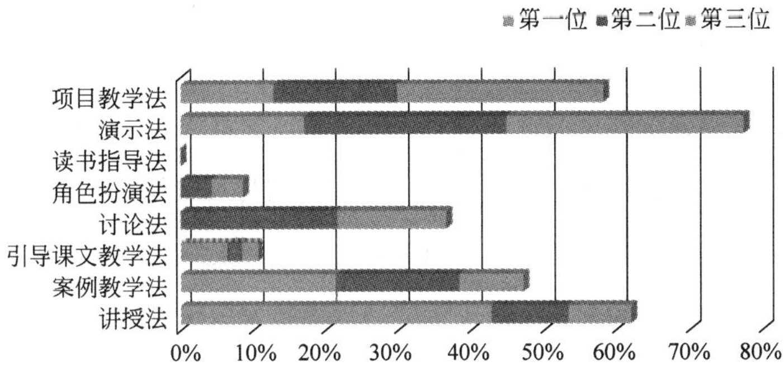

图 4-40　其中您最常用的三种方法是?

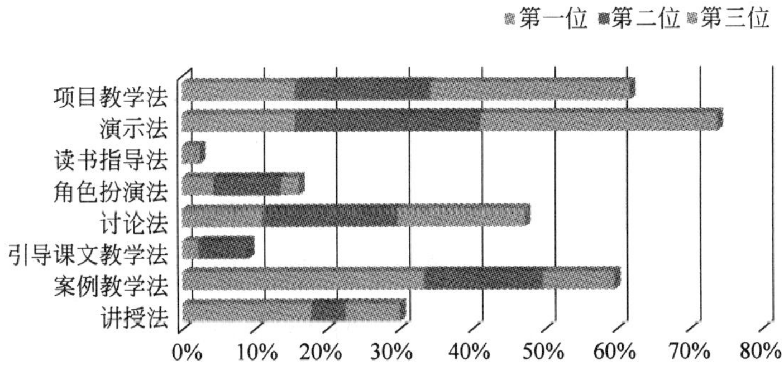

图 4-41　其中您认为教学效果较好、学生兴趣和积极性较高的方法是?

教学方法的合理运用对于效果的提升有着直接的帮助，尤其是学习领域课程倡导的一体化教学模式，更是强调工作情境与教学环境的相似性，以使得学生获得工作世界知识，这就要求在教学过程中，教师要努力创设教学情境，合理运用教学方法。

通过调查表明，教师在教学过程中均普遍采用过选项中提及的方法，其中“讲授法”成为最普遍使用和最为常用的教学方法，有84.0%的教师经常使用并且有42.6%的教师将其列为最为常用的方法，而“演示法”、“案例教学法”和“项目教学法”也成为教师普遍使用和经常使用的教学方法之一。

在教学方法使用的普遍性上，讲授法、演示法、案例法和项目教学法等均占有较高的比重，具有普遍性，引导课文法、角色扮演法、读书指导法等应用并不广泛。同时，讲授法、案例法与演示法列于教师最为常用方法的前三位，成为较为常用的方法。值得关注的是，教师普遍认为案例法最能取得较好的教学效果、学生更感兴趣，但案例法却并不是最为常用的方法。

分析表明，目前在学习领域课程的教学过程中，讲授法、演示法等传统教学方法占有相当的比重，占据主导地位。虽然项目教学、案例教学等行动导向的教学方法也占有一定比例，但对于职业学校的学习领域课程教学而言，我们不能满足于此。当然，我们不强求所有的教学内容都必须运用行动导向教学方法加以实施，毕竟课程内容中部分内容更宜采用讲授、演示等方法，但是必须清楚的认识到，行动导向的教学方法对于职业学校的学生综合职业能力的提高具有巨大作用和意义，也应该尽可能地提高其使用比例。传统教学方法所占比例过大，意味着教师能力与学习领域课程教学要求之间存在着一定的不协调，这不仅说明我国中等职业学校教师普遍存在的“重理论轻实践”的素质结构，也体现出职业教育教师培养与培训环节中实践性训练的缺失，正是由于教师缺乏对于企业中实际工作的感性认识与实际操作经验，导致大部分教师只能以“讲”为主，难以以工作项目或者案例为学生创设情境，使学生体验较为真实的工作情境。教师进企业实习、实践可以很大程度上解决教师企业实践经验不足的问题，当然，教师去企业实践面临着来自各方的诸多阻碍，但我们仍然可以通过一定的方式将这对于教师和学生多方获益的制度建立起来，如：完善教师到企业实践的地方性法律法规；建立相应机构进行统筹、监督和管理；制订并不断完善教师到企业实践的学年（学期）实践计划；建立深层次紧密型的校企合作，通过产学研训的紧密结合促进教师到企业实践；制订教师进修的个性化方案，提高进修的目的性和有效性等①。

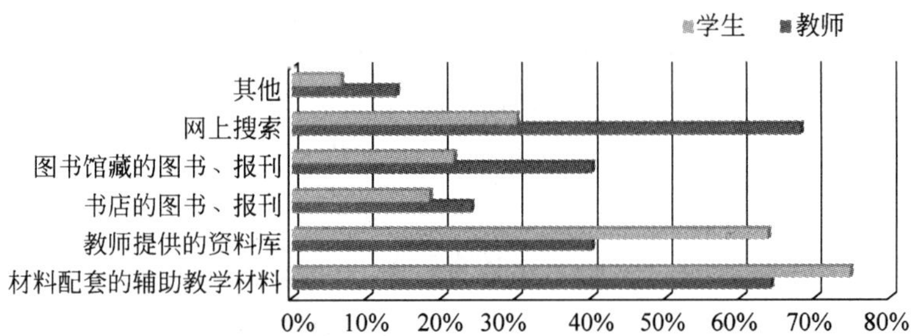

图 4-42　您在教授/学习“学习领域”课程时，辅助性的教学资源主要通过什么渠道获得？

① 王启龙．中等职业学校教师到企业实践的困难与对策［J］．职教论坛．2009 年 5 月（上）：13-14.

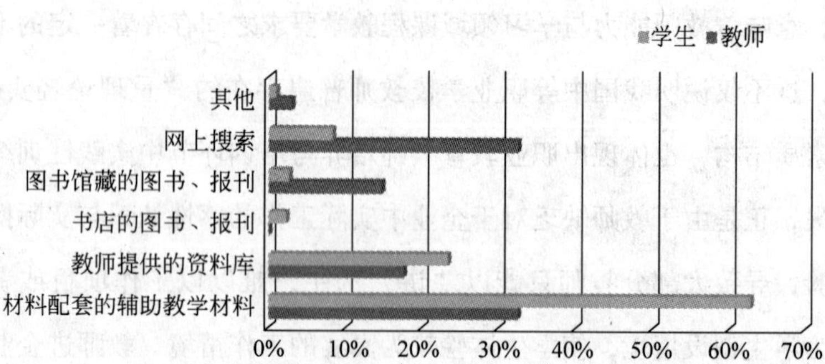

图 4-43　其中您最为常用的是哪个？

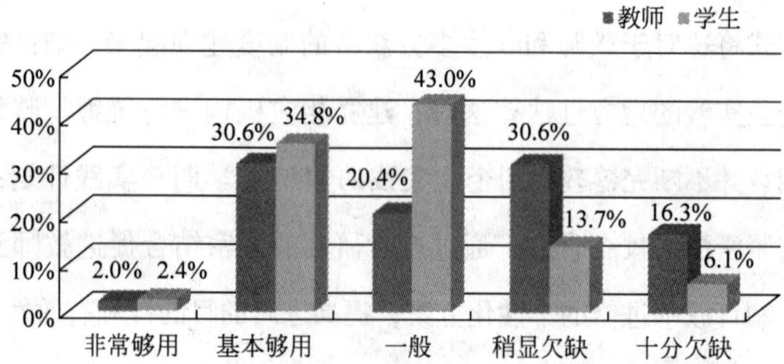

图 4-44　您认为目前获取到的学习资源能否满足“学习领域”课程的需要？

在义务教育领域，为提高学生的知识掌握水平，市场上应运而生了大量的教辅材料，而在职业教育领域内，尤其是中等职业教育阶段，除去教材之外，很难再寻觅到帮助学生提高理论知识和实践技能的教学辅助材料以及辅助教学资源，对于实施学习领域课程的教师和学生而言更是如此。我们不禁要问：实施学习领域课程的辅助教学资源从何而来？目前获取到的教学资源能否满足教学的需要？教师与学生获取辅助教学资源的手段和方法是否存在差别？

调查的数据显示，对于教师来说，网上搜索、与教材配套的教学材料成为使用最为广泛并且频率最高的资源收集手段；而对于学生来说，教材配套的教学材料与教师提供的资料库更具有普遍性和常用性，仅1/3的学生会采取上网搜索的方式搜寻学习资源，经常上网搜寻的学生仅为8.2%。无论是对于教师还是学生，图书馆与书店的图书和报刊显然已经无法成为他们获取教学资源的主要方式。

对于目前学习教学资源能否满足需求的回答，教师与学生的反馈均不是正态分布，并存在明显差异。认为教学资源“欠缺”的教师占总数的46.9%，与认为一般和基本够用的51%，基本不相上下，两极分化趋势明显；而对于学生来说，认为“一般”水平以上的占80.2%，仅有18%的学生认为“欠缺”，呈现出基本认可的状态。

分析表明，当前实施学习领域的教学中，教师除了借助教材配套材料外，主要通过互联网寻找教学资源，形成资料库后提供给学生而学生则十分“享用”配套教学材料和资料库带来的便利，仅有少数学生会通过网络搜寻自己需要的学习资源，正是由于这种资源获取的便利性以及缺乏对知识的探索精神，形成了教师认为实际的教学资源欠缺而学生认为较为充裕的现象。同时在某种程度上说，对于实施学习领域的学校和专业，网络教室、信息中心建设显然要比图书、资料室建设意义与作用大得多，学校和教师应该注意到学生学习方式和学习资源获取渠道的转变，更好地建立设备齐全的网络，为学生提供更加便利的获取信息的平台。

4. 关于教学效果与评价

学习领域课程注重学生综合职业能力的养成，其课程设计不仅注重知识与技能的传授，其一体化的教学思想更关注职业态度、解决实际问题能力与团队协作能力的形成。因而，在教学中采用一体化的教学模式能更有效的促进学生上述能力的全面发展。但在实践过程中，教师与学生如何看待学习领域课程所取得的教学效果？上述能力是否得到了发展？与传统分科课程相比是否具有明显优势？这些问题也是本次研究的关注点之一。

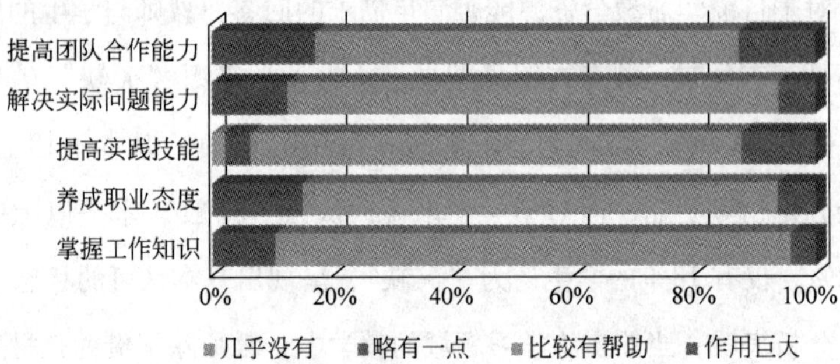

图 4-45　您认为“学习领域”课程对于学生哪些方面更有帮助？——教师

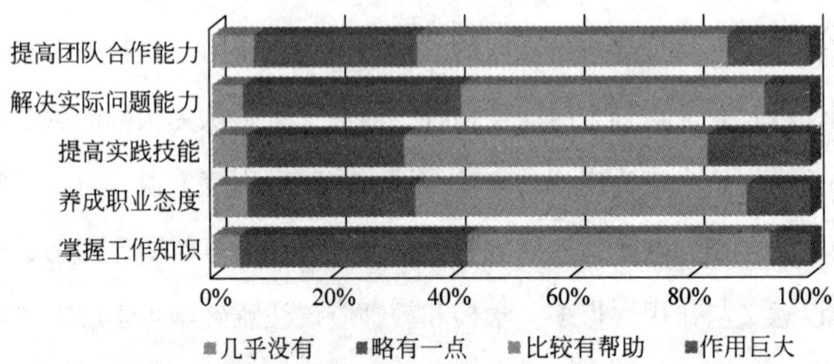

图 4-46　您认为“学习领域”课程对于学生哪些方面更有帮助？——学生

调查数据显示，从总体上看，教师对于学习领域课程对提高学生这五方面的能力与素质的态度比较集中，平均有 70% 以上的教师认为学习领域课程对于学生此五方面的能力与素质的提高“比较有帮助”，而认为“略有一点”和“作用巨大”的均不超过20%，可谓集中趋势较为明显；而学生方面的意见较为分散，认为学习领域课程对于自己此五方面的提高“比较有帮助”在50%左右，认为“略有一点”的从26.4%到38.2%之间，认为“几乎没有”和“作用巨大”的比例很小，可见，学生意见基本呈现正态分布。

我们可以认为，选择“比较有帮助”和“作用巨大”意味着被试认可学习领域课程对于学生的积极作用，持乐观积极态度。具体说来，首先，从排序上教师和学生存在明显差异。教师认为这五项中对学生最有帮助的是“提高实践技能”，其次是“掌握工作知识”、“解决实际问题能力”、“养成职业态度”，最后是“提高团队合作能力”；而学生认为最有帮助的是“提高实践技能”，然后是“养成职业态度”、“提高团队合作能力”、“解决实际问题能力”，最后是“掌握工作知识”；其次，教师态度倾向于帮助较大方面，更为积极乐观，而学生态度较为保守，倾向作用略有一点。例如，关于学习领域课程对学生“掌握工作知识”方面，有85.4%的教师认为“比较有帮助”，认为“略有一点”的仅有10.4%，而学生中仅有50.3%认为“比较有帮助”，却有38.2%认为“略有一点”，明显高于教师比例。

当问及教师相比传统分科教学如何看待“学习领域”课程的教学效果时，51.9%的教师认为学习领域课程“优势明显”，并有40.4%的教师认为略有优势，而认为二者不相上下和传统分科课程有优势的总和仅有6.4%。可见，绝大部分教师认为学习领域课程比传统分科课程更具有优势。

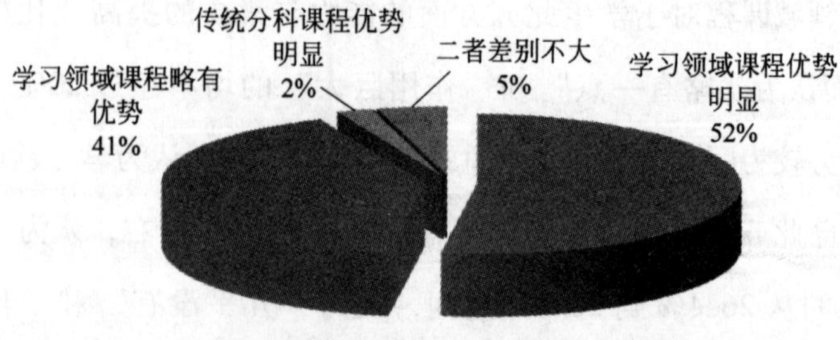

图 4-47　与传统分科教学（课程）体系相比，您如何看待“学习领域”课程的教学效果？

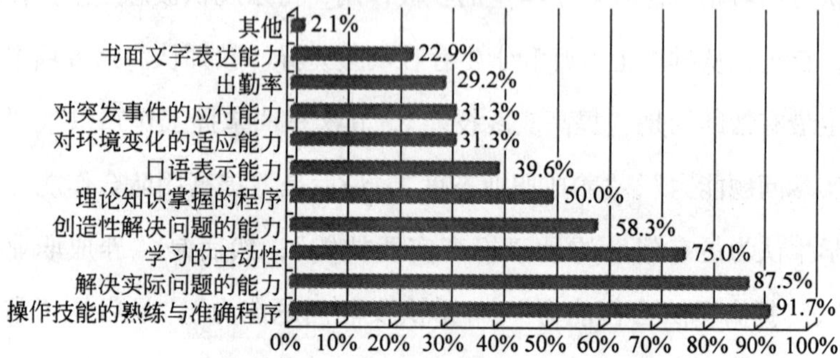

图 4-48　您在对学生进行学业评价时，较多侧重哪些方面？

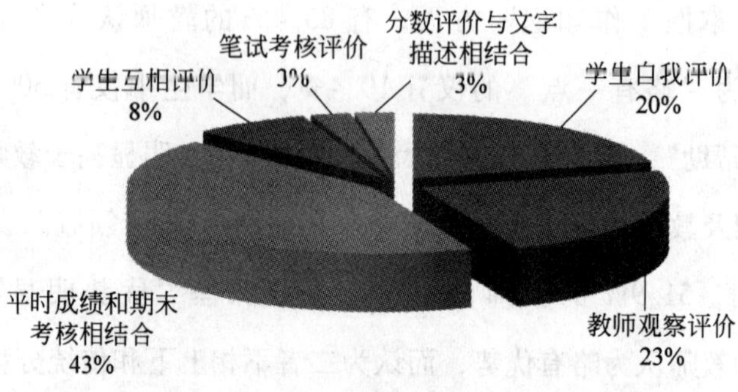

图 4-49　您最为看重的学业评价方式是？

在教学评价方面，传统评价方式更加关注通过教师的讲授，学生在知识和技能方面取得的成果，方式上以结果评价、教师评价、考试考核评价为主；而学习领域课程强调的是学生综合职业能力的养成，不仅包括知识和技能的习得，学业取得的成果，也关注学习的过程，以及更加注重学生对于实际问题的解决，尤其是能够创造性地解决问题、主动学习意识和人际交往等方面能力的提高。因而，在评价重点方面，应体现出对上述能力是否取得发展的关注，方式上应侧重过程评价，从而形成学生自主评价和互相评价为主、教师评价为辅的评价机制。

调查数据显示，在实际教学评价过程中，有 91.7% 的教师十分关注学生“操作技能的熟练与准确程度”，“解决实际问题的能力”和“学习的主动性”也分别有 87.5% 和 75% 的教师会侧重于此，关注“理论知识掌握的程度”的教师仅有 50%。可见，教师在评价中还是比较了解职业学校学生的学习特点与学习目标，基本定位在与学生未来职业密切相关的实践能力的方面。

5. 关于课程实施过程中面临的阻碍

学习领域课程设计打破了学科界限，从工作世界对职业人才的需求实际出发，以典型工作任务和工作流程等为依据编制课程，使课程内容和顺序更贴近工作世界，其理论设想比较完善。但就目前我国职业教育的发展水平而言，坦率地说，学校的建设水平和教师能力素质均难以达到学习领域课程的要求。我们势必发问：在实际的教学与管理过程中，教师、学生和教学管理人员究竟面临着哪些困难和阻碍？其主要原因又是什么？应从哪些方面进行改进？

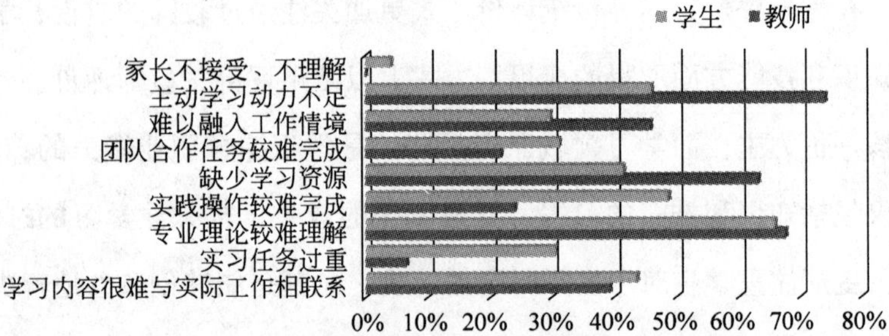

图 4-50　您认为学生在学习“学习领域”课程过程中遇到过哪些困难与障碍？

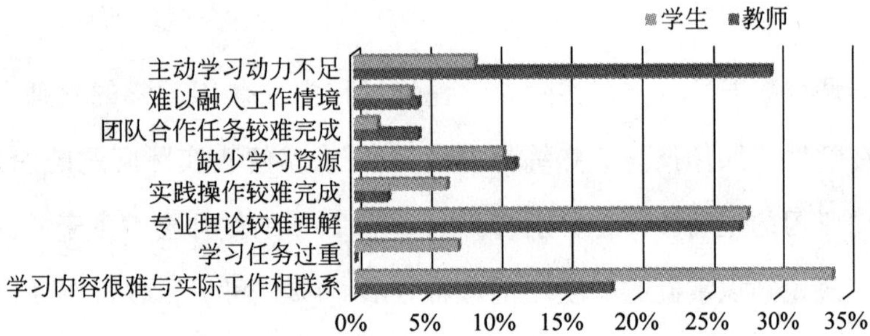

图 4-51　其中您认为最主要的是？

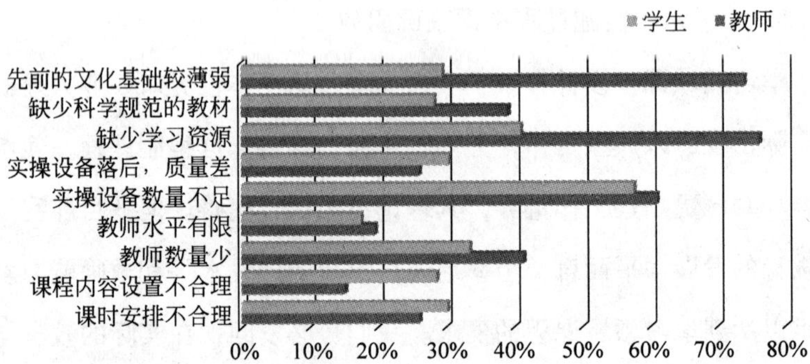

图 4-52　您认为导致学生遇到这些阻碍的原因是什么？

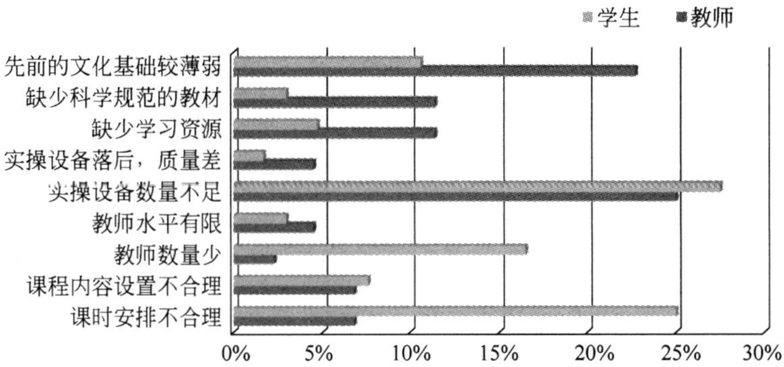

图 4-53　您认为其中最主要的是？

学生在学习过程中难免遇到各种各样的困难与阻碍，学习领域课程的教学也不例外，教师采取相应的补救手段来保证教学效果和提高教学质量的前提是教师能否清楚地了解学生所面临的学习困难。但事实上在大多数情况下，学生真正的学习阻碍并不被教师完全掌握。

调查结果显示，有 65. 7% 的学生面临着“专业理论较难理解”的困难，持该观点的教师也达到 67. 4%，面临“主动学习动力不足”问题的学生有 45. 9%，73. 9% 的教师持同一观点。可见，学生在这两个方面面临的学习困难二者的意见较为一致。但同时，有 48. 6% 的学生认为“实践操作较难完成”成为自己所面临的困难，而仅有 23. 9% 的教师持相同观点；30. 6% 的学生认为自己的“学习任务过重”，对该观点表示赞同的教师仅有 6. 5%。可见，教师在了解学生学习困难情况方面有待于进一步改善。

对于最重要的学习障碍的认识上，33. 9% 的学生认为是“学习内容很难与实际联系”，其次是“专业理论较难理解”和“缺乏学习资源”，而教师则认为，学生面临的学习阻碍中“主动学习动力不足”最为关键，其次是“专业理论较难理解”。分析可见，除了“专业理论较难理解”得到一致认可以外，学生更多地寻找自身以外的因素，即将学习的阻碍归结为外部原因，而教师把学生主动学习动力不足即内部因素归为更为重要的原因。在总结学习阻碍的原因方面，学生多数认为导致学习困难的关键在于“实操设备数量不足”和“缺少学习资源”，大部分教师也持同样观点。而在归纳次要原因方面，学生认为是“教师数量少”和“课程安排不合理”等，而教师认为是“学生先前的文化基础较薄弱”和“缺少科学规范的教材”所造成的。

分析可见，学生与教师在归纳学习障碍和总结成因方面均存在明显差异，学生认为学习障碍与造成障碍的原因更多地来自外部，而教师更倾向于将其归纳在学习资源缺失与学生自身学习动力不足。

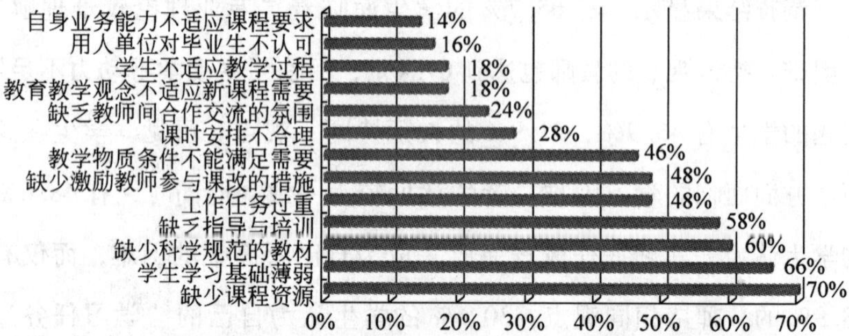

图 4-54　您在教授“学习领域”课程过程中遇到过哪些障碍？

在学生面临学习困难的同时，教师在教学工作中也同样有这样与那样的障碍困扰着其实施教学，有 70% 的教师面临着“缺少课程资源”的困难，面临着“学生学习基础薄弱”和“缺少科学规范教材”

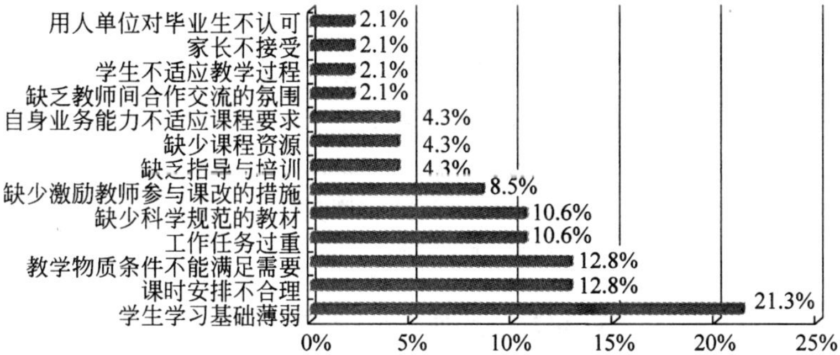

图 4-55　其中您认为其中最主要的是?

的教师也达到了66%和60%，58%的教师认为“缺乏课程指导与培训”。在所有面临的困难和障碍中，21.3%的教师把“学生学习基础薄弱”列于首位，将其视为最大的困难，同时有12.8%的教师将“课时安排不合理”和“物质条件不能满足教学需要”列为首位。将“学生学习基础薄弱”、“缺乏课程指导与培训”、“缺乏课程资源”视为面临的第二大阻碍的教师各有18.2%。可见，教师所面临的困难与阻碍是多种多样的，其中缺少课程资源，缺少科学规范教材等阻碍，具有普遍性，应当引起广大学者和教学管理者的关注。

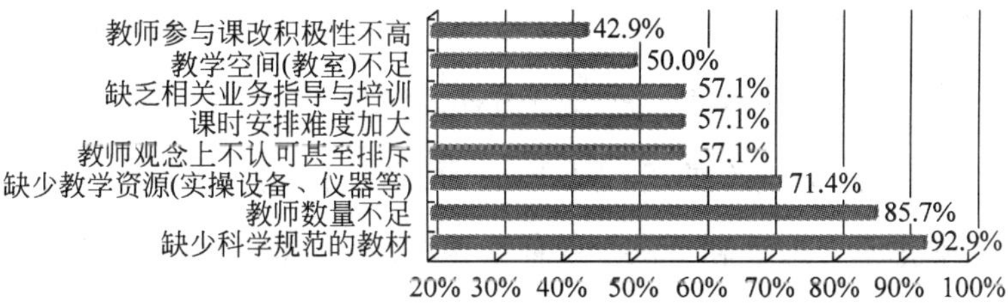

图 4-56　在实施“学习领域”课程过程中，您在进行教学管理方面遇到过哪些困难与障碍?

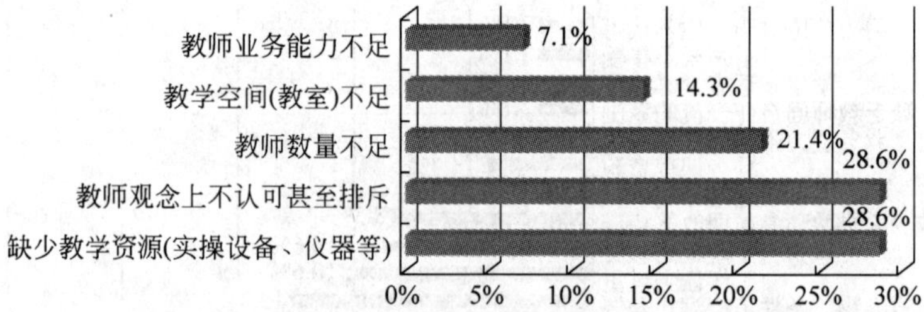

图 4-57　其中您认为最主要的是?

由于学习领域课程是借鉴德国课程模式在我国本土化后的实施与运用，在教材建设、实训基地建设、教师观念接纳、教师能力素质等方面要求较高，对我国目前的学校层面提出了更高的要求，同时，也给教学管理带来了新的挑战。那么，对于教学管理人员来说，实施学习领域课程究竟面临着哪些困难与挑战呢？其中最为关键的又是哪些？在教师和教学管理人员眼中，影响课程的关键因素又是什么？这些问题也是本研究的关注点之一。

调查数据显示，在问卷所列举的所有困难中，除了“用人单位对学生不认可”一项无人选择外，其他选项均有被选。其中，几乎所有的教学管理人员均认为学习领域课程的实施面临着“缺少科学规范教材”的困境，选择比例高达 92.9%，85.7% 的教学人员认为面临着“教师数量不足”带来的困难，认为“缺少教学资源”的有 71.4%，各有 57.1% 的管理人员认为面临着“教师观念不认可”、“课时安排不合理”和“缺少课程指导与培训”的困境。上述这些问题十分普遍，成为大多数教学管理人员面临的困难与障碍。

(四) 学习领域课程方案在教学实践中反映出的主要问题

本次对学习领域课程实施现状的调查内容涉及教材与课程开发、

教学设计与安排、教学过程与资源、教学效果与评价以及课程实施过程中面临的困难与阻碍五大部分。从问卷结果的分析中我们不难看出，当前我国中等职业学校实施学习领域课程在实践层面存在着不少问题，无论是学生、教师，还是教学管理人员均面临着各自的困难与阻碍。对这些问题的总结和梳理，有利于加深对学习领域课程的理解，并为完善学习领域课程在实践中的设计以及建构课程实施条件提供现实依据。

通过问卷调查和访谈结果的总结，我们发现日前实施学习领域课程呈现出以下问题，具体包括：

1. 教学资源方面

学习资料和实操设备缺乏，理论与实践分割的教学环境设计难以满足学习领域课程的理论与实践一体化的教学需要。

校本学习材料（教材）的缺失。调查结果显示，部分学校没有自主开发的学习领域课程以及相应的学习材料，有的采用的是其他学校开发的教材，有的甚至还在使用传统的分科教材；而辅助性的学习材料来源比较单一，教师依靠网上搜寻和教材配套的资料，而学生主要依赖于教师已经收集好的资料，缺少主动参与获取信息的动力和习惯。

实操设备数量不足。只有少数被试表示是在 3 人或不足 3 人的情况下共同操作一台设备，绝大部分的被试表示在一台设备上同时操作的学生达到 4-9 人，甚至 9 人以上，呈现出实操设备数量严重不足的状况。

2. 教师队伍方面

教师数量偏少，教学能力不够完善，缺乏相应的课程开发的经历与教学培训，难以适应学习领域课程提出的新要求。

教师数量不足。有40%左右的学生接受的仍然是单一教师授课的方式，60%的教师和学生仍然处于“平均一名教师指导20名以上学生”境况中，这意味着大部分课堂的师生比超过1:20，教师数量不足难以保证教学效果。

教师教学能力不够完善。有70%左右的教师认为自己在操作能力方面不足，难以满足课程改革需要，有待进一步改善。同时，教师应用的教学方式和方法过于传统，讲授法、演示法等传统教学方法占有相当大的比重，而行动导向的教学方法使用不够普遍。

缺乏课程开发机会与教学培训。教师参与到学习领域课程教材的开发和讲授的热情较高，但缺乏课程和教材开发的经历和机会；并且对于一线教师的培训等级不高、形式单一、数量偏少，仍然更多地停留在对教学管理者的培训上，说明目前“学习领域”课程对于一线教师的培训明显不足。

3. 教学管理方面

教学资源的安排难度加大。由于学习领域课程每次课的时间较以往更长，并且课程中工作任务完成的顺序有一定的规律性，而教师的数量和教学资源又十分有限，这就给教学管理在教学资源和教师的教学计划安排上造成了不小难度。

教师考评制度不够完善。学习领域课程所强调的理论与实践一体化对教师提出了更高的要求，而目前普遍的教师素质和能力又难以达到该要求，所以大部分学校采用理论课教师和实践指导教师同时参与到每次课教学的方式，来弥补教师个体素质和能力的不足。但这也给教师绩效考评带来新的挑战，在教师数量不足的情况下，如何合理搭配同组的两名教师？两名教师在课程中的教学时间和教学贡献的比重如何计量？对教师取得的教学成绩如何考核？这些问题均摆在了众多教学管理人员面前。

面对上述问题，需要我们认真总结和思考，重新审视和理解学习领域课程，分析其框架性教学条件的要求，建构相适应的条件平台，为更好地实施学习领域课程提供基础保证。

第五章　学习领域课程教学条件的要求及其构建

一、学习领域课程的框架性保障条件

(一) 加大资金投入，注重试点校、示范校的建设

试点校、示范校的建设对于整个职业教育队伍起着很大的带头作用，也在职业教育课程改革过程中起着示范作用。在以工作过程为导向的学习领域课程改革的进程中，对这些示范校、试点校给予重视和支持，使示范校发挥它自身的示范作用，试点校发挥它的试验功能。

课程改革是一项比较庞大的系统工程，涉及到方方面面的工作环节，如教学设施的改善、师资的培训以及各种教研活动的开展等多方面，这就需要有一定的资金投入做保证。如果资金投入不足，那么课程实施所需的材料、设备、教材、场地等课程资源都难以保障，无法满足教育教学的正常进行。经费紧张一直是制约职业教育发展的主要

外部因素，也导致了一些职业院校难以高效地进行教育活动，不能真正体现理论和实践的结合。所以，有关部门应高度重视此问题，并加大对进行职业教育课程改革学校的资金投入，使职业教育课程改革顺利进行。同时，对试点校、示范校在课程改革过程中取得的经验进行总结并推广，一方面肯定改革取得的成绩，来激励学校和教师再接再厉取得更大成果；另一方面也是让尚处于观望的学校有可借鉴的经验和成果，鼓励更多的学校和教师参与到教学改革和课程改革中来。同时，应对示范校实行监控和评价，促进和推动示范校的自身建设步伐，更能发挥带头、示范作用。

（二）推广“行动导向”的教学和理论与实践一体化的教学模式

“行动导向”教学并不是一种具体的教学方法，而是以行动或工作任务为导向的一种教学指导思想与策略，由一系列的以学生为主体的教学方法构成，如项目教学法、案例教学法、角色扮演教学法等。其最基本内涵是为了学生的行动而学习、通过学生的行动而学习，也就是说，行动导向教学模式通过现代教育所倡导的学生自主学习，促进学生职业能力的发展。以工作过程为导向的学习领域课程以建构主义的学习原则为基础，不把学习简单地理解为从教师到学生的知识传递，而把知识的获得视为学习者主动建构的过程。教师不再是知识与技能的传授者，而是更多地作为教学的咨询者和课堂教学的主持者。教学的重心由传统的教师的教转向了学生的学。

所以，当前职业学校和教师均应该转变教学观念，坚持“以服务为宗旨，以就业为导向”的原则，构建适宜“行动导向”教学的物质环境和文化环境，使得学校一切的活动均为了提高教学质量而展开。一方面，要改变原有分科授课的模式和资源布局，构建理论与实践一体化的专业教室，提高教学资源的利用效率，为贯彻“行动导向”的教学理念和实施理论与实践一体化教学搭建平台；另一方面，要组织高质量、切实际、范围广的课程培训，提高教师对学习领域课程的认识，通过参与课改课题、课程开发、教材编写项目提高教师素质与能力，促进教师专业化发展，以更好地实施理论与实践一体化教学。

（三）建立科学高效的教学管理体系，为课程改革的顺利进行提供制度性保障

目前教师的数量和教学资源十分有限，加上多名教师同时授课的方式，使教学计划的安排和教师绩效考核的难度随之加大，给教学管理工作带来了新的挑战。实践证明，学习领域课程的实施需要构建更加科学高效的教学管理体制，研究并制定相应的对策，以保障改革工作的顺利进行。

一方面，要重新审视课程规划与教学计划制订的可行性，在完善课程规划与教学计划时，既要考虑到课程本身对工作任务完成所需要的教学条件和教学顺序的要求，也要统筹班级数量与教学资源之间的不均衡状况，还要顾及到教师课时量增加带来的身心压力变大以及可能引发的教学后果。

另一方面，科学地分析教师各自的素质与能力优势，从而使多位教师同时授课产生更优的教学效果，并研制相应的教师绩效考核制度，比如构建教师团队与总体教学效果挂钩的机制，激发教师组建合作式的教学团队负责某几个学习领域的教学，并引入如教师说课比

赛、学生技能大赛，师生技能挑战等竞赛形式，既可以充分调动学生提高技能学习的热情，同时将学生的竞赛成绩与教师绩效考核联系在一起，又可以提高教师钻研业务能力和为教师的考评提供参考依据。

二、学习领域课程对教学条件的要求与建构

（一）开发学习领域校本学习材料，不断总结经验，更新结构和内容

以工作过程为导向的学习领域课程的教学内容与传统职业教育的教学内容有着本质的区别。传统的职业教育是在学科体系的框架下寻求与职业的关系；以工作过程为导向的学习领域课程突破了学科体系的框架，把工作过程知识作为职业教育的核心，把典型的工作任务作为工作过程知识的载体，并按照职业能力发展规律构建教学内容，培养学生的职业能力。① 学习领域课程建构了一个新的基本概念框架——把行业和企业中工作过程作为一个整体来考虑，同时，把课堂讲授的理论指导与工作场所形成的经验相结合，将理论上升到一定高度，并要求在真实的工作情境中，设置工作与学习任务，强调工作中的团队精神，以鼓励学生学习。传统分科模式下的教材体系将理论与实践人为割裂开来，势必难以满足学习领域课程理念的要求，也促使职业学校要在开发学习领域课程的同时，注重相应的学习资料的开发。

① 徐涵．以工作过程为导向的职业教育［J］．教育与职业，2008（3）：6.

1. 学习领域校本学习材料的内涵

校本学习材料（教材）是校本课程开发结果的具体形式，也是职业学校组织教学的重要前提和基础，有其独特的内涵。

学习领域校本学习材料作为组织学习领域课程教学的主要依据，其内涵主要包括两个方面的含义：

首先，区别于传统的教材，学习领域校本学习材料侧重于学生更高效的学习，而不是教师的教学，即强调“学习材料”而非“教材”。传统分科模式下的教材体系强调知识的科学性和系统性，将理论与实践人为割裂开来，既不符合职业学校的人才培养目标和教学思路，更不利于学生的学习，造成普遍的学习障碍和兴趣低下。学习领域校本学习材料则打破理论与实践的分离，让学生在具体的工作过程中学习到工作过程知识，获得构建和参与构建未来工作世界的综合性的职业能力，学生可以十分清楚地了解学习任务的目标、对象、要求和评价标准，从而选择合理的工作方式和策略，高效率地完成任务或项目，提升了学生的主动性，优化学习效果。这也正是称之为“学习材料”而非“教材”的原因。

其次，学习领域校本学习材料是结合区域经济对人才培养质量的要求与学校现有教学资源二者综合考虑、权衡后的产物，即体现“校本”特色。课程按一定标准可以分为国家课程、地方课程和校本课程，教材的分类也与此对应。职业教育本身就是为当地经济发展服务的，尤其是中等职业教育，更是要求其为区域经济服务的有效性，因此以工作过程为导向的学习领域课程对学习材料的开发要体现出区域性和行业性。同时，职业教育学校的教学资源、条件、师资水平等差异较大，为区域经济服务的功能和定位也不尽相同，这就要求职业学校对学习材料的开发应以学校本体为主，充分考虑自身条件，结合教师和学生的素质水平开发相应的课程学习材料。

2. 学习领域校本学习材料的主要特点与功能

首先，学习领域课程以学生在实际工作中学习到工作过程知识为目标，其学习材料的编排始于对真实工作岗位典型工作任务的分析，其形式以具体任务或项目开展，有助于学生自主学习。职业学校的学生长期以来的学习经历大多是学科性课程学习，习惯于听教师讲授、看教材论述、应付期末考试。对于实践课的学习，多是完成相对简单和单一的技能考核。传统的学科课程虽然也有明确的课程目标，但是比较抽象，教师和学生往往难以把握。对于如何完成具体的相对完整的工作任务，处理实际工作中的项目，学生更是缺乏相应的训练。学习领域课程的教材将课程目标转变成非常具体的学习任务，并将需要完成的任务或项目的目标、对象、工具和方法等清楚地告诉给学生，学生能够清晰地知道该课程要完成多少个学习任务，这些学习任务的大体要求是什么，可以根据自己的实际情况制订学习计划，进行学习时间和进程的安排。同时，完成任务的资料准备、过程描述与任务可能的结果是开放式的，并不出现在学习材料中，需要学生在完成任务过程中自己收集资料、总结并填写，这就使学生掌握了学习的主动权，改变了以往被动学习的状态，大大提高了学生的积极性和主动性。

其次，学习领域课程学习材料明确了工作任务完成的目标和对象，有助于学生提高学习效率。完成典型的工作任务是学习领域课程学习的核心部分，也是难点所在。如前所说，教师设计的学习情境和学习任务要留给学生足够的发挥想象力、创造力的空间，让学生自己去完成一件能体现自己学习成果的“事情”，这样的要求，对学生来说是有难度的。学习领域课程的学习材料告诉学生完成学习任务的目标、对象、工具和方法等，学生在这个基本框架内完成任务，其结果可能是唯一的，也可能是开放的，既可以发挥自己的主观能动性，也可以少走弯路。

再次，学习领域课程学习材料提供可操作的教学和评价建议，规范了课程的实施过程，有效保障了教学质量。学习领域课程学习材料中提供给教师可参考的教学建议，帮助教师创设学习情境，给出任务完成过程中各个环节教师应扮演的角色和需要做的具体工作，为缺少工作经验的青年教师提供了指导学生实践的工具，增强了教学实施的可操作性。同时，学习领域课程用过程考核和学习任务考核替代期末考试、关注学生个体差异，注重表现性、发展性评价，采用学生自我评价为主，学生之间互评为辅的方式，并把评价贯穿于完成每一个工作任务的相应环节中。这样，学生不仅明确了需要完成的任务，更了解了各阶段的评价标准，大大激发了学生认真完成每一个学习任务的积极性，这就为整个课程教学质量提供了基础。

3. 学习领域课程校本学习材料开发的几点建议

首先，明确校本学习材料在不同阶段的定位。校本学习材料开发的目的在于满足学生学习需要、提升学生综合职业能力和专业技能水平，以适应社会不断发展变化的要求。科学技术进步、创新工艺等的变化势必影响着学习材料内容的变化。所以，校本学习材料充当起学习资源的主体需要一个不断变化和发展的过程。在学习材料开发和使用前期，校本学习材料应作为国家规划教材、地方教材在教育教学活动中的必要补充，学校首先应考虑的是为学生选好、用好现行的国家教材、地方教材，然后积极鼓励教师进行校本课程和学习材料的开发，作为对现有教材的必要补充。为了保证学生的职业能力培养始终跟上企业和社会对人才的需求，学习材料的内容必须经常更换，要随着课程改革的深入和经验的不断总结，每学年或每学期后有意识地对学习材料进行补充、修订和完善，将产业的发展方向、科学技术进步、创新工艺、管理流程等不断融入到学习材料中，反映产业和技术发展的最新成果，体现科技和管理发展的前沿动向。争取经过两年左右的实践，逐渐使之完善，逐步取代现有教材，成为教师和学生的主要教学资源。

其次，校本学习材料的开发应注重科学性和趣味性相结合。如果在编写校本学习材料的过程中只注重科学性和规范性、职业工作任务的完成，强调编写过程的严谨，就会使学生感到学习枯燥和乏味，校本学习材料的建设很难凸显；如果一味追求生动性和趣味性，又可能使学习材料的意义和作用打折扣。因此这就要求校本学习材料开发者在编写时既要符合中等职业教育的目标又要以学生为本，既注重内容的科学性和规范性，又要考虑到学生的基本素质和学习能力，采取图片以真实设备照片为主、排版颜色丰富、以问题为引导等方式增强教材的趣味性，便于学生学习和提高积极性。

再次，校本学习材料的开发要注重一线教师的参与，并为之提供更多更优质的培训机会。校本学习材料的开发应以学校一线教学人员为主体，充分利用现有教学资源，博采众长，提高质量，实现预期使用效果。在本次调查中，开展学习领域课程改革的学校只有少数专业开发出了相应的学习材料,① 并且在参与开发的过程中教师虽然十分支持并愿意参与课程的开发，学校也有相应的政策支持，但实际真正参与其中的并不广泛，并且在学习领域课程的培训级别、类型、数量等方面，多停留在教学管理的层面上，一线教师的参与情况均不理想。所以，开发校本学习材料，要更加广泛地为一线教师开展课程培训，提供课程和学习材料开发的机会和平台，出台鼓励教师积极参与的政策措施，同时完善网络信息化建设，为教师更好地获取学习资源提供条件。

最后，在为学生提供学习材料方面，教师应注重适度原则。本次调查结果显示，当前开展学习领域教学的学校中，教师和学生获取学习资源的方式也与以往大不相同，教师除了借助教材配套材料外，主要通过互联网寻找教学资源，形成资料库后提供给学生，而学生则十分“享用”配套教学材料和资料库带来的便利，而不愿自己主动寻求信息。这些讯息给了我们重大的启示：学习材料的开发应注意学生的参与，过多学习资料的提供将影响学生主动学习的可能，阻碍学生的自我学习，应协调好学习材料中信息供给量和供给方法的适度性，提高学生收集信息、处理信息的能力，才能发挥学生自主探究学习的

① 注：有的学校将某些专业的学习材料称之为“工作页”，例如广州市中等职业教育地方教材建设委员会编写的汽车维修专业的多本学习材料，如：汽车发动机构造与拆装工作页、汽车传动系统维修工作页等。

能动性。

（二）构建一体化专业教室，为理论与实践一体化教学提供保证

1. 学习领域课程对传统教室和实训室提出新要求

在我国绝大多数的职业学校中，由于传统课程的设计方式人为地将本属于同一学习过程的学习内容割裂开来，将实践知识和理论知识归入到不同的课程体系，这就造成职业学校的教学在空间上教室和实训室的分离，在时间上要分别进行，这使得学生学习同一职业任务领域内的知识和技能要在不同的时间和不同的地点进行，造成了学生对理论知识和实践技能的感性分裂，也就必然难以培养出融合理论与实践于一体的技术专家。因此，职业领域内理论与实践的整合必然成为职业教育课程改革的核心。其中，最重要的前提就是在教学场所上的有机整合。

实施以工作过程为导向的学习领域课程多数情况下要应用行动导向的教学方法，其物质基础是理论与实践一体化的专业教室，它是师生进行模拟职业活动、实现学习领域课程目标——学生获得工作过程知识、提高综合职业能力的重要场所。一体化的专业教室不仅仅是包括课桌、黑板、讲台的传统意义上的教室，而是不仅可以满足理论教学的需要，又可以达到进行实践操作练习的要求，能够根据典型工作任务和学习情境的要求，为学生提供尽量真实的工作环境。在一体化专业教室中，将依据主要功能划分为理论学习区和实操学习区，以及存放工具和资料的备品区等。在实践学习的时间段里，教师首先将学生分成学习小组，布置工作任务，讲解工作要求、工具使用、注意事项等，然后学生开始到实操学习区开展工作，完成教师布置的工作学

习任务，出现的个别问题可以在现场由教师指导或者在理论区进行讨论，而在操作中涉及必需的理论知识或是普遍出现的问题，教师在理论区为全体学生进行讲解。

这样，在空间上将教室和实训室有机整合，在时间上可以将理论与实践在同一时间段内穿插进行，可以让学生在同一时间段内相对完整地以完成工作任务为核心，将理论与实践知识有机地融合，通过与工作人员和教师的沟通、与小组成员的合作，完成一个个具体的工作任务，取得特定的工作成果，从而学习到相应的工作过程知识和技能，获得必要的工作经验，提高综合职业能力。

2. 目前职业学校构建一体化专业教室的主要困境

理论与实践一体化的专业教室是学生获得工作过程知识、提高综合职业能力的重要场所，其主要包括理论学习区和实操学习区，其设施布置的合理与否，对于学习过程、学习效果以及最终实现课程目标均有着十分重要的影响。针对目前职业学校的实际情况，将原有的理论课教室和实训车间进行一体化教室的改造还存在不少困难与阻碍。由于一体化的专业教室要能够实现理论和实践学习的双重任务，加上又要能够提供一定的学习和工作情景，所以对于教室面积、使用效率以及设备的质量和数量均有着较高的要求。

首先，由于存在着理论学习区和实操学习区的划分，教室中除了课桌、黑板、讲台之外，必须要有相应数量的实操设备，并且其占有更大的面积，在教室使用率上必然要比传统理论课教室高很多。而传统理论课教室和实训车间在建造时仅是按照单一功能的授课要求设计的，并没有考虑到二者皆有的布局，这使得将传统教室或实训室改造成一体化的专业教室时，在布局的设计和使用效率方面提出了不小的挑战。

其次，学习领域课程强调用于学习的工作任务来源于对典型工作任务的提炼和转化，势必需要与企业一线设备更加一致或相似的实操设备，这也正是当前多数学校缺乏的。职业教育与普通教育在教学层面最大的区别就在于实践性教学的存在，其不仅需要相应的使用周期较长的设备和工具，更需要一些实践教学中无法再生的一次性使用的加工工具、零件等消耗品，这些动辄上十万、上百万的设备和难以统计的教学材料的消耗，使得职业学校在经费支出上要远比普通学校高出很多。有研究显示，职业学校的经费投入至少应达到当地普通学校经费 2 倍以上才能够满足职业学校的正常运作以及取得更好的学习效果。而目前的状况是，只有少数职业学校的经费与当地普通学校的投入基本持平或略高于普通学校，而绝大部分的职业学校的经费均不及普通学校。这就造成了职业学校难以有更多的经费用于实训设备的更新和维护上。

3. 一体化专业教室的改造思路与解决策略

对于职业学校而言，经费是影响教学环境质量的核心要素，也是头等难题。在理想的状态下，构建崭新的一体化教学实训基地是最利于开展学习领域课程的理论与实践一体化的教学，但是，针对目前职业学校普遍存在的设备少、资金难等问题，改造现有的教室和实训室，使之能够满足理论和实践教学的双重功能不失为可行的策略。对教室和实训室的改造存在着许多不同，主要是由教室和实训室的改造成本和改造后的功能决定的。

对于一体化专业教室的改造要合理布局，有机整合，尽可能发挥现有资源的功能。发挥现有的教学资源的功能，就是要将目前的教室和实训室加以改造，有机融入新的元素，使其拥有一体化的专业教室的功能与作用。简单说来，就是要将传统教室中的黑板、桌椅和多媒体设备移植到实训室中，将实训室中体积较小、操作简单、任务单一的设备搬进教室，使二者互补性地增加理论和实践教学功能，从而达到一体化教学的要求。

对于教室的改造，其思路是保证其理论教学功能不变的前提下，以为学生提供进行简单的基础性工作任务为目的，能够兼顾工作任务较为简单、环节较少、设备体积较小的实践教学。教室中划分出理论教学区和实践区。在理论区，应配备各种教学设备和多媒体、计算机辅助教学设备，实践区配备仪器仪表、设备模型和挂图表格等，教师在理论讲授结束后，立即进行演示实验，然后让学生在实践区进行演练。教室中桌椅的摆放以学生学习小组形式排列桌椅，大多为五六个人为一组，便于学习中的互相讨论和交流。在实践区，应保证每个学生或至少 3 至 4 名学生拥有一个实操工作台，以及相应的工具、设备等。有条件的学校，可以配备计算机辅助教学设备，针对专业教学，开发模拟仿真的计算机软件，进行计算机模拟训练，一是可以降低某些昂贵的实操设备较高的运行成本，也可以减少或避免由操作带来的危险。

对于实训室的改造，其思路是保证其实践教学功能不变的前提下，开辟出理论教学区域，以能够完成在实践教学过程中遇到的必须讲授的理论知识为目的。在学习领域课程的教学中，教师要为学生创设一定的工作情境，并设计较为完整的工作任务，让学生在实践中获得工作过程知识。而在具体实践中，有部分内容涉及一定的理论知识，这就需要教师能够及时而准确地把握时机为学生讲授。所以，实训室要将原有的实操设备进行重新布局，腾出一定的空间来摆放足够数量的桌椅，以确保一个班的学生进行短时间的理论教学，或是针对实践操作中的具体问题进行集体讨论。

以真实设备和仿真模拟相结合的方式，以较少的占地面积和经费投入，使得传统的教室和实训室都拥有了理论教授和实践教学的双重功能，学生不必来回奔波于理论教室和实习车间，减少了理论与实践的隔阂，提高了学习效率。

（三）提高教师素质是实施学习领域课程的关键

1. 学习领域课程对教师个体的要求①

职业教育的培养目标是为生产、建设、管理、服务第一线培养适用的技能型人才，这就决定了中等职业学校教师不仅要具有本专业扎实的理论知识和丰富的教育经验，而且必须具备本专业较强的实际工作能力。学习领域课程倡导的行动导向教学以及多数中等职业学校采取的一体化的教学模式，无疑更加强调了教师要具备理论与实践的双重能力和素质，要求教师既要有较高的理论教学水平，又要有相应的实践经验或应用能力；既要精通专业理论知识和实践操作技能的联系和规律，又能像企业中的“师傅”那样示范并指导学生实践操作，

① 徐涵．职业教育学习领域课程方案对教师的新要求［J］．教育与职业，2007（2）：50-51.

且能将行业职业知识、能力、态度融合于教育教学过程中，使学生获得综合的职业能力。具体来说，学习领域课程对教师提出了以下几个方面的要求：

（1）学习领域的课程目标要求教师由以传授知识、技能为主转向以培养学生的能力为核心。

学习领域课程方案以培养学生建构或参与建构工作世界的能力为教学目标，这就要求教师转变教育观念，不再把知识的传授和技能的训练作为职业教育教学的核心任务，而把职业能力的培养作为职业教育的追求目标。这就要求教师以能力培养为核心选择教学内容，设计教学过程，为学生创设能充分发挥其潜能的学习情境。

（2）学习领域的课程方案要求教师具有课程开发能力，熟悉职业实践，具有跨学科和团队合作能力。

首先，教师要具有课程开发的能力，能将典型的职业工作任务转化为适合教学、具有教育价值的学习任务。在传统教学中，教师基本上是按教材上课，至多根据技术、工艺的变化，添加一些新的技术和工艺方面的知识，只要具有搜集信息的能力，就可以完成教学任务。学习领域的课程方案只给出了系列典型的职业工作任务及其应教授的理论与实践知识，如何设计项目，选择适合教学的具体的工作任务则成为教师的必备能力。

其次，教师要具有职业经验，了解企业的工作过程和经营过程。一方面学习领域的课程开发，要求教师了解企业的真实的工作世界，这样才能从整体联系的视角选择具有典型意义的职业工作任务作为学习领域，也才能在具体的工作过程中发现具有教育意义的学习任务。另一方面，由于学习领域课程方案不再是按照学科的方式进行设课，而是以典型的职业工作任务来建构教学内容。也就是说理论知识和实践知识通过典型的职业工作任务有机地结合起来，只具有专业理论知识，而不熟悉职业实践的教师已经很难胜任教学工作。这就要求教师通过企业见习、实习等途径了解企业，积累工作经验。

第三，教师应具有跨学科和团队工作能力。在传统的教学中，教师都有自己的专业，基本上是独立完成教学工作，可以不和其他学科的教师有业务上的交往。但学习领域课程方案是一种跨学科的课程计划，教学内容涉及多个学科，因此对绝大多数教师而言，很难独自一人很好地完成对学生的指导工作。这一方面要求教师具有跨学科的能力，不仅要娴熟本学科的专业知识与技能，还要了解相邻学科、相关学科及跨学科的知识与技能。另一方面要求教师具有团队合作的能力，教师要从个体的工作方式走向合作，不同专业领域的教师联合起来进行学习领域的教学，这对教师来讲，是工作方式的根本改变，他必须与同事建立联系，关注其他专业领域的发展。

（3）工作过程知识的获得要求教师具有创设学习情境的能力

在传统教学中，教师传授的是可以用语言符号表述的基本理论知识和技术理论知识，工作过程知识特别是隐性的工作过程知识并没有进入教育者的视野。学习领域课程方案是以工作过程知识为核心的。工作过程知识是“知道如何”的知识，它由两种不同形态的知识所构成，一种是技术形态的显性的知识，往往表现为一套明确阐述的技术规则，是可以言传的，这部分知识在传统的教学中占有一席之地；另一种是实践形态的隐性的知识，往往是不可言传的，仅能以实际操作的方式加以表演或演示，这部分知识是传统的职业教育教学中所忽视的。描述一项技能如何进行的知识（显性的工作过程知识）和实际完成这项技能所需要的知识（隐性的工作过程知识）是很不相同的。记住技术规则并试图成功地将之运用于实际，这种企图永远不可能完全地成功，因为一个人不可能仅仅通过阅读技术操作指导手册就能成为专业能手。

工作过程知识是与人们的行为和目标达成有密切关系的知识，具有情境性特征，是与职业活动紧密相连，许多工作过程知识脱离了具体的工作情境便失去了它的意义。工作过程知识的这种特性决定了它不能像学科知识那样可以通过语言符号进行传递，而必须在具体的情境中，在行动中获得，这就要求教师应具有创设学习情境的能力，通过创设真实的或模拟的工作情境，使学生身临其境，使学生在行动中，在体验的过程获得工作过程知识。

（4）行动导向的教学原则要求教师对自身在教学过程中的角色进行重新定位

行动导向教学主张师生的双向互动，认为整个教学过程需要教师和学生的积极热情参与及投入，这就要求教师在教学过程中对自身的角色进行重新定位，教师不再主要是知识的传授者，而成为教学的组织者、引导者、咨询者和评价者；学生也不再是知识的被动接受者，而成为知识的主动建构者，与传统教学相比，行动导向教学中教师的角色发生了根本性的变化。

2. 学习领域课程师资的困境[①]

课程改革最大的动力来自教师，其阻力也同样来自教师。学习领域课程在实践推广中出现诸多问题，面临着许多阻碍，从教师方面来说，最主要有以下几个方面：

首先，教师数量与素质难以达到学习领域课程行动导向的一体化教学的要求。

调查结果显示，多数学生和教师所在的学校一体化教学方式采用2名或2名以上教师同时指导的方式，课堂上的师生比例大部分在1: 20以上，平均每名教师需要照顾到20名以上的学生，70%的教学管理人员和40%的教师认为，目前讲授学习领域课程的教师在数量上不能满足教学要求，反映出教师数量不足的状况。

同时，由于学习领域课程方案不再是按照学科的方式进行设课，而是以典型的职业工作任务来建构教学内容。也就是说理论知识和实践知识通过典型的职业工作任务有机地结合起来，教师只具有专业理论知识而不熟悉职业实践已经很难胜任教学工作。但调查结果表明，有40%左右的教师认为自身的操作能力偏弱，理论知识方面较好；有30%的教师认为自身在这两方面能力均偏弱，这就意味着有70%左右的教师认为自身在实践操作能力方面不足，很难胜任教学工作！

其次，教师工作量过多、心理压力较大而心有余但力不足。

---

① 王启龙、徐涵．中等职业教育学习领域课程师资队伍面临的困境与对策［J］．中国职业技术教育，2010（11）：77.

如前所述，学习领域课程以工作过程知识为主要的教学内容，课前教师要查阅大量的教学资料，并为学生的学习提供可供参考借鉴的学习资料，课堂上又要尽可能地创设学习和工作情境，依照“信息、计划、决策、实施、检查、评估”这样完整的行动方式来进行教学，使学生在实践中获得工作过程知识，更好地形成综合的职业能力，而且大部分教师在课堂上要照顾到20名以上的学生，这使得教师备课和上课难度明显加大。同时，多数学校采取的一体化教学模式每次课的时间在90至180分钟，有的甚至更长。调查数据显示，75%左右的教师感到课时多、疲劳、心理压力大。虽然大部分教师认可学习领域课程的教学效果，也表示支持进行课程改革，愿意参与到改革中来，但是，客观的状况使得教师工作量过多、心理压力较大，这就意味着教师基本上是超负荷工作，这又如何能够调动起教师参与课改的积极性呢？长此以往，身心俱疲的教师又如何以饱满的情绪保证教学效果呢？

再次，教师对于行动导向教学方法的掌握与使用难以满足教学要求。

学习领域课程方案以培养学生建构或参与建构工作世界的能力为教学目标，以学生在实践中获得工作过程知识为核心内容，而不再把知识的传授和技能的训练作为教学的核心任务，这就要求教师要以能力培养为核心，设计教学过程、使用以行动为导向的教学方法。但调查结果显示，目前在讲授学习领域课程的过程中，传统的教学方法“讲授法”和“演示法”，仍是教师们最普遍采用和最为常用的教学方法，虽然有部分教师认识到了如“案例教学法”、“项目教学法”

已经取得较好的教学效果，学生的兴趣和参与积极性较高，但是，以行动为导向的教学方法在实际中的应用还十分有限，这使得知识更多地来源于教师的语言和演示，学生很难通过工作情境下的任务完成获得隐含在行动中的工作过程知识，学生依旧是知识的被动接受者，而没有成为知识的主动建构者，这与学习领域课程的教学目标大相径庭！

3. 学习领域课程师资建设的设想①

任何课程的改革最终都是通过教师来完成的，教师的素质很大程度上影响着课程改革的成败，这就需要对传统的以工程科学为导向的职业教育师资培养模式进行改革，探索以职业科学为导向的职业教育师资的培养新模式。学习领域课程方案的实施对教师提出了全新的素质要求，同时也对师资的培养提出了严峻的挑战。教师素质的提高与完善，与教师的职前培养和职后培训体系密切相关，而目前职业教育教师培养机构相对缺乏，多数教师来自普通高等教育，而对于职业教育的人才培养体系和教学均相对陌生，面对这种状况更是凸显了职后培训对于职业教育教师素质提高的重要性。所以，提高学习领域课程的教师队伍的建设水平和参与课程改革的积极性，主要依赖于多种形式的学习与培训，可以从以下几方面着手：

首先，转变传统教育观念，加强对先进的课程理念的学习，鼓励教师积极参与到课程改革中来。

---

① 王启龙、徐涵．中等职业教育学习领域课程师资队伍面临的困境与对策［J］．中国职业技术教育，2010（11）：78-79.

学习领域的课程方案是以培养学生具有“广泛的、职业的、社会的和个性的活动能力”为教学目标，使学生具有建构或参与建构工作世界的能力，这与传统的职业教育以培养学生的适应能力，即适应工作世界的能力为主要培养目标有很大不同。这就需要教师认真体会学习领域课程在其设计理念和课程思想上的重大变革，加强对课程理念的学习与领悟，在思想上与课程的设计思路保持一致，并在教育实践中进行多层面、多角度的分析与反思，在反思中不断积累经验。同时，作为职业学校必须重视引导教师加强学习，把集体学习与个人自修结合起来，可以邀请课程改革专家、学者为教师们做专题讲座，向教师宣传职业教育改革的发展趋势及应对策略，并开展教师之间的学习体验交流与研讨，通过各种学习活动的开展，使教师对学习领域课程改革的目标、趋势及措施有了进一步的认识，增强教师参与课程改革的使命感、责任感，激发教师参与学习领域课程改革的主动性和积极性。

其次，研究教学，提高教研科研能力，鼓励教师投身于学习领域课程改革。

教师进行教学研究是提高教师专业教学素质的主要形式。职业学校的教研活动可以以专业、年级为单位，我们更加鼓励打破学科、专业界限，开展跨年级、跨学科、跨专业的主题式的教学研究活动。因为作为一种跨学科的课程计划，学习领域课程方案的教学内容涉及多个学科，对于绝大多数教师而言，很难独自一人很好地完成对学生的指导工作，这就要求不同专业领域的教师联合起来进行学习领域的教学，必须与同事建立联系，关注其他专业领域的发展。跨年级、跨学科、跨专业的主题式的教学研究活动正是提供了这样一个平台和可能。在活动中，有计划、有主持人、有中心发言人、有围绕某一学习领域或学习主题的研究内容，教师有精心准备的发言材料，其内容可以包括观摩听课、课后集体评议、经验交流、进行案例学习研究等，以形成教师合作互动、经验分享的格局。同时，职业学校可以开展优质课竞赛、教研组活动竞赛等活动，为教师创设展示集体智慧和个人教学风采的舞台，举行形式各异的教学成果展示活动，使每位教师都能深入其境，得到锻炼、提高和发展。

参与完成教研、科研课题是培养教师科研能力，提高教师素质的重要途径。由于学习领域的课程方案只给出了系列典型的职业工作任务及其应教授的理论与实践知识，如何设计项目、选择适合教学的具体的工作任务则成为教师必备的能力。教师在参与学习领域课程改革的教研、科研课题的过程中，注重收集与学习领域课程课题研究的相关资料，加强教师之间的交流与合作，鼓励教师将研究的心得体会及时记录下来，边研究、边反思、边总结，使教师从中学习和掌握了教育、科研的基本方法，也提高了其反思教学、优化教学的积极性和主动性，培养了教师的研究能力、分析问题和解决问题的能力，使教师们深刻地认识到：作为学习领域课程的授课教师，必须从被动的课程执行者，转变为课程的研制者和课程资源的开发者，教学的组织者、引导者、咨询者和评价者，学生也不再是知识的被动接受者，而成为知识的主动建构者。通过参与学习领域课程改革的课题研究，促进教师的专业学习、研究教学工作、反思教学，提高教学质量和教学能力，对于教师的素质提升和对于教学的理解都具有重要的影响和作用。

再次，构建既分工又合作的教学团队组织，推动教师教学能力提高。

学习领域课程方案是一种跨学科的课程计划，要求教师具有团队合作的能力，教师要从个体的工作方式走向合作，不同专业领域的教师联合起来进行学习领域的教学，这就要求教师组成学习型组织——教学团队，共同探讨和制定学习领域课程的教学策略，制订方案，收集教学项目的信息资料，形成资源共享、互帮互助、团结协作的工作方式和环境氛围，更好地为学习领域课程的实施创造条件。职业学校可以骨干教师为中心，建立学习领域教学团队，一个团队负责一个或几个学习领域的教学。对于教学团队的建设可以学期或学年为单位分成三个阶段：第一阶段，让每名教师精专于一个学习领域的教学，逐渐使其成为这个学习领域教学的“高手”；第二阶段，整个团队在保证“单兵作战”的前提下，可以让教师向第二个学习领域发起挑战，在已有的教学经验和成果基础上，不断完善该学习领域教学的经验总结和资料积累；第三阶段，可以让教学团队之间广泛的交流与合作，交换或改变团队的教学任务，使团队的整体教学能力再次提高。这样，经过几轮的教学实践后，每个教学团队和每名教师都可以胜任多个学习领域的教学任务，使教师提升了对课程整体的认识和把握。同时，学校应注意教师梯队建设，帮助团队中的教师制订晋升省、市、区、校级骨干教师培养计划，尤其要关注有发展潜力的青年教师的培训和发展规划，既发挥了骨干教师的引领和带头作用，又促进年轻教师不断向骨干教师学习并超越。既分工又合作的团队教学方式，增强了教师的归属感和工作责任心，更提升了教师的工作效率和效果。

最后，通过见习、实习等途径了解企业，增加教师职业实践经验，提升教师综合职业能力。

专业实践能力是职业学校专业教师最重要的核心能力。教师到企业生产第一线的实践进修是提高教师专业技能水平和实践教学能力的有效途径，也使教师了解企业的工作过程和经营过程等真实的工作世界，这样才能从整体联系的视角选择具有典型意义的职业工作任务作为学习领域，也才能在具体的工作过程中发现具有教育意义的学习任务，并且创设和模拟工作情境。

在具体执行过程中，职业教育相关部门、职业院校、企业和教师各方面都存在着不同程度和不同方式的困难与阻力，在政府行政管理层面，缺少教师到企业实践的可行法律法规保障和独立化运行机构；在学校层面，缺乏专业教师学年（学期）轮训方案、合理的实践计划和自主、个性化的实践方案以及进修经费分担机制和完善的教师评价制度；在企业层面，缺乏合理的利益补偿机制和紧密的校企合作制度与机制；甚至许多教师在对待到企业实践这一问题上也存在着多种误区。

可以通过如下几方面的努力改变现状：首先，制定地方性法律法规使教师到企业实践制度化，重点明确企业、学校和教师各自担负的责任与义务和给予的税收优惠、经济补偿、经费支持和鼓励等问题。其次，建立相应机构保障教师到企业实践的时间和质量，工作包括专业、企业的选择、实践方案的制订、过程的监督与管理和结果的总结与评定等。再次，完善学校长期的教师轮训计划，包括学校整体规划、时间规划、人员规划和专业规划等。第四，建立深层次紧密型的校企合作，提高企业接纳教师实践的积极性。最后，通过制订个性化实践方案提高进修的目的性和有效性等途径来促进专业教师到企业实践。[①]

① 王启龙. 中等职业学校教师到企业实践的困难与对策［J］. 职教论坛，2009 年(5 上)：14.

参考文献

外文文献：

1. Bauer, W.：Einstellungsmuster und Handlungsprinzipien von Berufsschullehrern. Eine emprische Studie zur Lejrarbeit im Berufsfeld Elektrotechnik[M]. Bielefeld：W. Bertelsmann,2006.
2. Boreham N.；Fischer, M.；Samurcay, R.：Work process Knowledge. Routledge Research Studies in Humam Resource Development [M], London, New York：Routledge.
3. Fischer, M.：Von der Arbeitserfahrung zum Arbeitsprozesswissen[M]. Leske + Budrich, Opladen, 2000.
4. Howe, F.；Heermeyer, R. H. H.：Lern- und Arbeitsaufgaben fuer eine gestaltungsorientierte Berufsbildung[M]. Bremen,2000.
5. Kleiner, M./Rauner, F./Reinhold, M./ Roeben, P.：Curriculum-Design I[M]. Dr. -Ing. Paul Christiani GmbH & Co. KG,2002.
6. Lave,J.；Wenger,E.：Situated Learning. Legitimate Peripheral Participation[M]. New Youk, Cambridge/UK：Cambridge University Press,1991.
7. Pangalos, J./Knutzen, S.：Moeglichkeiten und Grenzen der Orientierung am Arbeitsprozess fuer berufliche Bildung[A]. In：Pahl, J.-P./Rauner, F.(Hrsg.)：Berufliche Arbeitsprozesswissen[M]. 2000.

8. Aufsaetze zur Weiterentwicklung betrieblicher Ausbildungsmethoden[J]. In: BWP. 16 Bd. 2,1897.

9. Rauner, Felix: Arbeit und Gestaltungsorientierte Berufsbildungsordnungen – Ein neues Ordnungskonzept für die Entwicklung moderner Berufsbilder und Ausbildungsordnung[A], In: Schritte auf dem Weg zu einer gestaltungsorientierten Berufsbildung[M]. Bremen 1997.

10. Rauner, Felix: Gestaltungsorientierte Berufsbildung [A]. in: Handbuch zur arbeitsorientierten Bildung [M]. R. Oldenbourg Verlag GmbH, München, Wien 1996.

11. Rauner, Felix: Der Berufswissenschaftliche Beitrag zur Qualifikationsforschung und zur Curriculumentwickling [A]. In: Pahl, J. -P. /Rauner, F. (Hrsg.): Lernfeld: Arbeitsprozess[M]. Nomos Verlagsgesellschaft, Baden-Baden,2000.

12. Rauner, Felix: Qualifikationsforschung und Curriculum[A].
In: Fischer, M. /Rauner, F. (Hrsg.): Lernfeld: Arbeirsprozess [M]. Nomos Verlagsgesellschaft, Baden-Baden, 2002.

13. Rauner, F.: Die Beduetung des Arbeitsprozesswissens fuer eine gestaltungsorientierte Berufsbildung[A]. In: Fischer, M. /Rauner, F. (Hrsg.): Lernfeld: Arbeitsprozess[M]. Nomos Verlagsgesellschaft, Baden-Baden, 2004.

14. Rauner, F.: Entwicklungslogisch strukturierte berufliche Curricula: vom Neuling zur reflektierten Meisterschaft [J]. In: Zeitschrift fuer Berufs- und Wirtschaftspaedagogik 95. Band Heft 3.

15. Rauner, F.: Die Befaehigung zur (Mit) Gestaltung von Arbeits und Technik als Leitidee beruflicher Bildung[A]. In: Heidegger, G.; Gerds, P.; Weisenbach, K. (Hrsg.): Gestaltung von Arbeits und Technik—ein Ziel beruflicher Bildung[M]. Frankfurt/Main, New York, 2004.

16. Rauner, Felix. u. a.: Messen beruflicher Kompetenzen, Band I, Grundlagen und Konzeption des KOMET-Projektes[M]. LIT, 2009.

17. Rauner, Felix. u. a.: Messen beruflicher Kompetenzen, Band II, Ergebnisse KOMET 2009[M]. LIT, 2009.

18. Rauner, Felix . u. a. : Messen beruflicher Kompetenzen, Band III, Ergebnisse KOMET 2010[M]. LIT,2010.

19. Volpert, W. : Arbeitsgestaltung und Arbeitsorganisation[A]. In: Rauner, F. (Hg.): Handbuch Berufbildungsforschung[M]. Bielefeld: W. Bertelsmann Verlag,2005.

20. Xu Han. Berufliche Grundbildung im Spannungsverhaeltniss von Wissenshafts- und Arbeitsorientierung in Deutschland und China[M]. Shaker Verlag,2004.

中文文献:

1. (美) 艾伦·C. 奥恩斯坦、费朗西斯·P. 汉金斯. 课程 : 基础、原理和问题[M]. 南京: 江苏教育出版社, 2002.

2. 彼得·FE 斯鲁阿纳. 学习领域和教学组织与安排 [J]. 中国职业技术教育, 2002 (11).

3. 成光琳. 德国职业教育课程改革给我们的启示 [J]. 职教论坛, 2005 (1).

4. 董静, 张友芳. "学习领域"课程模式的试验与研究 [J]. 职教论坛, 2006 (9).

5. (美) D. A. 库伯. 体验学习——让体验成为学习和发展的源泉 [M]. 上海: 华东师范大学出版社, 2008.

6. (美) 戴尔·H. 申克. 学习理论: 教育的视角 [M]. 南京: 江苏教育出版社, 2003.

7. (美) 杜威. 民主主义与教育 [M]. 北京: 人民教育出版社, 1990.

8. (德) 费利克斯. 劳耐尔、赵志群、吉利. 职业能力与职业能力测评——KOMET 理论基础与方案 [M]. 北京: 清华大学出版社, 2010.

9. 黄克孝. 职业和技术教育课程概论 [M]. 上海: 华东师范大学出版社, 2001.

10. 姜大源. 论行动体系及其特征 [J]. 教育发展研究, 2002 (12).

11. 姜大源. "学习领域"课程: 概念、特征与问题 [J]. 外国教育研究, 2003 (1).

12. 姜大源. "学习领域"——工作过程导向的课程模式 [J]. 职教论坛,

2004（8）.
13. 姜大源．学科体系的解构与行动体系的重构［J］．教育研究，2005（8）.
14. 姜大源，吴全全．德国职业教育学习领域的课程方案研究［J］．中国职业技术教育，2007（1）.
15. 姜大源．当代德国职业教育主流教学思想研究［M］．北京：清华大学出版社，2007.
16. 姜大源．世界职教课程改革的基本走势及启示［J］．职业技术，2008（11）.
17. 廉华．“学习领域”课程模式的实践与思考［J］．辽宁高职学报，2007（4）.
18. 莱斯利·P. 斯特弗、杰里．盖尔．教育中的建构主义［M］．上海：华东师范大学出版社，2004.
19. 刘邦祥，吴全全．德国职业教育行动导向的教学组织研究［J］．中国职业技术教育，2007（2）.
20. 刘兵，刘辉．楼宇智能专业学习领域课程体系的构建［J］．宁波教育学院学报，2007（6）.
21. 马成荣．就业导向下职业教育专业课程体系的构建［J］．职教通讯，2006（4）.
22. 马成荣．职业教育课程改革中的现实问题及理性抉择［J］．教育发展研究，2006（9）.
23. 马成荣．职业教育“三以一化”专业课程体系的构建［J］．中国职业技术教育，2006（12）.
24. 马庆发．当代职业教育新论［M］．上海：上海教育出版社，2002.
25. 欧盟 Asia-Link 项目，职业教育与培训学习领域课程开发手册［M］．北京：高等教育出版社，2007.
26. 石伟平，徐国庆．职业教育课程开发技术［M］．上海：上海教育出版社，2006.
27. 王姬．浅谈德国机电一体化专业“学习领域”课程方案——德国职业教育课程改革的启示［J］．职教论坛，2006（8）.
28. 王进．开发集装箱运输学习领域课程方案的研究［J］．辽宁高职学报，

2008（11）.
29. 王启龙．中等职业学校教师到企业实践的困难与对策［J］．职教论坛，2009（5）.
30. 王启龙、徐涵．中等职业教育学习领域课程师资队伍面临的困境与对策［J］．中国职业技术教育，2010（11）.
31. 王启龙、徐涵．学习领域课程教学实践现状调查［J］．职业技术教育，2011（2）.
32. 吴全全．学习领域：职教课程内容重组的新尝试［J］．职教论坛，2004（6）.
33. 谢兵．以实践技能为导向的课题式教学法初探［J］．职业教育研究，2005（5）.
34. 谢兵．"学习领域"课程改革的探索与实践［J］．职业教育研究，2007（5）.
35. 徐涵．关于我国职业教育课程改革的思考［J］．职业技术教育（教科版），2005（31）.
36. 徐涵．行为导向教学中教师角色的转换［J］．中国职业技术教育，2006（2）.
37. 徐涵．职业教育学习领域课程方案对教师的新要求［J］．教育与职业，2007（2）.
38. 徐涵．行业研究和专家—专业工人—工作会议：职业开发与职业教育课程开发的新方法［J］．职教通讯，2007（5）.
39. 徐涵．德国学习领域课程方案的基本特征［J］，教育发展研究，2008（1）.
40. 徐涵．以工作过程为导向的职业教育［J］．教育与职业，2008（3）.
41. 徐涵．学习领域课程在德国实施效果的实证研究［J］．教育与职业，2011（2）
42. 徐涵．职业教育人才培养模式创新［J］．中国职业技术教育，2010.（3）.
43. 徐涵．学习领域课程方案在德国的实施效果——基于最新职业能力测试结果的分析［J］．中国职业技术教育，2010（6）.
44. 徐涵．学习领域课程方案在德国的实施现状的调查与分析［J］．现代教育管理，2010（11）.

45. 徐国庆．职业知识的工作逻辑与职业教育课程内容的组织［J］．职业技术教育（教科版），2003（16）.
46. 徐国庆．职业教育课程研究的技术学范式［J］．中国职业技术教育，2006（1）.
47. 徐国庆．上海中等职业教育课程改革的理论框架［J］．教育发展研究，2007（4）.
48. 徐平利．职业教育的历史逻辑和哲学基础［M］．桂林：广西师范大学出版社，2010.
49. 张皓明．中德职教课程设置比较及探讨——以汽车维修专业课程为例［J］．职教论坛，2005（10）.
50. 赵志群．职业教育与培训学习新概念［M］．北京：科学出版社，2003.
51. 赵志群．职业教育工学结合一体化课程开发指南［M］．北京：清华大学出版社，2009.
52. 赵志群．对《职业院校技能型紧缺人才培养培训指导方案》的解读［J］．中国职业技术教育，2004（2）.
53. 赵志群．论职业教育工作过程导向的综合性课程开发［J］．职教论坛，2004（2）.
54. 赵志群，赵丹丹，弭晓英．我国职业教育课程改革理论与实践回顾［J］．教育发展研究，2005（8）.
55. 赵志群，王炜波．德国职业教育设计导向的教育思想研究［J］．中国职业技术教育，2006（11）.
56. 赵志群．从技能紧缺人才培养工程谈项目课程开发中的两个基本认识问题［J］．职教通讯，2007（1）.
57. 赵志群．职业教育工学结合课程的两个基本特征［J］．教育与职业，2007（10）.
58. 郑家农．学习领域：德国职教改革的新课题［J］．职业技术教育，2002（4）.
59. Wilfried Staudt，Berufsfeld Fahrzeugtechnik．汽车机电技术学习领域 1-4［M］．北京：机械工业出版社，2008.

附件一

徐涵教授、博士

不莱梅大学的访问学者

xuhansy@163. com.

关于学习领域课程在德国职业学校应用情况的教师问卷

尊敬的女士们、先生们您们好！

目前我以访问学者的身份在不莱梅大学研究德国职业教育问题。在中国我们在尝试借鉴德国职业教育的经验，鉴于此，我非常感兴趣，您在职业学校是如何实施学习领域课程的？在实施过程中遇到过哪些困难？同时，我也非常感兴趣，您在评价学生完成的项目（或工作任务）时，您都关注哪些标准。

对您能参与此次问卷调查，我在此表示衷心地感谢！

I　基本情况

1. 性别　　□男　　□女

2. 年龄

________岁

3. 您在哪个培训职业授课？

☐ 工业电子工

☐ 能源与楼宇技术电子工

☐ 机电一体工

☐ 设备机械工

☐ 工业机械工

☐ 信息技术工

☐ 其他培训职业

4. 您在职业学校工作的年限？

________年

5. 您按照学习领域课程方案授课多久了？

________年

6. 在您授课的培训职业中有多少个学习领域？

________个

7. 您在几个学习领域里授课？

________个

8. 您以教师团队的方式组织教学吗？

☐ 从不　☐ 很少　☐ 有时　☐ 比较经常　☐ 经常

II　教师素质

9. 您参加过如何实施学习领域课程方案方面的培训吗？

☐ 参加过　☐ 没有

如果参加过，培训对您有帮助吗？

☐ 非常少　　☐ 很少

☐ 有一定帮助　　☐ 帮助比较大　　☐ 帮助非常大

10. 为了提高教学质量，您认为在哪些方面有接受进修的需求？

____

Ⅲ　教学准备

11. 您是自己还是与教师团队一起备课呢？

☐ 自己

☐ 基本上是自己

☐ 一部分是自己，一部分是以教师团队的方式

☐ 基本上是以教师团队的方式

☐ 完全以教师团队的方式

12. 您自己开发的教学项目或学习情境提供给其他同事吗？

☐ 从不　　☐ 很少　　☐ 有时　　☐ 比较经常

☐ 经常

13. 在您的工作部门有关于教学项目或学习情境的资料库吗？

☐ 有　　☐ 没有　　☐ 不知道

14. 您在备课时利用现有的这些教学项目或学习情境的资料库吗？

☐ 从不　　☐ 很少　　☐ 有时　　☐ 比较经常　　☐ 经常

15. 与传统的专业系统化的课程比较，在准备学习领域课程时，您需要更多的备课时间吗？

☐ 比以往少很多　　☐ 比以往少

□ 基本差不多　　　　□ 比以往多　　□ 比以往多很多

16. 您通过哪些信息来源（渠道）使自己的教学能反映实际的技术发展状况？

____

Ⅳ　学校的设备、教学资料

17. 你怎样评价学校的教学与学习条件？

	非常不足	不足	一般	较好	非常好
实验室					
计算机室					
教室					
实训室					
教学材料					

18. 通过学习领域课程的实施，下列教学条件的利用上发生了怎样的改变？

	明显降低	降低	基本一样	增加	明显增加
实验室					
计算机室					
教室					
实训室					

19. 您认为，学校哪些方面的教学条件需得到改善？

____

V 教学设计

20. 您在教学中使用下列教学方法的频率？

	从不	很少	有时	经常	特别经常
课堂项目教学					
与企业合作的项目教学					
在专业室教学					
讲授式教学					

21. 课堂上的学习任务能够帮助学生解决企业中的工作任务与问题吗？

□ 一点都没有帮助　□ 很少有帮助　□ 部分有帮助

□ 比较有帮助　□ 非常有帮助

22. 与传统的专业系统化教学相比，您怎样评价学习领域课程的教学效果？

□ 更差　□ 差一点　□ 没有明显差别

□ 好一点　□ 更好

23. 您怎样评价下面的表述？

学习领域课程有助于促进

	不赞同	不太赞同	部分赞同	基本赞同	赞同
学生的职业行动能力					
学生的创新能力					
学生的解决问题能力					
学生的团队合作能力					

24. 您在实施学习领域的课程方案中遇到哪些困难?

	从未遇到	很少遇到	有时遇到	较常遇到	经常遇到
教学和学习资料不充足					
学校缺少教学设备					
缺少相应的教师进修与培训					
工作压力加大（比如：需要更多的时间备课）					
学生的学习基础较差					
教师的素质能力不足					
教师之间缺乏经验交流					
学习领域与企业里的行动领域缺乏协调					

25. 您认为哪些因素对于实施学习领域课程方案是重要的关键因素?

	不关键	不太关键	一定程度上	比较关键	非常关键
学生的学习基础					
学校的教学设备					
教学与学习资料					
教师之间的合作					
学校与企业之间的紧密合作					
现代教学方法的应用					
相适应的教师培训					

VI 评价

26. 当您对学生完成的项目进行评价时，下列标准起着怎样的作用?

	标　　准	不重要	不太重要	一般	重要	非常重要
	功能性					
1	性能					
2	实际的可实现性					
3	陈述和解释最先进的技术					
	理解与表达					
4	充分代表客户					
5	充分体现专业性					
6	解决方案说明					
	使用价值					
7	对任务委托者的实用价值					
8	对使用者的便捷性					
9	低易损性					
10	较长期的可用性以及拓展的可能性					
	经济性					
11	考虑成本？					
12	考虑最终成本？					
	工作及经营过程导向					
13	贴近实际的项目计划？					
14	学生自己评价项目？					
	社会可接受性					
15	健康保护					
16	工作安全及事故防护					
	环境可承受性					
17	再循环，可再利用性，可持续性					
18	能源节约及能源效率					
	创造性					
19	创造性地解决问题					

27. 与传统的专业系统化教学相比，学习领域课程方案有哪些优点？

1 ____________________

2 ____________________

28. 与传统的专业系统化教学相比，学习领域课程方案有哪些缺点？

1 ____________________

2 ____________________

29. 您认为学习领域课程方案应该在哪些方面改进？

1 ____________________

2 ____________________

附件二

徐涵教授、博士

不莱梅大学的访问学者

xuhansy@163. com

关于学习领域课程在德国职业学校应用情况的学生问卷

亲爱的同学你们好！

目前我以访问学者的身份在不莱梅大学研究德国职业教育问题。在中国我们在尝试借鉴德国职业教育的经验，鉴于此，我非常感兴趣，你作为学生在项目教学中是如何完成你的项目（或工作任务）的，以及在完成项目的过程中你都关注哪些标准。同时，我也非常感兴趣你是如何评价职业学校的教学的。

当然，除此之外，你也可以通过给我发邮件，阐释你对职业学校教育教学的看法。

对你能参与此次问卷调查，我在此表示衷心地感谢！

I 基本情况

1. 性别　　□ 男　　□ 女

2. 年龄

______岁

3. 你获得的普通教育的毕业水平是：

□ 主体中学毕业　　□ 拓展的主体中学毕业

□ 实科中学毕业　　□ 高等专科学校入学水平

□ 普通大学入学水平/文理高中毕业

4. 你在哪个培训职业中接受培训？

□ 工业电子工　　□ 能源与楼宇技术电子工

□ 机电一体工　　□ 设备机械工

□ 工业机械工　　□ 信息技术工

□ 其他培训职业

5. 你是几年级的学生？

□ 一年　　□ 二年　　□ 三年　　□ 四年

II 教师素质

6. 你怎样评价卜面的表述？

我们的教师	不赞同	基本不赞同	部分赞同	基本赞同	赞同
在教学中考虑到学生的兴趣					
设计的教学过程有趣					
对待学生很严厉					
具有较好的理论专业知识					

续表

我们的教师	不赞同	基本不赞同	部分赞同	基本赞同	赞同
具有较好的职业实践能力					
对企业的现状有比较好的了解					
与企业里的师傅和培训者合作					
关心每个学生					
在教学设计和实施的过程中彼此沟通					
能很好地调动我们的学习积极性					

Ⅲ 学校的设备/教学材料

7. 你怎样评价学校的教学条件?

	非常不足	不足	一般	较好	非常好
实验室					
计算机室					
教室					
实训室					
教学材料					

8. 在学习中除了教科书以外你还利用哪些信息源?

	从不	很少	有时	经常	特别经常
学校图书馆					
教师					
互联网					
城市图书馆					

Ⅳ 课堂设计

9. 教学中，教师以解释并与我们沟通的方式传授教学内容

☐ 几乎没有　☐ 很少

☐ 有时有　☐ 比较多

☐ 主要都是

10. 下列教学方法教师在教学中使用的频率怎样？

	从不	很少	有时	经常	特别经常
课堂项目教学					
与企业合作的项目教学					
在专业室教学					
讲授式教学					

Ⅴ 项目教学

11. 职业学校里的教学能够帮助你解决企业中的工作任务与问题吗？

☐ 一点都没有帮助　☐ 很少有帮助　☐ 部分有帮助

☐ 比较有帮助　☐ 非常有帮助

12. 课堂上的教学内容与企业的工作任务的协调程度怎样？

☐ 差　☐ 较差　☐ 一般

☐ 较好　☐ 好

13. 当你完成学习或工作任务时，或实施项目时，下列标准起着怎样的作用？

	标　准	不重要	不太重要	一般	重要	非常重要
	功能性					
1	性能					
2	实际的可实现性					
3	陈述和解释最先进的技术					
	理解与表达					
4	充分代表客户					
5	充分体现专业性					
6	解决方案说明					
	使用价值					
7	对任务委托者的实用价值					
8	对使用者的便捷性					
9	低易损性					
10	较长期的可用性以及拓展的可能性					
	经济性					
11	考虑成本					
12	考虑最终成本					
	工作与经营过程导向					
13	贴近实际的项目计划					
14	学生自己评价项目					
	社会可接受性					
15	健康保护					
16	工作安全及事故防护					
	环境可承受性					
17	再循环，可再利用性，可持续性					
18	能源节约及能源效率					
	创造性					
19	创造性地解决问题					

附件三

中等职业学校实施学习领域课程情况的调查问卷

——学生问卷

亲爱的同学：

为了全面了解目前中等职业学校实施“学习领域”课程方面的有关情况，我们特进行此次抽样调查。本问卷不记名填写，结果不反馈给您的学校，只是做理论研究之用。请您按真实情况和实际想法填写，以使我们获得准确的统计分析结果。

衷心感谢您的支持与合作！

请在符合您情况的选项前的□内打“√”，无特殊说明，均为单项选择；如勾选“其他”，请在后面的横线上写明您的观点。

I　您的基本情况

1. 您的性别是：　　□ 男　　□ 女

2. 您所在学校是一所 ________学校

□ 普通中专　　□ 职业高中　　□ 技工学校

☐ 职教中心　　　　　　☐ 其他________

3. 入校前，您的学历为________

☐ 小学　　☐ 初中　　☐ 高中　　☐ 其他________

4. 您所学习的专业名称是

____

5. 您现在上几年级？　☐ 一年级　☐ 二年级　☐ 三年级

☐ 其他________

6. 您学习“学习领域”课程的时间已经有________

☐ 一个学期　☐ 两个学期　☐ 三个学期

☐ 四个学期　☐ 五个学期　☐ 六个学期

7. 您所学的专业共有几门专业课程？（包括专业基础课、核心课、拓展课）

☐ 10-12 门　☐ 13-15 门　☐ 16-18 门　☐ 19-21 门

☐ 21 门以上

8. 您所学的专业课程中有几门属于“学习领域”课程？

☐ 1 门　☐ 2-4 门　☐ 5-7 门　☐ 8-10 门　☐ 10 门以上

Ⅱ　关于课程设计与安排

9. 您所学习的“学习领域”课程是否是按照“理论实践一体化”教学模式安排的？（“理论实践一体化”教学模式即在同一个学习任务或项目中，理论与实践教学交替进行，以下简称“一体化”教学模式）

☐ 是　　☐ 否

您对这种上课方式是否适应？（如果第 11 题选择“是”则回答

本题目，选择“否”则不必回答）

☐ 非常适应　☐ 比较适应　☐ 一般　☐ 不太适应

☐ 非常不适应

10. 采用“一体化”模式的课程每次课的时间大约为________（40-50 分钟/节）

☐ 两节连上　☐ 三节连上　☐ 四节连上

☐ 其他________

11. 目前的时间安排您有何感受？

☐ 时间太长，应大幅缩短　☐ 时间较长，应适当缩短

☐ 时间合适，可以接受，不需调整

☐ 时间较短，应适当延长

☐ 时间太短，应大幅延长　☐ 其他________

您认为比较好的时间长度为________（40-50 分钟/节）

☐ 两节连上　☐ 三节连上　☐ 四节连上

☐ 其他________

Ⅲ　关于教学过程与资源

12. 在“学习领域”课程的课堂上，一般有几名教师共同教授或指导？

☐ 只有 1 名　☐ 2 名　☐ 3 名　☐ 3 名以上

13. 在“学习领域”课程的课堂上，平均一名教师指导几名学生？

☐ 5-10 名　☐ 11-15 名　☐ 16-20 名　☐ 20 名以上

14. 您认为目前教师的数量能否满足“学习领域”课程学习的

需要？

☐ 不能满足 ☐ 一般或基本能够满足 ☐ 比较充裕

☐ 十分充裕

15. 您认为目前教师的能力能否满足“学习领域”课程学习的需要？

☐ 不能满足 ☐ 一般或基本能够满足 ☐ 比较胜任

☐ 十分胜任

16. 您认为，目前教授“学习领域”课程的教师的能力如何？

☐ 理论知识偏弱，但操作能力较强

☐ 操作能力偏弱，但理论知识较强

☐ 理论知识和操作能力均偏弱

☐ 理论知识和操作能力均较强

17. 在“学习领域”课程的课堂上，一般每台设备上有几名学生共同使用？

☐ 只有 1 名 ☐ 2-3 名 ☐ 4-6 名 ☐ 7-9 名

☐ 9 名以上

18. 您认为目前的实操设备的数量能否满足“学习领域”课程学习的需要？

☐ 不能满足 ☐ 一般或基本能够满足 ☐ 比较充裕

☐ 十分充裕

19. 您认为目前的实操设备的质量与功能能否满足“学习领域”课程学习的需要？

☐ 不能满足 ☐ 一般或基本能够满足 ☐ 比较充裕

□ 十分充裕

20. 目前您在学习“学习领域”课程时，辅助性的学习资源主要通过什么渠道获得？（多选不限）

□ a. 教材配套的辅助教学材料 □ b. 教师提供的资料库

□ c. 书店的图书、报刊 □ d. 图书馆藏的图书、报刊

□ e. 网上搜索 □ f. 其他＿＿＿＿

其中您最为常用的是哪个？＿＿＿＿（请把序号填写到“＿＿＿＿”上）

21. 您认为目前获取到的学习资源能否满足“学习领域”课程的需要？

□ 非常够用 □ 基本够用 □ 一般 □ 稍显欠缺

□ 十分欠缺

Ⅳ 关于教学效果与评价

22. 您认为通过“学习领域”课程的学习，对于掌握工作知识是否有帮助？

□ 几乎没有 □ 略有一点 □ 比较有帮助 □ 作用巨大

23. 您认为通过“学习领域”课程的学习，对于养成职业态度是否有帮助？

□ 几乎没有 □ 略有一点 □ 比较有帮助 □ 作用巨大

24. 您认为通过“学习领域”课程的学习，对于提高实践技能是否有帮助？

□ 几乎没有 □ 略有一点 □ 比较有帮助 □ 作用巨大

25. 您认为通过“学习领域”课程的学习，对于解决实际问题能

力是否有帮助？

□ 几乎没有　□ 略有一点　□ 比较有帮助　□ 作用巨大

26. 您认为通过“学习领域”课程的学习，对于提高团队合作能力是否有帮助？

□ 几乎没有　□ 略有一点　□ 比较有帮助　□ 作用巨大

27. 教师在对学生进行学业评价时，较多侧重的是哪些方面？（多选不限）

□ a. 书面文字表达能力

□ b. 口语表达能力

□ c. 操作技能的熟练与准确程度

□ d. 解决实际问题的能力

□ e. 理论知识掌握的程度

□ f. 出勤率

□ g. 其他________

其中您认为最重要的是哪方面？________（请把序号填写到“________”上）

V　关于课程学习

28. 与其他专业课程相比，您对“学习领域”课程的总体印象如何？

□ 很感兴趣　□ 比较感兴趣　□ 不感兴趣，也不讨厌

□ 比较厌烦　□ 非常厌烦　□ 其他________

29. 您在学习“学习领域”课程的过程中，通过小组合作学习的方式完成的学习内容的比重如何？

☐ 几乎没有　☐ 偶尔运用　☐ 较为普遍　☐ 十分普遍

☐ 几乎所有

30. 您对待小组合作学习的态度怎样？

☐ 很感兴趣，参与积极　☐ 比较感兴趣，参与较积极

☐ 不感兴趣，偶尔参与　☐ 比较厌烦，基本不参与

☐ 非常厌烦、排斥

31. 您在学习"学习领域"课程过程中遇到过哪些障碍？（多选不限）

☐ a. 学习内容很难与实际工作相联系

☐ b. 学习任务过重

☐ c. 专业理论较难理解

☐ d. 实践操作较难完成

☐ e. 缺少学习资源

☐ f. 团队合作任务较难完成

☐ g. 难以融入工作情境

☐ h. 主动学习动力不足

☐ i. 家长不接受、不理解

☐ j. 其他________________

您认为其中最重要的是哪些？

① ________ ② ________ ③ ________

（依照重要程度选出最为重要的三项，排序后把字母填写到对应的"________"上）

32. 您认为导致您遇到这些阻碍的最重要的原因是什么？（最多

选三项）

□ a. 课时安排不合理 □ b. 课程内容设置不合理

□ c. 教师数量少 □ d. 教师水平有限

□ e. 实操设备数量不足 □ f. 实操设备落后，质量差

□ g. 缺少学习资源 □ h. 缺少科学规范的教材

□ i. 先前的文化基础较薄弱 □ j. 其他________

您认为其中最重要的是哪些？

① ______ ② ______ ③ ______

（依照重要程度选出最为重要的三项，排序后把字母填写到对应的“______”上）

33. 您认为入学前的学习成绩与目前“学习领域”课程的学习成效有着怎样的联系？

□ 毫无联系

□ 略有联系，文化课的学习成绩好，学习“学习领域”课程较为容易

□ 有必然联系，文化课的学习成绩好，学习“学习领域”课程非常容易

□ 其他________

问卷到此结束，再次感谢您的真诚合作！

附件四

中等职业学校实施学习领域课程情况的调查问卷

——教师问卷

尊敬的老师：

为了全面了解我国中等职业学校实施“学习领域”课程方面的有关情况，我们特进行此次抽样调查。本问卷不记名填写，结果不反馈给您所在的单位，只是作理论研究之用。请您按真实情况和实际想法填写，以使我们获得准确的统计分析结果。

衷心感谢您的支持与合作！

请在符合您情况的选项前的□ 内打“√”，无特殊说明，均为单项选择；如勾选“其他”，请在后面的横线上写明您的观点。

I　您的基本情况

1. 您的性别是：　□ 男　□ 女

2. 您所在学校是一所________学校

□ 普通中专　□ 职业高中　□ 技工学校　□ 职教中心

☐ 其他________

3. 您的讲授任务是________

☐ 理论与实践一体化教学，侧重理论

☐ 理论与实践一体化教学，侧重实践

☐ 其他________

4. 您在职业院校从事教学工作的时间为

☐ 不到 1 年　☐ 1-3 年　☐ 3-5 年　☐ 5-10 年

☐ 10 年以上

5. 您讲授“学习领域”课程的时间大概有________

☐ 一个学期　☐ 两个学期　☐ 三个学期

☐ 四个学期　☐ 五个学期　☐ 六个学期

6. 目前您讲授“学习领域”课程所使用的教学材料（或工作页）属于________

☐ 已出版的其他学校开发的“学习领域”课程教材

☐ 本校开发的或正在开发中的“学习领域”课程教材

☐ 其他______________________________

7. 您所教授的专业是否有已开发的“学习领域”课程的校本教材？并且您是否参与其中？

☐ 有校本教材，但我没有参与

☐ 校本教材正在开发中，但我没有参与

☐ 有校本教材，我曾经参与

☐ 校本教材正在开发中，我参与其中

☐ 无校本教材，故我没有参与

□ 其他________

8. 您所在的学校是否有鼓励教师参与“学习领域”课程教材开发的政策或措施？

□ 有　　□ 没有　　□ 不清楚

9. 您是否参与过“学习领域”课程方面的培训或课题？

□ 是　　□ 否

如果“是”，其级别为：（可多选）

□ 校级　　□ 市级　　□ 省级　　□ 国家级

□ 其他________

其类型为：（可多选）

□ 培训　□ 座谈或研讨会　□ 科研课题

□ 其他________

其次数为：

□ 只有 1 次　□ 2-4 次　□ 5-7 次　□ 8 次以上

□ 其他________

10. 您对开发并讲授“学习领域”课程持何种态度？

□ 非常支持，积极参与　□ 比较支持，尽可能参与　□ 无所谓

□ 比较反对，不愿参与　□ 强烈反对，决不参与

□ 其他________

Ⅱ　关于课程设计与安排

11. 您的教学从传统的分科教学模式向理论与实践一体化的教学模式（即在同一个学习任务或项目中，理论与实践教学交替进行。以下简称一体化教学）转变过程中适应情况如何？

□ 很快适应 □ 比较快 □ 一般 □ 比较慢

□ 尚不适应

12. “学习领域”课程每次课的时间大约为________（40-50 分钟/节）

□ 两节连上 □ 三节连上 □ 四节连上

□ 其他________

目前的时间安排您有何感受？

□ 时间太长，应大幅缩短 □ 时间较长，应适当缩短

□ 时间合适，可以接受，不需调整

□ 时间较短，应适当延长 □ 时间太短，应大幅延长

□ 其他________________

您认为比较好的时间长度为________（40-50 分钟/节）

□ 两节连上 □ 三节连上 □ 四节连上

□ 其他________

13. 对于 8 10 课时才能完成的工作任务（学习内容），采用何种课时安排？

□ 集中一天讲授 □ 分别在两个教学日讲授

□ 其他________________

14. 目前每周您的授课时间大约为________

□ 13 课时以下 □ 13—15 课时 □ 16—18 课时

□ 19—21 课时 □ 21 课时以上

15. 与传统分科教学（课程）体系相比，您的课时变化情况如何？

☐ 课时大幅缩短　☐ 课时略有缩短　☐ 时间几乎没有变化

☐ 课时略有延长　☐ 课时大幅延长

☐ 其他＿＿＿＿＿＿＿＿

16. 目前的课时量带给您怎样的心理感受？

☐ 课时过多，非常疲劳，压力很大

☐ 课时较多，比较疲劳，压力较大

☐ 强度适中，比较适应，偶有压力

☐ 课时较少，比较轻松，偶有压力

☐ 其他＿＿＿＿＿＿＿＿＿＿

Ⅲ　关于教学过程与资源

17. 在“学习领域”课程课堂上，一般每台实操设备上有几名学生同时使用？

☐ 只有 1 名　☐ 2-3 名　☐ 4-6 名　☐ 7-9 名

☐ 9 名以上

18. 您认为目前的实操设备的数量能否满足“学习领域”课程教学的需要？

☐ 不能满足　☐ 一般或基本能够满足　☐ 比较允裕

☐ 十分充裕

19. 您认为目前的实操设备的质量与功能能否满足“学习领域”课程教学的需要？

☐ 不能满足　☐ 一般或基本能够满足　☐ 比较充裕

☐ 十分充裕

20. 您认为目前的实操环境（工作情境）的创设能否达到“学

习领域”课程教学的要求？

□ 不能达到　　□ 一般或基本能够达到　　□ 比较充裕

□ 十分充裕

21. 在“学习领域”课程的课堂上，一般有几名教师共同指导？

□ 只有1名　　□ 2名　　□ 3名　　□ 3名以上

22. 在“学习领域”课程的课堂上，平均一名教师指导几名学生？

□ 5-10名　　□ 11-15名　　□ 16-20名　　□ 20名以上

23. 您认为目前的教师的数量能否满足“学习领域”课程的需要？

□ 不能满足　　□ 一般或基本能够满足　　□ 比较充裕

□ 十分充裕

24. 请对您自身的理论知识和操作能力做评价：

□ 理论知识和操作能力均较强

□ 理论知识偏弱，但操作能力较强

□ 理论知识较强，但操作能力偏弱

□ 理论知识和操作能力均偏弱

25. 您认为自身的知识和能力能否满足“学习领域”课程教学的需要？

□ 不能满足　　□ 一般或基本能够满足　　□

□ 十分胜任

26. 为了更好地进行“学习领域”课程

该在哪些方面进一步完善？（多选不限）

□ a. 专业理论知识　　　　□ b. 教学情境设计能力

□ c. 实际操作能力

□ d. 解决工作情境下实际问题能力

□ e. 教学评价的合理运用　□ f. 教学方法的掌握与运用

□ g. 其他＿＿＿＿＿＿＿＿

其中您认为最重要的是＿＿＿（请把序号填写到“＿＿＿”上）

27. 目前您在教授“学习领域”课程时，辅助性的教学资源主要通过什么渠道获得？（多选不限）

□ a. 教材配套的辅助教学材料

□ b. 教师提供的资料库

□ c. 书店的图书、报刊

□ d. 图书馆藏的图书、报刊

□ e. 网上搜索

□ f. 其他＿＿＿＿＿＿＿＿

其中您最为常用的是哪个？＿＿＿＿（请把序号填写到“＿＿＿＿”上）

28. 您认为目前获取到的学习资源能否满足“学习领域”课程的需要？

□ 非常够用　□ 基本够用　□ 一般　□ 稍显欠缺

十分欠缺

中较为常用的教学方法有哪些？（多选不限）

②案例教学法　□ ③引导课文教学法

角色扮演法　□ ⑥读书指导法

□ ⑦演示法　□ ⑧项目教学法

□ ⑨其他________________

其中您最常用的三种方法是：① ________ ② ________ ③ ________

（依照使用频率选出最为常用的三项，排序后把序号填写到对应的“________”上）

其中您认为教学效果较好、学生兴趣和配合积极性较高的三种方法是：

① ________ ② ________ ③ ________

（依照使用频率选出最为常用的三项，排序后把序号填写到对应的“________”上）

Ⅳ　关于教学效果与评价

30. 与传统分科教学（课程）体系相比，您如何看待“学习领域”课程的教学效果？

□ 学习领域课程优势明显

□ 学习领域课程略有优势

□ 传统分科课程体系略有优势

□ 传统分科课程体系优势明显

□ 二者差别不大

□ 其他________________

31. 你认为学习领域课程对于学生掌握工

□ 几乎没有　□ 略有一点　□

32. 你认为学习领域课程对于学生

☐ 几乎没有　☐ 略有一点　☐ 比较有帮助　☐ 作用巨大

33. 你认为学习领域课程对于学生提高实践技能是否有帮助？

☐ 几乎没有　☐ 略有一点　☐ 比较有帮助　☐ 作用巨大

34. 你认为学习领域课程对于学生解决实际问题能力是否有帮助？

☐ 几乎没有　☐ 略有一点　☐ 比较有帮助　☐ 作用巨大

35. 你认为学习领域课程对于学生提高团队合作能力是否有帮助？

☐ 几乎没有　☐ 略有一点　☐ 比较有帮助　☐ 作用巨大

36. 您在对学生进行学业评价时，较多侧重的是哪些方面？（多选不限）

☐ a. 书面文字表达能力

☐ b. 口语表达能力

☐ c. 操作技能的熟练与准确程度

☐ d. 解决实际问题的能力

☐ e. 理论知识掌握的程度

☐ f. 出勤率

☐ g. 创造性解决问题的能力

☐ h. 对环境变化的适应能力

[illegible] i. 对突发事件的应付能力

[illegible]主动性

[illegible]______________

[illegible]方面？______________（请把序号填

写到“________”上）

37. 您在对学生进行学业评价时，采用的评价方式有哪些？（多选不限）

□ a. 学生自我评价 □ b. 教师观察评价

□ c. 平时成绩和期末考核相结合

□ d. 学生互相评价 □ e. 笔试考核评价

□ f. 分数评价与文字描述相结合

□ g. 其他________________

其中您最为看重的是哪方面？________________（请把序号填写到“________”上）

V 关于课程教学与学生学习

38. 据您的了解，大部分学生对于“学习领域”课程的态度是？

□ 很感兴趣 □ 比较感兴趣 □ 不感兴趣 □ 比较厌烦

□ 非常厌烦

39. 学生在学习“学习领域”课程的过程中，大约有多少比例是运用小组合作学习的方式完成的？

□ 几乎没有 □ 偶尔运用 □ 较为普遍 □ 十分普遍

□ 几乎所有

40. 学生对待小组合作学习的态度如何？

□ 很感兴趣，参与积极 □ 比较感兴趣，参

□ 不感兴趣，偶尔参与 □ 比较厌

□ 非常厌烦、排斥

41. 您的学生在学习“学习领域”

（多选不限）

☐ a. 学习内容很难与实际工作相联系

☐ b. 学习任务过重

☐ c. 专业理论较难理解

☐ d. 实践操作较难完成

☐ e. 缺少学习资源

☐ f. 团队合作任务较难完成

☐ g. 难以融入工作情境

☐ h. 主动学习动力不足

☐ i. 家长不理解、不接受

☐ j. 其他________

您认为其中最重要的是哪些？

①________ ②________ ③________

（依照重要程度选出最为重要的三项，排序后把字母填写到对应的“________”上）

42. 您认为导致学生面临这些阻碍的最重要的原因是什么？（多选不限）

☐ a. 课时安排不合理

☐ b. 课程内容设置不合理

教师数量少

平有限

数量不足

质量差

□ g. 缺少学习资源

□ h. 缺少科学规范的教材

□ i. 先前的文化基础较薄弱

□ j. 其他________________

您认为其中最重要的是哪些？

① ________ ② ________ ③ ________

（依照重要程度选出最为重要的三项，排序后把字母填写到对应的“________”上）

43. 您认为学生入学前的文化课的学习成绩与目前专业（学习领域）课程的学习成效有着怎样的联系？

□ 毫无联系

□ 略有联系，文化课的学习成绩好，学习“学习领域”课程较为容易

□ 有必然联系，文化课的学习成绩好，学习“学习领域”课程非常容易

□ 其他________________

44. 您在教授“学习领域”课程过程中遇到过哪些障碍？（多选不限）

□ a. 课时安排不合理　□ b. 工作任务过重

□ c. 缺乏指导与培训　□ d. 缺少课程资源

□ e. 缺少科学规范的教材

□ f. 教育教学观念不适应新课程需要

□ g. 自身业务能力不适应课程要求

□ h. 缺少激励教师参与课改的措施

□ i. 缺乏教师间合作交流的氛围

□ j. 教学物质条件不能满足需要

□ k. 学生学习基础薄弱

□ l. 学生不适应教学过程

□ m. 家长不接受

□ n. 用人单位对毕业生不认可

□ o. 其他________________

您认为其中最重要的是哪些？

① ________ ② ________ ③ ________ ④ ________ ⑤ ________

（依照重要程度选出最为重要的五项，排序后把字母填写到对应的“________”上）

45. 您认为实施“学习领域”课程的关键因素都有哪些？（多选不限）

□ a. 学生的学习基础

□ b. 实践实训设备的数量和质量保证

□ c. 丰富的课程资源

□ d. 开发具有本校特色的校本教材

□ e. 前沿的专业知识

□ f. 理论与实践一体化的教学模式

□ g. 先进的教育教学观念

□ h. 教师之间合作、交流的氛围与机制

□ i. 课程理念的指导与培训

☐ j. 科学规范的教务管理

☐ k. 学校领导的重视与关怀

☐ l. 教育行政部门的政策支持

☐ m. 用人单位对毕业生的认可

☐ n. 其他________________

您认为其中最为关键的因素是哪些?

① ________ ② ________ ③ ________ ④ ________ ⑤ ________

(依照重要程度选出最为重要的五项，排序后把字母填写到对应的“________”上)

46. 与传统学科体系课程相比，您认为“学习领域”课程都有哪些优势?

优势1 ________________优势2 ________________

优势3 ________________优势4 ________________

47. 与传统学科体系课程相比，您认为“学习领域”课程都有哪些劣势或不足?

劣势1 ________________劣势2 ________________

劣势3 ________________劣势4 ________________

48. 您认为“学习领域”课程还应该在哪些方面有所改进?

改进1 ____

改进2 ____

改进3 ____

问卷到此结束，再次感谢您的真诚合作。

附件五

中等职业学校实施学习领域课程情况的调查问卷

——教学管理部门问卷

尊敬的老师：

为了全面了解我国中等职业学校实施“学习领域”课程方面的有关情况，我们特进行此次抽样调查，本问卷不记名填写，结果不反馈给您所在的单位，只是作理论研究之用，请您按真实情况和实际想法填写，以使我们获得准确的统计分析结果。

衷心感谢您的支持与合作！

请在符合您情况的选项前的□ 内打“√”，无特殊说明，均为单项选择；如勾选“其他”，请在后面的横线上写明您的观点。

I　您的基本情况

1. 您的职务是：

□ 教学管理人员　　□ 教务处主任　　□ 其他________

2. 您所在的学校是一所________学校。

□ 普通中专　□ 职业高中　□ 技工学校　□ 职教中心

□ 其他________

3. 贵校开设学习领域课程的专业数量为________

其名称是：

① ____________________　④ ____________________

② ____________________　⑤ ____________________

③ ____________________　⑥ ____________________

4. 贵校最早开设的“学习领域”课程的时间已经有多久？

□ 一个学期　□ 两个学期　□ 三个学期

□ 四个学期　□ 五个学期　□ 六个学期

Ⅱ　关于教材与课程开发

5. 贵校是否有已开发的“学习领域”课程的校本教材？并且您是否参与其中？

□ 有校本教材，但我没有参与

□ 校本教材正在开发中，但我没有参与

□ 有校本教材，我曾经参与

□ 校本教材正在开发中，我参与其中

□ 无校本教材，故我没有参与

□ 其他________

6. 贵校在开发“学习领域”课程校本教材时，主要的参与人员有：（可多选）

□ a. 教师　□ b. 教学管理人员　□ c. 市、区教研员

□ d. 企业（行业）专家

□ e. 毕业生　□ f. 一线技能高手　□ g. 课程学者、专家

□ h. 其他________

关于课程内容的确定主要采纳哪方的意见？

① ________ ② ________ ③ ________

（依照参与频率选出最为常用的三项，排序后把序号填写到对应的“________”上）

关于课程安排的顺序的确定主要采纳哪方的意见？

① ________ ② ________ ③ ________

（依照参与频率选出最为常用的三项，排序后把序号填写到对应的“________”上）

7. 贵校是否有鼓励教师参与“学习领域”课程教材开发的政策或措施？

□ 有　　□ 没有　　□ 不清楚

8. 贵校是否为教师提供过“学习领域”课程方面的培训或课题？

□ 是　　□ 否

如果“是”，其级别为：（可多选）

□ 校级　　□ 市级　　□ 省级　　□ 国家级

□ 其他________

其类型为：（可多选）

□ 培训　□ 座谈或研讨会　□ 科研课题　□ 其他________

其次数为：

□ 只有 1 次　□ 2-4 次　□ 5-7 次　□ 8 次以上

□ 其他________

Ⅲ　关于教学过程与资源

9. 贵校实施“学习领域”课程是否是按照“理论实践一体化”教学模式（即在同一个学习任务或项目中，理论与实践教学交替进行，以下简称“一体化”教学模式）安排的？

□ 是　　□ 否

每次课的时间大约为：(40-50 分钟/节)

□ 两节连上　□ 三节连上　□ 四节连上

□ 其他______

10. 在实施“学习领域”课程的专业课程总体时间安排上，专业课程（包括基础、核心、扩展）的时间约为：________________课时（请如实填写）；文化基础课程的时间约为：________________课时；“学习领域”课程的时间约为：________________课时

11. 在“学习领域”课程的课堂上，一般安排几名教师共同指导？

□ 只有 1 名　□ 2 名　□ 3 名　□ 3 名以上

12. 您认为目前的教师的数量能否满足“学习领域”课程的需要？

□ 不能满足　□ 一般或基本能够满足　□ 比较充裕

□ 十分充裕

13. 您认为大多数教师的知识和能力能否满足“学习领域”课程教学的需要？

□ 不能满足　□ 一般或基本能够满足　□ 比较胜任

□ 十分胜任

14. 您认为目前的实操设备的数量能否满足“学习领域”课程教学的需要？

☐ 不能满足　☐ 一般或基本能够满足　☐ 比较充裕　☐ 十分充裕

15. 您认为目前的实操设备的质量与功能能否满足“学习领域”课程教学的需要？

☐ 不能满足　☐ 一般或基本能够满足　☐ 比较充裕　☐ 十分充裕

16. 贵校在实施“学习领域”课程过程中，在教学管理方面遇到过哪些困难与障碍？（多选不限）

☐ a. 教师观念上不认可甚至排斥

☐ b. 教师工作量加重而产生抵触情绪

☐ c. 课时安排难度加大

☐ d. 教师数量不足

☐ e. 教师业务能力不足

☐ f. 教学空间（教室）不足

☐ g. 缺少科学规范的教材

☐ h. 缺少教学资源（实操设备、仪器等）

☐ i. 教师参与课改积极性不高

☐ j. 缺乏相关业务指导与培训

☐ k. 教师课时量核算难度加大

☐ l. 用人单位对毕业生不认可

☐ m. 其他________________

您认为其中最重要的是哪些?

① ________ ② ________ ③ ________

(依照重要程度选出最为重要的三项，排序后把字母填写到对应的“________”上)

17. 您认为实施“学习领域”课程的关键因素都有哪些?(多选不限)

□ a. 学生的学习基础

□ b. 实践实训设备的数量和质量保证

□ c. 丰富的课程资源

□ d. 开发具有本校特色的校本教材

□ e. 前沿的专业知识

□ f. 理论与实践一体化的教学模式

□ g. 先进的教育教学观念

□ h. 教师之间合作、交流的氛围

□ i. 课程理念的指导与培训

□ j. 科学规范的教务管理

□ k. 学校领导的重视与关怀

□ l. 教育行政部门的政策支持

□ m. 用人单位对毕业生的认可

□ n. 其他________________

您认为其中最为关键的因素是哪些?

① ________ ② ________ ③ ________

(依照重要程度选出最为重要的三项，排序后把字母填写到对应

的“________”上）

18. 与传统学科体系课程相比，您认为“学习领域”课程都有哪些优势？

优势 1 ____________________

优势 2 ____________________

优势 3 ____________________

19. 与传统学科体系课程相比，您认为“学习领域”课程都有哪些劣势或不足？

劣势或不足 1 ____________________

劣势或不足 2 ____________________

劣势或不足 3 ____________________

20. 您认为“学习领域”课程还应该在哪些方面有所改进？

改进 1 ____________________

改进 2 ____________________

改进 3 ____________________

问卷到此结束，再次感谢您的真诚合作。

附件六

德国汽车机电一体工学习领域课程方案

汽车机电一体工学习领域一览表					
学习领域： 序号		学时分配计划			
		第一培训学年	第二培训学年	第三培训学年	第四培训学年
1	车辆或系统的维护和保养	100 学时			
2	汽车部件或总成的拆卸、修理和组装	80 学时			
3	电气系统和电子系统的检测和维护	80 学时			
4	控制系统和调节系统的检测和维护	60 学时			
5	能源供给和启动系统的检测和维护		80 学时		
6	发动机装置的检测与维护		60 学时		
7	发动机操纵系统的诊断与维护		100 学时		
8	废气处理系统的检测和维护		40 学时		
	轿车技术重点				
9P	动力传动系统的维护			60 学时	
10P	行驶系统和制动系统的维护			80 学时	
11P	附属装置的安装和调试			60 学时	
12P	网络系统的检测和维护			80 学时	
13P	车身、舒适和安全系统的诊断和维护				80 学时
14P	为客户车检提供服务以及车辆的维护				60 学时

<table>
<tr><td>学习领域 1：车辆或系统的维护和保养
第一培训学年
学时分配计划：100 学时</td></tr>
<tr><td>教学目标：
学生要对车辆或系统进行维护和保养，使它们能够正常运转并保值。
学生要了解客户办理委托业务的愿望，并且根据客户的需求做出反应。学生要与领导、同事以及供货商进行谈话，明确客户群维系的意义。学生要以积极的态度投入车间工作并对整个业务工作承担相应的责任。
学生对车辆以及具有行业代表性的系统的功能单位进行分析，描述子系统的功能。他们应用相应方法对各功能之间的相互关系进行分析并使其可视化。
学生应用服务计划和维修指南，收集技术资料并尽可能利用数据处理方法来获取和存储信息。学生应按基本规则、标准和规定提供服务并保证各功能范围的前期和后续通讯。
在服务工作范围内，学生逐渐培养了安全和质量意识，认真遵守劳动保护和环境保护的法规。
学生对所进行的维护保养工作记录存档，并将其工作的方式和范围告知客户。</td></tr>
<tr><td>课程内容：
工作计划
生产商的资料
服务理念和范围
维护入门手册和服务计划
电路图、图表和功能示意图
技术系统和子系统
技术的信息系统、交流系统、文件系统
检验和测量的仪器和方法
工具、设备、辅助材料
备件和材料清单
道路交通许可规定和道路交通法规
工作安全，事故预防
清理和回收
工作质量
谈话和交往规则
口头和非口头的交流
避免发生争执
主持和展示技术</td></tr>
</table>

<table>
<tr><td>学习领域 2：汽车部件或总成的拆卸、修理和组装
第一培训学年
学时分配计划：80 学时</td></tr>
<tr><td>教学目标：
学生要对车辆或设备的一个或者多个部件的拆卸、维护和安装工作进行计划并付诸实施。学生要利用企业信息系统，尤其是使用数字信息载体来设计、实施和控制工作流程。学生要遵守法律和厂商规定，使用技术通讯手段。
学生正确使用工具、机器、设备和辅助材料。在拆卸时学生要检查零件和元件是否可以再次应用，是否还具有可利用价值。
在建立可拆卸的连接时，特别是进行螺丝连接时，学生要注意技术数据和组装规定。在维修零件、部件、系统和设备时，学生能对半成品进行必要的变形和分离，尤其是钻孔、攻丝和螺纹修复。学生使用检测仪器来测量长度、直径和螺纹。
学生要对其工作结果进行控制、评估、记录和展示。
学生要与同事、领导以及客户进行沟通与交流。</td></tr>
<tr><td>课程内容：
拆卸、维护和组装计划
车辆，汽车专用零件，部件和总成
设备、组装工具和材料
钻孔和攻丝
检验和测量表面，长度和螺纹的仪器和方法
螺纹和螺纹连接
规定力矩
防腐蚀
要求赔偿的权利</td></tr>
</table>

学习领域 3：电气系统和电子系统的检测和维护	**第一培训学年** **学时分配计划：80 学时**
教学目标： 学生根据工作任务和故障描述，对车辆或者设备的电子、电气系统的检测和维护工作进行计划。 学生使用常规和电子手段系统获取信息。学生使用电路图和其他电子技术资料分析电气元件的基本线路。 学生能够对车辆或者设备进行故障查找，并修复电子、电气系统。学生选择必要的检验和测量仪器，测量和确定电气基本单位，运用表格、公式并分析测量值和信号。 学生遵守事故防范规定，避免带电作业时被电击伤。 学生要记录其工作结果，并通过与计算值以及出厂设定值的比较对结果进行评估分析。学生要遵循基本沟通交流原则对其工作结果进行展示。	
课程内容： 电路图 电气和电子的元件，组件和系统 电子和电气的电路图，基本单位和信号 电气的测量和检测仪器 安装规定 电路符号，接线柱名称 导线，导线连接 电子和电气系统的测试规定 接触电气元件的工作安全和事故防护	

学习领域4：控制系统和调节系统的检测和维护	第一培训学年 学时分配计划：60学时

教学目标：

学生根据工作任务和故障描述制订车辆控制和调节系统的检测和维护工作计划。

学生使用生产商信息系统获取必要的信息，并利用同事和领导的知识。

学生能区分控制系统和调节系统，能将具有代表性的汽车部件和零件按液压、气压系统或电气、电子系统进行分类。学生能分析各功能之间的关系，能利用基本的检测和测量方法分析信号流、液流和电流。

学生按照规程和标准进行系统的故障排查并确定解决问题的方法。

学生能拆卸和组装控制和调节系统的部件，通过检验和测试方法检查整个系统的功能。学生记录检验和测量结果，通过与计算值以及出厂设定值的比较来评价其检验和测量结果。学生能界定故障和偏差的范围并且排除。

在执行工作任务时，学生要遵守保证产品质量的标准和方针。在操纵液压、气压或者电子、电气系统时，学生要遵守劳动安全保护和环境保护规定。

课程内容：

修理入门手册，功能图表，错误排查计划

控制链、调节电路

控制，技术调节单元

传感器，执行器，电子数据处理原则

控制，调节技术的基本电路图

符号，逻辑联系

高压情况的工作安全和意外防护

工作场地的清理

学习领域5：能源供给和启动系统的检测和维护 **第二培训学年**

学时分配计划：80学时

教学目标：

学生要对能源供给和启动系统的诊断、维护及维修工作进行计划，并在遵守生产厂商说明和意外防护规定的前提下予以实施。

学生要借助电路图了解电路类型，借助生产厂商说明获得功能单位的额定数值，进行功能控制。学生分析元件和部件的功能和关联，并检查可能出现的故障对系统功能的影响。学生使用生产厂商规定的方法和仪器检查设备。学生进行故障诊断，并且记录检测结果。在此基础上学生借助车间信息系统选择新零件、备用件或替换件。

在选择启动电池时，学生要向客户提供咨询帮助并告知客户如何正确启动。

课程内容：

工厂信息系统

诊断系统

电路图

检查，保养规定

蓄电池

启动机、发电机、启动发动机

能源管理

新的板网

可选择能源存储器

燃料电池

经济的，以客户为导向的核算方法

客户咨询

学习领域6：发动机装置的检测与维护	第二培训学年 学时分配计划：60 学时
教学目标： 学生制订发动机机组的检测和维护计划并实施。 学生分析并描述元件和部件的功能和关联，检查可能出现的故障对系统功能的影响。学生能识别发动机上的元件和部件；能根据客户陈述、目测和故障特征制订诊断计划并进行维修。在此过程中，学生应运用生产厂商的规定和其他技术资料。学生使用企业信息系统对工作任务进行规划、实施和控制。 学生使用特定的工具、机器、设备和辅助材料进行维护和维修工作。学生要遵守劳动安全规章和环境保护规定。学生要检查发动机元件和部件以及是否能够继续使用。 培训学生应对自己的工作成果进行相应的记录、检测并且给予自我评价。	
课程内容： 发动机的种类 发动机机组 拆卸和装配 安装工具，专用安装工具 发动机的润滑 发动机的冷却 发动机的控制系统 图表 设备与辅助材料 发动机油及冷却液的更换及处理	

学习领域7：发动机操纵系统的诊断与维护	**第二培训学年** **学时分配计划：100 学时**
教学目标： 学生能对发动机操纵系统进行诊断与维护工作。 学生能借助电子信息系统和车辆技术资料对发动机操纵系统进行正确的识别与诊断。学生能在客户所给信息、目测检查以及独立诊断结果的基础上，对维护工作进行计划。学生必须考虑功能故障对发动机子系统、燃烧程序和废气成分的影响。 学生运用故障诊断的方法和战略进行结构化的故障诊断，为此他们要考虑生产厂商提供的诊断方案。学生能通过计算机获取信息和故障分析、故障排除和存档。学生要对所进行的工作记录存档、监控和评价，并告知客户该工作所属的种类和范围。 学生应根据相应的规章、规定和标准进行系统维护和服务工作。逐步培养学生的安全与质量意识。 培养学生具有经济和环保意识的工作方式并遵守劳动和环保方面的法律法规。	
课程内容： 燃烧的过程 有害物质的排放 有害物质的控制 块状图、线路图、诊断流程图和功能图 信号、物质和能量流 诊断、测试和测量仪器 测试与测量程序 传感器和执行器 控制和程序化 发动机管理系统的子系统 机组和混合准备、汽油机和柴油机 网关 与其他系统连接的接口 动力燃料	

学习领域 8：废气处理系统的检测和维护	第二培训学年 学时分配计划：40 学时

教学目标：

学生为完成计划中的服务工作准备好车辆，然后确定测试和检查条件；进行专业谈话，以便准确无误地完成顾客的委托任务。学生通过技术信息系统确认车辆类型，并收集生产厂商和顾客数据。学生要根据法律规定和生产厂商说明来计划其工作步骤并提供服务；评估测试结果并按规定记录所提供的服务。

学生运用系统化的故障寻找策略，对可能存在问题的部件进行相应的诊断，计划必要的工作步骤，并对影响废气排放的重要系统进行维护。学生对所进行工作进行记录存档，并在整车交付之前进行检查。

课程内容：

车辆专有数据
有害物质的分类
对于废气监察的法定测试与检测流程
测试与检测仪器
与废气排放有关的系统
废气与环境
噪音问题
噪音扩散
如何保证质量
服务与客户的满意度

重点：轿车技术

学习领域 9：动力传动系统的维护	**第三培训学年** **学时分配计划：60 学时**
教学目标： 学生对车辆的动力传动系统进行维护保养、故障诊断并维修。 学生能识别车辆的动力传动系统，并能根据顾客说明和故障表象制订诊断和维修计划。学生能分析部件的功能和相互作用，探讨可能出现的故障对系统功能所带来的影响；检测动力传动系统的机械和液压元件并确定这些元件是否可以再次使用；确定并测量机械尺寸，其间使用图表和公式并对测量值进行评估。 学生能说明自己对电控动力传动系统的诊断结果，并能借助数字信息技术为有故障的部件制订诊断和维修计划；学生在此过程中要考虑该部件与其他电子系统的联网，并分析数据交换状况以及与之相关联的效果。 学生应告知顾客故障发生的原因和已采取的措施；学生对顾客所必需的维护保养和修理措施提供咨询服务，并实施相应的维护与修理。	
课程内容： 维护保养计划、检测计划、安装计划 工具、设备与辅助材料 动力传动系统 线路图 操纵和规章 对变速箱油的更换和处理	

学习领域 10：行驶系统和制动系统的维护	第三培训学年 学时分配计划：80 学时
教学目标： 学生对行使系统和制动系统进行相应的维护保养、问题诊断和维修工作。学生能识别车辆的行使系统和制动系统并能分析其功能以及与其他系统的共同作用。 学生使用诊断惯例对行使系统和制动系统中的故障进行界定和确认。学生要探讨这些可能出现的故障对行车行为的影响以及对行使系统和制动系统的磨损；能评价电子行使系统和制动系统的自我诊断结果并考虑这两个系统与其他系统之间的功能关系。 学生能确定维护需求并对此记录存档。学生能根据故障症状、顾客说明以及自己的诊断结果制订检测和维修计划并将该计划付诸实施；在此过程中，学生能按照生产厂商的质量标准更换零件；在实施该项工作和使用备件时，学生要考虑安全技术和法律方面的有关问题。学生能运用图表和公式确定和测量机械尺寸并评估其测量结果。 学生要对其工作结果进行记录存档，并且在交付车辆时，向顾客说明已完成的工作，同时告知顾客故障产生的原因。 在改变行使系统的可能性以及由此对行车行为产生的影响方面，学生要向顾客提供咨询服务。	
课程内容： 维护保养计划、检测计划、安装计划 法律规章制度 制动系统 行驶系统 底盘几何学 系统的联网 健康保护 责任法规	

学习领域 11：附属装置的安装和调试	第三培训学年 学时分配计划：60 学时

教学目标：

学生按照生产厂商的规定安装附属装置和附属系统，并使其正常运转。

当顾客要求安装附属装置或特殊配件时，学生应检查车辆是否许可以及技术层面上是否可行。学生要在选择方面向客户提供咨询服务，告知顾客安装设备或配件的费用和成本，学生要利用生产厂商的专业信息制作订单。

学生要了解安装规定以及组装和改装的必要性，并确定装配地点、装配环境以及装配顺序。

为了安装附属装置，学生要决定对车辆现有部件和零件进行拆卸和安装，并根据生产厂商的相关规定使附属装置与车辆现有系统相匹配。学生要使附属装置投入运行，并使用专门检测程序和检测仪器进行功能检测。学生要对其检测结果进行记录存档，然后存放或清理不再使用的部件。

学生应该就附属装置/附属系统的使用操作细则向顾客进行讲解和指导，告知顾客正确的操作规程。

课程内容：

法律法规

装配指南

工具、设备及辅助材料

附属系统/附属装置、附属成套设备

运行流程

企业内部的以及客户方面的成本核算

学习领域 12：网络系统的检测和维护	第三培训学年 学时分配计划：80 学时

教学目标：

学生要对车辆的网络电子系统进行诊断和维护。

学生借助电子信息系统的帮助识别车辆及其技术装备。学生在接收有故障车辆的时候，能通过顾客说明和故障征兆了解该车可能存在的问题。

学生应学会对自动诊断的结果进行阐释，并且通过信息系统的技术帮助，熟悉网络化车辆系统作用原理方面的工作，学生要考虑各种不同系统的控制设备之间的联系，分析数据转换情况及相互之间复杂多变的从属依赖关系，然后对分析后所得出的结论记录存档。

对于工作任务的计划和实施，学生要尽可能利用车间里的常用诊断设备，挑选与该系统有关的检测仪器，注意其使用的限度。此外，在诊断过程中，学生要提出自己的故障解决方案以及备用方案。学生要对测量值、数据信号和故障的详细报告进行存档，并且分析、评估和表述故障界定结果，确定有效的维修方案和措施。

学生要对单一的元、部件进行复查，决定最终采取哪种维修措施，学生要对操作工具进行编码，使之与相关的软件相匹配，并且按照合法的步骤检测数据转换功率，对于已经损坏的部件要进行专业而科学的处理。学生要对修理好的系统进行功能检测，并且对上述工作从经济和生态的角度进行评估，在交付车辆时，学生要告知顾客已完成的各项工作。

课程内容：

电路图、功能图和网络图
检验说明书和检验条件
计算机诊断
网络系统控制
对流和汽车技术的数据传输
网络和拓扑学
系统接口
自我诊断
定位诊断
更新
电子仪器设备处理
保修期及担保

学习领域 13：车身、舒适和安全系统的诊断和维护	**第四培训学年**
	学时分配计划：80 学时

教学目标：

学生在考虑合同要求和顾客提供信息的基础上，对车身系统、舒适和安全系统进行诊断和维护。

学生要对相应的系统进行分析，查明设备及系统的状况，然后利用生产厂商的专用诊断方案和企业内部信息系统对其进行相关检查。

学生要根据生产厂商的规定和顾客的要求对相应的系统进行编码，并向顾客介绍使用说明。

学生要考虑现有的系统网络情况，遵守相应的安全规章。

学生要对其所进行的工作进行检查、记录和评估，并告知顾客这些工作的种类和范围。

课程内容：

总装和维修规定

电路图

车身系统

舒适的现代化设备系统

法律法规

安全系统

安全规定

安全防火措施

学习领域 14：为客户车检提供服务以及车辆的维护	第四培训学年 学时分配计划：60 学时
教学目标： 学生在车辆检查范围内制订相应的服务计划并实施。 为了完成合同任务，学生要使用生产厂商的专用信息系统对车辆进行识别鉴定。学生收集重要的车辆状况数据并记录存档，然后与标准值进行比较找出偏差。 学生要按照相关的规则、标准和规定提供服务。 学生要确定通过车辆检查的前提条件，检查车辆子系统的功能并记录检查和测试的过程。 学生要分析、记录和评估其在工作过程中收集的信息。 征得顾客同意，在车检之前排除已确认的交通和驾驶安全隐患。 车检之后学生要告知顾客车辆的状况并提出必要的维护措施的种类和范畴建议。 在为顾客提供服务的过程中，学生要遵守劳动保护准则、环保准则和质量保证准则。	
课程内容： 车辆特定、特有数据 法律法规 检验清单 检测检验程序 调查报告 汽车操纵安全性 责任权益 服务 通过企业组织和员工职业培训来进行的质量管理 客户需求，客户满意度 客户咨询	

后 记

本书是全国教育科学规划教育部重点课题“以工作过程为导向的职业教育理论与实证研究”的最终成果，并于 2011 年 9 月获得第四届全国教育科学研究优秀成果二等奖。

经过几年的研究与完善，这一成果终于可以呈献给读者。在本书的撰写与完善过程中，得到了许多师长、同志、朋友的关心与支持。首先，我要感谢我的博士导师德国不莱梅大学技术与教育研究所的原所长劳耐尔教授，是他使我在德国攻读博士期间（1998-2003）首次接触到工作过程导向的职业教育，也是在他的引领下使我对工作过程导向的职业教育理论产生了浓厚的兴趣，并开展了系列研究；也是在他的支持下，我在德国访学期间（2009-2010）对学习领域课程的实施效果开展了实证研究，可以说没有他的支持不可能有这本著作的问世；其次，我要感谢我的学生，特别是我的研究生王启龙同学，他在研究过程中做了大量基础性工作，特别是对学习领域课程在中国的实施现状进行了调查与初步的分析；最后，我要感谢我的家人，是他们的支持与理解，使我能够潜心于自己的研究工作。